Choix des équipements

Le chef de bord doit choisir l'option la plus adaptée parmi les équipements suivants.

L'équipement individuel de flottabilité (EIF) doit être adapté à la morphologie de l'utilisateur et répondre aux caractéristiques suivantes :

- **50 newtons au moins** (aide à la flottabilité) pour une navigation jusqu'à 2 milles d'un abri ;
- **100 newtons au moins** (gilet de sauvetage) pour une navigation jusqu'à 6 milles d'un abri ;
- **150 newtons au moins** (gilet de sauvetage) pour une navigation toutes zones ;
- **100 newtons au moins** (gilet de sauvetage) pour les enfants de 30 kg maximum quelle que soit la distance d'éloignement d'un abri.

Le bon état des gilets peut être vérifié sommairement avant chaque sortie en mer. Une inspection plus complète doit être réalisée au moins une fois par saison.

Moyen de repérage lumineux.

Pour être secouru, il faut être vu. Au choix, il peut être collectif (lampe, projecteur, perche IOR, feu à retournement, etc.) ou individuel s'il est étanche et porté par chaque personne à bord.

Photo Daniel Kérébel

Les conseils de la SNSM

Adaptez le matériel de sécurité embarqué à la navigation pratiquée. Le matériel prescrit par la réglementation constitue bien souvent le minimum requis. Dans tous les cas, embarquez systématiquement le matériel complémentaire suivant :

- une VHF, de préférence optez pour une VHF ASN ;
- un couteau et un minimum d'outils appropriés à votre bateau ;
- une paire de gants pour éviter de vous brûler si vous déclenchez les feux à main ;
- une montre ;

Photo Marc Rohou

- une boîte de pièces de rechange, dont un filtre à carburant, des ampoules électriques ;
- des batteries supplémentaires pour faire fonctionner les accessoires tels que votre radio portative, votre lampe de poche et vos appareils de navigation portatifs ;
- pour les navires pour lequel il est exigé, un coupe-circuit de rechange ;
- une couverture de survie isothermique.

Toutes les personnes à bord doivent connaître le fonctionnement et le lieu de stockage des équipements de sécurité.

Brassières et gilets de sauvetage ne sont utiles que s'ils sont portés, faites les porter systématiquement dès que vous êtes sur l'eau et en particulier sur les annexes.

Surveillance et sécurité des enfants

Quand il s'agit de la sécurité, la sécurité physique est la principale priorité avec les enfants à bord. Les règles doivent être strictement respectées, en particulier avec des enfants jeunes.

Tous les enfants doivent porter un gilet de sauvetage quand ils se trouvent sur le pont, aucun enfant ne peut aller sur la plage avant quand le bateau se déplace, et si le temps devient vraiment mauvais, les enfants doivent aller sous le pont. Pour encore plus de sécurité, un harnais est également une bonne idée. Cependant, la meilleure sécurité est la surveillance des parents.

Bien sûr, tout cela ne signifie pas que vous devriez attacher vos enfants et ne pas leur permettre de se déplacer. Laissez-les se déplacer librement sur le bateau et laissez-les s'amuser mais sans jamais oublier leur sécurité.

Préparation du bateau, mouillage

Les pannes de moteur ou de carburant sont à l'origine de nombreuses interventions de la SNSM. Vérifiez ou faîtes vérifier le bon fonctionnement du moteur à chaque début de saison !

Si vous faîtes une escale : assurez un mouillage correct, vérifiez la longueur du mouillage (trois ou quatre fois la profondeur en tenant compte de l'évolution de la marée). Si les conditions de sécurité sont scabreuses (nature des fonds, vent, houle...), maintenez à bord un équipier capable de manœuvrer le bateau.

Prévoir un abri sur la zone de navigation

La division 240 définit l'abri comme : « *Un endroit de la côte où tout engin, embarcation ou navire et son équipage peuvent se mettre en sécurité en mouillant, atterrissant ou accostant et en repartir sans assistance. Cette notion tient compte des conditions météorologiques du moment ainsi que des caractéristiques de l'engin, de l'embarcation ou du navire* ».

S'agissant d'une navigation en-deçà de la zone des 6 milles, la question de l'abri paraît simple à résoudre de prime abord. Pourtant, en fonction de la situation (nature d'une blessure par exemple), de la météo (vent fort, houle) ou du type de bateau (taille, propulsion...), un îlot, une roche ou une portion de côte habituellement hospitalière et facile à accoster peut se révéler inaccessible... Si vous ne pouvez y mettre votre équipage en sûreté, ce n'est plus un abri !

La responsabilité du marin est d'anticiper les risques; savoir renoncer à une sortie lorsque les conditions sont défavorables fait aussi partie de votre responsabilité.

Mettre en danger des vies, celle de votre équipage mais aussi parfois celles des secouristes, à cause de conditions météo mal évaluées, n'est ni sage, ni courageux !

Francisation et immatriculation d'un navire.

Depuis le premier Janvier 2022, en cas de changement de nom, de port d'attache, des caractéristiques du navire ou de propriétaire, les formalités sont à accomplir auprès du Guichet Unique de la Fiscalité de la Plaisance (GUFIP) qui prélève la TAEMUP (taxe annuelle sur les engins maritimes de plaisance). Celle-ci contribue au financement de politiques publiques maritimes.

Ainsi pour un navire d'occasion déjà francisé, le vendeur est tenu de modifier l'acte de francisation dans un délai d'un mois à compter de la vente. L'acheteur aura intérêt à se renseigner sur la main levée des hypothèques.

Démarches en ligne sur :
www.demarches-plaisance.gouv.fr.
gufip-suivi@mer.gouv.fr
téléphone : 02 99 19 60 46.

Photo M. Pennors

La sécurité

Matériels et permis

Le matériel de sécurité

- **Basique** : jusqu'à 2 milles d'un abri.
- **Côtier** : jusqu'à 6 milles d'un abri.
- **Semi-hauturier** : jusqu'à 60 milles.
- **Hauturier** : au-delà de 60 milles d'un abri.

Cas particulier : les annexes, embarcations utilisées à des fins de servitude à partir d'un navire porteur, ne peuvent s'éloigner à plus de 300 mètres d'un abri. Le navire porteur est considéré comme un abri. Néanmoins, à plus de 300 mètres de la côte, il faut embarquer un moyen de repérage lumineux ainsi qu'un équipement individuel de flottabilité par personne.

Limite d'utilisation du navire

Hormis les planches, les embarcations mues par l'énergie humaine, les véhicules nautiques à moteur et les engins de plage, le choix de la distance de navigation par rapport à un abri est laissé à l'initiative du chef de bord. Il dispose pour cela de la catégorie de conception du navire.

MATÉRIEL	BASIQUE	CÔTIER	SEMI-HAUTURIER	HAUTURIER
Equipement individuel de flottabilité	x	x	x	x
Un dispositif lumineux	x	x	x	x
Moyens mobiles de lutte contre l'incendie	x	x	x	x
Dispositif d'assèchement manuel	x	x	x	x
Dispositif de remorquage	x	x	x	x
Ligne de mouillage (masse lège ≥ 250 kg)	x	x	x	x
Annuaire des marées	x	x	x	x
Pavillon national (hors eaux territoriales)	x	x	x	x
Dispositif de repérage et d'assistance pour personne à la mer		x	x	x
Trois feux rouges à main		x	x	x
Compas magnétique		x	x	x
Cartes marines officielles		x	x	x
Règlement international pour les abordages en mer		x	x	x
Description du système de balisage		x	x	x
3 fusées parachute + 2 fumigènes ou VHF fixe			x	x
Radeau de survie			x	x
Matériel pour faire le point			x	x
Livre des feux			x	x
Journal de bord			x	x
Dispositif de réception des bulletins météo			x	x
Harnais et longe par navire pour les non-voiliers			x	x
Harnais et longe par personne pour les voiliers			x	x
Trousse de secours conforme à l'art 240-2.16			x	x
Dispositif lumineux pour la recherche et le repérage de nuit			x	x
Radiobalise de localisation des sinistres				x
VHF fixe			x	x
VHF portative				x

x Documents obligatoires fournis par votre Almanach côtier

Équipements et sécurité

Ce que dit la réglementation

Photo SNSM

Quel est votre loisir nautique préféré ? Pêche, planche à voile, kayak, jet ski ou balade en mer ? La réglementation applicable peut varier selon que vous pratiquiez seul ou en groupe (kayak notamment) ou si votre loisir favori s'exerce dans un club affilié à une fédération.

Le matériel d'armement et de sécurité requis pour la navigation de plaisance et les loisirs nautiques a été revu très récemment. Applicables depuis le 1er juin 2019, ces nouvelles règles tiennent compte de l'émergence de nouvelles pratiques et des nouveaux engins que l'on peut croiser près du littoral.

Pour pratiquer et naviguer dans la zone des 6 milles (en dehors des contraintes particulières liées à la location), voici les principales règles à retenir :

- Obligation de marquage des ailes de kite-surf (aux fins d'identification lors de recherches).
- Pour une navigation entre 2 et 6 milles: possibilité d'embarquer un gilet de sauvetage de 100 newton par personne ou de porter un gilet de 50 newton.

La réglementation n'entraîne pas de modification du matériel de sécurité "classique" actuellement requis à bord des navires de plaisance et auquel nous sommes habitués (voir notre tableau).

Cette "nouvelle" division 240 s'appuie toujours sur un principe de responsabilisation des plaisanciers. Le statut de chef de bord est inchangé.

Le tableau ci-après détaille la classification des embarcations.

Types d'embarcations et armements de sécurité

	Jusqu'à 300 m d'un abri	De 300 m à moins de 2 MN d'un abri	De 2 MN à moins de 6 MN d'un abri	De 6 MN à moins de 60 MN d'un abri	À partir de 60 MN d'un abri
Navires	Basique **Art. 240-2.03**		Côtier **Art. 240-2.04**	Semi-hauturier **Art. 240-2.05**	Hauturier **Art. 240-2.06**
Annexes	Spécifique **Art. 240-2.09**	Navigation interdite	Navigation interdite	Navigation interdite	Navigation interdite
Engins de plage	Aucun matériel requis	Navigation réservée à la pratique encadrée **Art. 240-2.08**	Navigation interdite	Navigation interdite	Navigation interdite
Embarcations propulsées par l'énergie humaine hors engins de plage	Aucun matériel requis	Basique spécifique **Art. 240-2.10**	Côtier spécifique **Art. 240-2.10** Navigation interdite aux planches à pagaie	Navigation interdite	Navigation interdite
Planches à voile, planches aérotractées et planches nautiques à moteur	Aucun matériel requis	Basique spécifique **Art. 240-2.11**	Navigation interdite	Navigation interdite	Navigation interdite
Véhicules nautiques à moteur	Basique spécifique **Art. 240-2.12**		Côtier spécifique Navigation réservée aux VNM ≥ 2 places **Art. 240-2.102**	Navigation interdite	Navigation interdite
Engins à sustentation hydropropulsés	Basique spécifique **Art. 240-2.13**		Navigation interdite	Navigation interdite	Navigation interdite

Résumé des dispositions spécifiques (réglementation complète sur notre site www.marinbreton.com)

En fonction de cette classification, les distances maximales de navigation, les amplitudes quotidiennes (navigation diurne ou nocturne) et le matériel de sécurité obligatoire sont fixés par le législateur.

Annexes

En deçà des 300 m d'un abri : Les annexes ne sont pas astreintes à l'emport de matériel d'armement et de sécurité. Le navire porteur est considéré comme abri. Le port d'un EIF de 50 N est recommandé.

À partir du navire porteur et à plus de 300 m d'un abri :

- moyen de repérage lumineux (étanche et autonome 6 h minimum) type lampe flash, torche ou cyalume si porté par chaque personne à bord.
- EIF de 50 N par personne.

Photo Marin Breton

Engins de plage, pratique encadrée

Jusqu'à 300 m d'un abri : navigation exclusivement diurne. Les engins de plage ne sont pas astreints à l'emport de matériel d'armement et de sécurité.

Jusqu'à 2 milles : matériel de sécurité basique. Navigation autorisée si :

- organisée par une structure agréée (fédération ou Ministère des sports)
- encadrement qualifié et présent sur le plan d'eau,
- port effectif et individuel d'un EIF de 50 N ou d'une combinaison.

Embarcations propulsées par l'énergie humaine

Jusqu'à 300 m d'un abri : navigation exclusivement diurne. Les embarcations propulsées par l'énergie humaine ne sont pas astreintes à l'emport de matériel d'armement et de sécurité.

jusqu'à 2 milles (hors engins de plage) : navigation diurne autorisée si :

- le flotteur comporte un dispositif permettant de rester au contact et de remonter sur l'embarcation,
- chaque personne porte en permanence son EIF (50 N) minimum ou une combinaison individuelle ayant une flottabilité positive,
- l'embarcation est équipée d'un moyen de repérage lumineux (étanche et autonome 6 h minimum) type lampe flash, torche ou cyalume (si porté par chaque personne à bord).
- l'embarcation comporte un dispositif d'assèchement (écope, seau ou pompe à main) dans le cas d'engins comportant un espace habitable ou non auto-videurs,
- les kayaks de mer doivent être dotés d'un dispositif fixe de calage du bassin et des membres inférieurs

Jusqu'à 6 milles (hors planches à pagaie) : navigation diurne autorisée si :

- la navigation s'effectue à deux embarcations minimum. Toutefois si le pratiquant est adhérent d'une association déclarée il peut naviguer seul.
- chaque groupe ou pratiquant individuel est équipé d'une VHF flottante étanche et accessible en permanence,

Chaque embarcation, emporte, en plus de l'équipement requis jusqu'à 2 milles :

- 3 feux rouges à main,
- un compas magnétique étanche (ou GPS faisant office),
- la carte ou extrait de carte de la zone fréquentée (papier ou électronique),
- un descriptif du système de balisage,
- l'EIF (50 N) peut être remplacé par une combinaison humide ou sèche effectivement portée de flottabilité minimale 50 N et de couleur vive (cou/épaules). À défaut de couleur vive, l'équipement comportera un dispositif lumineux (étanche et autonome 6 h minimum) type lampe flash, torche ou cyalume.
- Le règlement international pour prévenir les abordages en mer (RIPAM) ou un résumé sous forme de plaquette autocollante (ou sur support électronique)

Planches à voile aérotractées, planches nautiques à moteur

Navigation exclusivement diurne et limitée à une distance inférieure à 2 milles d'un abri.

Les planches doivent comporter un identifiant inscrit sur la voile ou un support solidaire. Marquage de 1 cm de hauteur (nom, tél ou mail du propriétaire).

À partir de 300 m d'un abri :

- port d'un EIF de 50 N ou combinaison obligatoire,
- dispositif lumineux (étanche et autonome 6 h minimum) type lampe flash, torche ou cyalume.

photo Guy Lecointre

Photo Jakez

Véhicules nautiques à moteur :

Navigation exclusivement diurne. Limitée à 2 milles d'un abri pour les véhicule nautiques 1 place, 6 milles pour les véhicules nautiques 2 places. EIF obligatoire : 50 N jusqu'à 2 milles, 100 N jusqu'à 6 milles.

Pavillon national obligatoire en dehors des eaux françaises.

Jusqu'à 2 milles : armement de sécurité basique.

Jusqu'à 6 milles : armement de sécurité côtier.

Engins à sustentation hydropulsés :

Les engins à sustentation hydropropulsée (hydrojet ou jetpack) utilisent la réaction d'un écoulement d'eau pour s'élever et se déplacer au dessus du plan d'eau. Le moteur qui communique l'eau nécessaire à sa mise en mouvement peut être incorporé à l'engin proprement dit ou supporté par un jet ski équipé d'une tuyauterie flexible reliée à la sortie de la turbine. Pour contrôler le régime du moteur, qui régule la puissance et la hauteur du pilote, le pilote dispose d'une télécommande reliée au Jet ski.

- Navigation exclusivement diurne. Limitée à 2 milles d'un abri dans des zones dégagées, libres de tous obstacles et non réglementées. La pratique s'effectue en conformité avec le RIPAM (veille visuelle, maîtrise des manoeuvres).
- Permis côtiers (mer ou eaux intérieures) requis (propriétaire et/ou accompagnant).
- Port d'un EIF de 50 N et d'un casque adapté obligatoires.
- Dispositif lumineux (étanche et autonome 6 h minimum) type lampe flash, torche ou cyalume requis.
- À partir d'un navire porteur : matériel de sécurité basique. Capelé, l'engin doit assurer la flottabilité de l'utilisateur même s'il est inconscient. Système de largage rapide et d'arrêt à distance de la propulsion et pavillon Alpha visible (0,50 cm minimum) sont requis.

Photo Jakez

Le balisage maritime

Système AISM, région A

Marques latérales

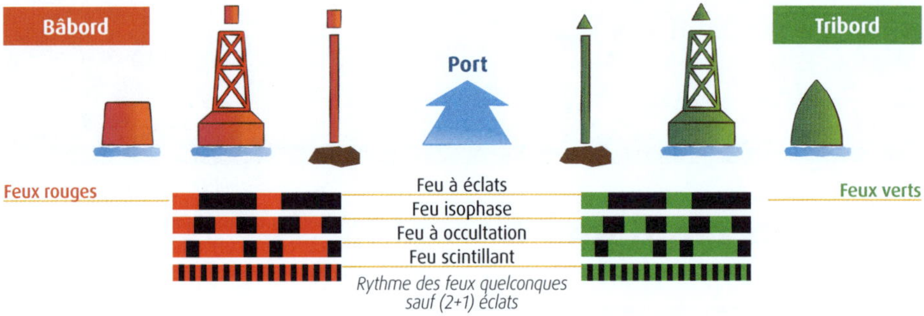

Cas particulier : marques indiquant une division de chenal

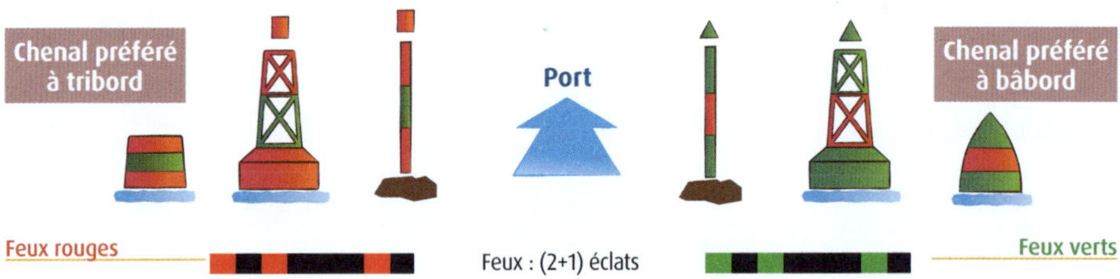

Danger isolé

Marque d'eaux saines

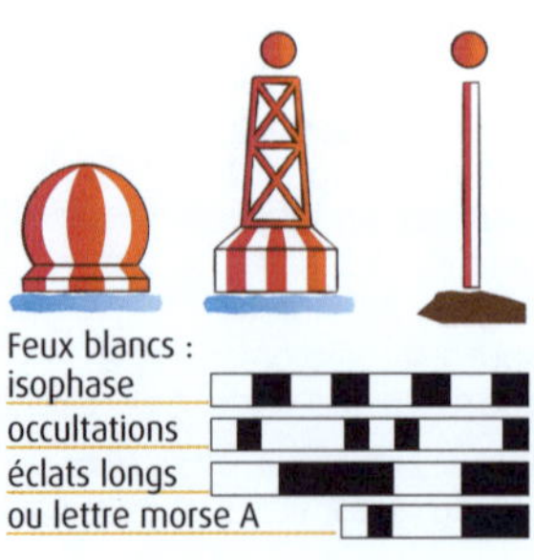

“ *Le mouton a peur du loup, mais c'est le berger qui le mange.*
[Proverbe Arménien].

Marques cardinales

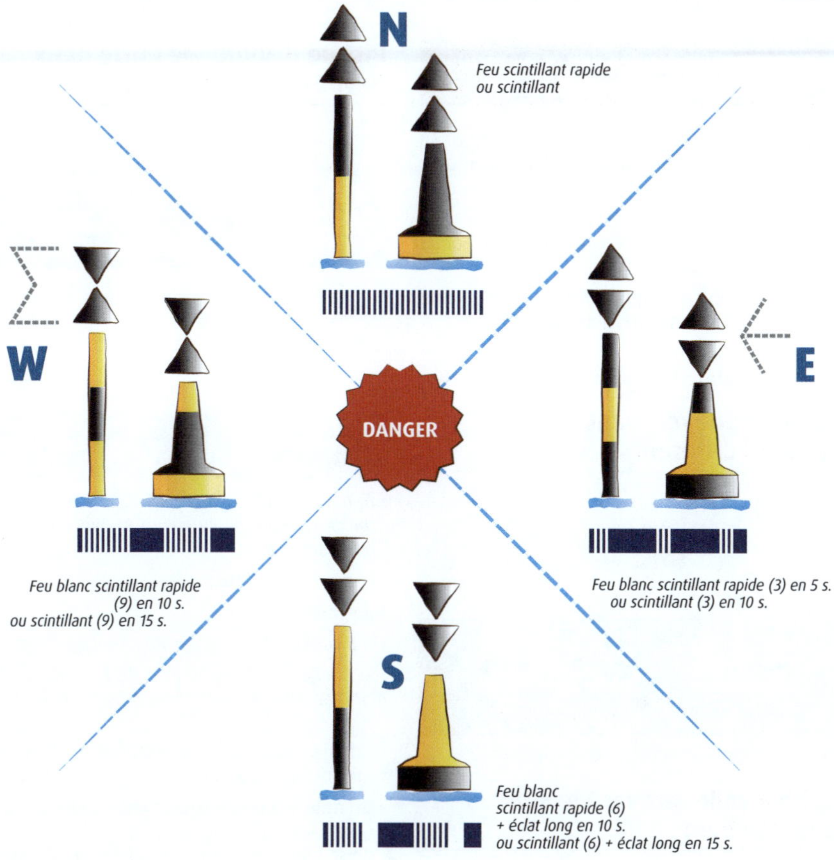

Marques spéciales

Feu jaune, rythme quelconque autre que ceux prévus pour les feux blancs

Bouée d'épave

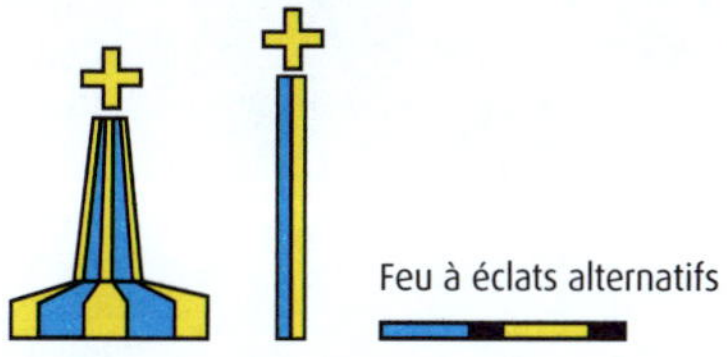

Bouée d'épave en cas d'urgence, peut être utilisée jusqu'à ce que l'épave soit mentionnée dans les publications nautiques.

Règles de barre

Les bases

Toute manœuvre décidée doit être exécutée franchement et largement à temps.

- Le navire privilégié doit maintenir son cap et sa vitesse sauf pour éviter l'abordage si la manœuvre du navire non privilégié n'est pas exécutée ou lui paraît insuffisante.
- Le navire non privilégié doit manœuvrer de bonne heure et franchement.
- Tout navire doit en permanence assurer **une veille visuelle et auditive appropriée.**
- Tout navire doit en cas de navigation difficile (brume...) **maintenir une vitesse de sécurité.**

Navire à voile recevant le vent d'un bord différent

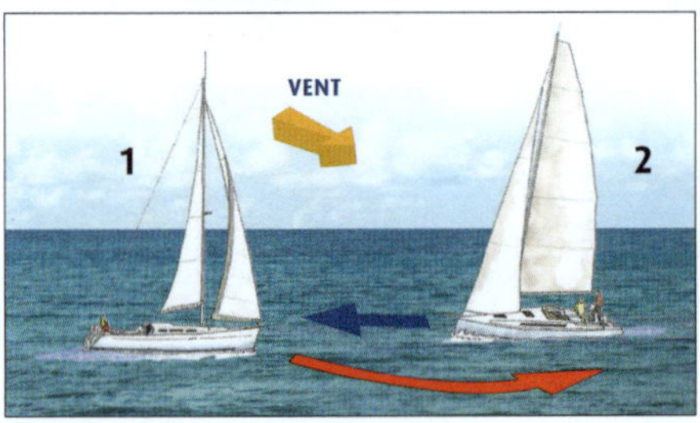

*Le **1** bâbord amures s'écarte de la route de **2**.*

Navire à voile recevant le vent du même bord

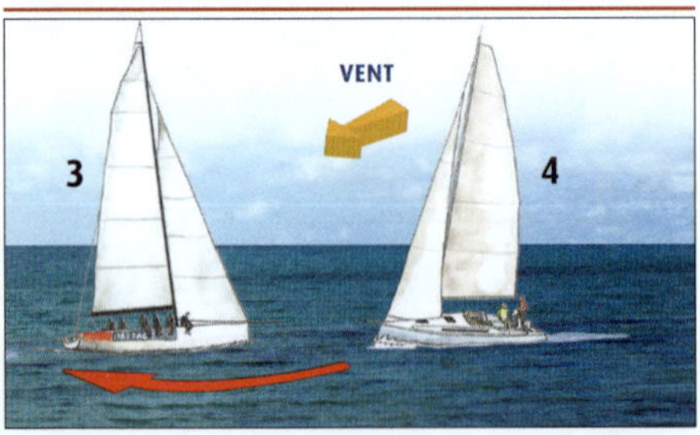

*Le **4** qui est au vent s'écarte de la route du **3** qui est sous le vent.*

Illustrations : J. Pennors

Si vous êtes bâbord amures et s'il y a risque d'abordage avec un autre navire dont vous n'êtes pas sûr du bord par lequel il reçoit le vent, vous devez vous écarter de sa route.

Risque d'abordage entre deux navires à propulsion mécanique

***5** et **6** font des routes opposées et virent sur tribord (sifflet : 1 son bref)*

- *Le navire **7** qui voit un navire **8** sur tribord doit s'écarter de la route de ce navire et éviter de croiser sa route sur l'avant.*
- *Le navire **8** doit conserver sa route et sa vitesse.*

Néanmoins :

- *Si **8** voit que **7** ne manœuvre pas, il peut manœuvrer.*
- *Si **8** juge que la manœuvre de **7** est insuffisante, il doit manœuvrer mais sans abattre sur bâbord.*

Sauf dispositions contraires (chenaux, séparation de trafic, navire rattrapant) :

- **Un navire à propulsion mécanique** faisant route doit s'écarter de la route d'un navire non maître de sa manœuvre ou à capacité de manœuvre restreinte ou en train de pêcher ou à voile.
- **Un navire à voile** faisant route doit s'écarter de la route d'un navire non maître de sa manœuvre ou à capacité de manœuvre restreinte ou en train de pêcher.
- **Un navire en train de pêcher** et faisant route doit dans la mesure du possible s'écarter de la route d'un navire non maître de sa manœuvre ou à capacité de manœuvre restreinte.
- **Tout navire** autre qu'un navire non maître de sa manœuvre ou à capacité de manœuvre restreinte doit, si les circonstances le permettent, éviter de gêner le libre passage d'un navire handicapé par son tirant d'eau.
- **Tout navire** doit éviter de gêner le libre passage d'un navire handicapé par son tirant d'eau.

Navire rattrapant (voile ou propulsion mécanique)

*Le navire **9** venant d'une direction de plus de 22,5° sur l'arrière du travers du navire **10** doit s'écarter franchement de la route de ce dernier.*

*Il ne doit pas faire une route qui risque d'obliger le navire **10** à manœuvrer pour s'écarter de lui.*

*La manœuvre qui consiste à faire d'abord une route parallèle à celle du navire **10** puis à reprendre la route primitive quand tout risque de collision est écarté, est également valable.*

***Nota :** La nuit, le navire **9** se considère comme rattrapant **10** s'il n'en voit que le seul feu de poupe.*

Navire à voile et navire à propulsion mécanique se croisant avec risque d'abordage

***12** doit s'écarter de **11** et émet deux sons brefs au sifflet pour indiquer qu'il vient sur bâbord. **11** peut manœuvrer s'il estime la manœuvre de **12** insuffisante.*

Navire à propulsion mécanique ne pouvant naviguer que dans un chenal et navire à voile libre de sa manœuvre

***14** ne doit pas gêner **13** dans un chenal étroit. La même règle s'applique si **14** est un navire à propulsion mécanique de moins de 20 m de long.*

Etes vous paré

pour un remorquage ?

Nous pouvons tous, et parfois à la demande du CROSS qui coordonne les opérations de secours et d'assistance en mer, être sollicités pour apporter de l'aide à d'autres plaisanciers. Tout simplement parce que l'on se trouve à proximité d'eux et que, selon les situations, cette intervention peut éviter de mobiliser des moyens plus importants (SDIS, SNSM...).

Ces derniers doivent rester au maximum mobilisables pour les situations extrêmes ou plus urgentes.

Il faut donc être paré. Aussi vrai que "chez les gens de mer, la solidarité n'est pas un vain mot",

l'assistance est un acte citoyen mais aussi un devoir (1). Encore faut t'il être en mesure d'intervenir sans prendre de risque, pour soi, son équipage, mais aussi pour l'embarcation secourue et ses occupants !

Le remorquage d'un bateau en avarie (moteur en panne, bout dans l'hélice...), est fréquemment requis sur la bande côtière. Autant se préparer à effectuer l'opération en toute sécurité...

Quel matériel avoir à bord ?

Le remorquage ne s'improvise pas et il faut avoir à bord le matériel nécessaire :

• deux lignes de mouillages. Pourquoi deux ? tout simplement parce que c'est peut être votre propre filin qui se sera pris dans l'hélice ! Ce second bout vous permettra alors d'ancrer et de maintenir la position en attendant l'assistance.

• un filin suffisamment long (50 m, diamètre 20 mm en évitant le polypropylène peu résistant à la traction). Associé à celui du bateau assisté ce filin constituera une "remorque" de longueur suffisante pour amortir les chocs. Lors du remorquage on veillera à mettre progressivement le filin "en tension" : les efforts s'exerçant sur la remorque peuvent dépasser le poids du bateau remorqué.

Idéalement et afin d'éviter les "rappels" brutaux de la remorque on placera un lest à mi-longueur de la remorque pour limiter le phénomène.

• un bout de quelques mètres servira à confectionner la "patte d'oie" qui reliera les deux taquets arrières du bateau tractant ou les

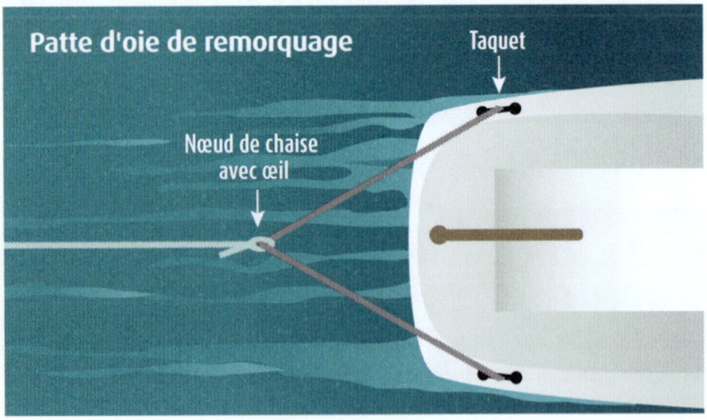

deux taquets avant du remorqué en cas d'absence de bitte d'amarrage (voir le schéma ci- contre). Bateau à l'arrêt, la patte d'oie doit être ajustée pour ne pas toucher l'eau évitant ainsi tout risque d'un sur-accident si elle venait à prendre dans l'hélice !

La préparation des bateaux

Sur le bateau en panne.

L'équipage doit se préparer pour l'amarrage à la proue et se mettre en sécurité (gilets capelés impérativement !). Par mauvais temps ou forte houle, si les bateaux ne peuvent s'approcher bord à bord, on peut se transmettre la remorque à l'aide d'un filin souple qu'on lancera d'un bord à l'autre.

Sur le bateau remorqueur.

Le bateau remorqueur aura préalablement préparé la "patte d'oie" capelée aux taquets arrières. La remorque y sera alors fixée à l'aide d'un nœud coulissant. Le nœud de chaise est à privilégier : robuste il permettra aussi à la remorque de coulisser et favorisera la répartition de l'effort de traction sur les taquets du remorqueur.

Prêts pour le convoyage. La remorque est fixée à la bitte d'amarrage du remorqué (ou à sa patte d'oie et si c'est le cas, toujours avec un nœud coulissant).

Avant de mettre le convoi en branle :

• Si le remorqué possède un hors-bord, il faut maintenir l'hélice dans l'eau (moteur à l'arrêt et au point mort). L'embase du moteur agira alors comme un safran, cela évitera que le bateau fasse des zigzags au bout de la remorque comme un pendule !

• S'il s'agit d'un in-bord, on pourra laisser traîner une ancre flottante ou un grappin ordinaire au bout d'un filin de quelques mètres pour maintenir le bateau sur son axe.

Pendant le convoyage :

• tenir la barre du bateau remorqué pour le garder dans le sillage du remorqueur,

• placer les équipiers sur l'arrière (à l'abri en cas de rupture d'un bout),

• maintenir le contact radio ou par téléphone (y compris avec le CROSS),

• si retour dans un port avertir la capitainerie pour assistance en cas de manœuvre,

La sauvegarde des vies humaines reste la priorité absolue.

Si les conditions météo ne vous permettent pas d'intervenir en toute sécurité, il faut laisser les spécialistes agir et sauver ce qui peut l'être.

(1) : la non assistance à personne en danger est un délit passible de sanctions

Récupération de l'homme à la mer

MOB (man over board)

Chaque skipper est le seul responsable de ses décisions. Il est important d'y réfléchir, de se documenter, de s'entraîner, de choisir et de préparer son matériel, de bien l'installer sur le bateau.

La chute à la mer constitue la principale cause de mortalité des plaisanciers dans la pratique de leur sport.

Il convient donc de s'en prémunir et si, par malheur, elle survient, savoir récupérer un homme à la mer devient primordial.

La meilleure prévention est le port d'un gilet et/ou d'un VFI, ainsi que d'un harnais. En particulier, de nuit, sous spi, en manœuvre de changement ou de réduction de voile, dans les transits en annexes.

Les précautions à prendre : répéter la manœuvre à chaque changement d'équipage, distribuer les rôles avant l'accident, porter des vestes de quart de couleur voyante (en particulier orange), un sifflet, un bâton de cyalume, un feu étanche dans les poches *(Source FFV)*.

Plusieurs types de manœuvres de récupération

1 - La récupération à l'aide d'une élingue de sauvetage

(Bouées de type *Silzig*®*, *lifesling, Rescue sling*® + halin de 30 à 100 mètres), méthode considérée comme la plus fiable et la plus efficace dans le cas d'un naufragé conscient.

** La bouée Silzig© est utilisée par les Sauveteurs en Mer (SNSM).*

Illustration : Ministère des Transports du Canada (DR)

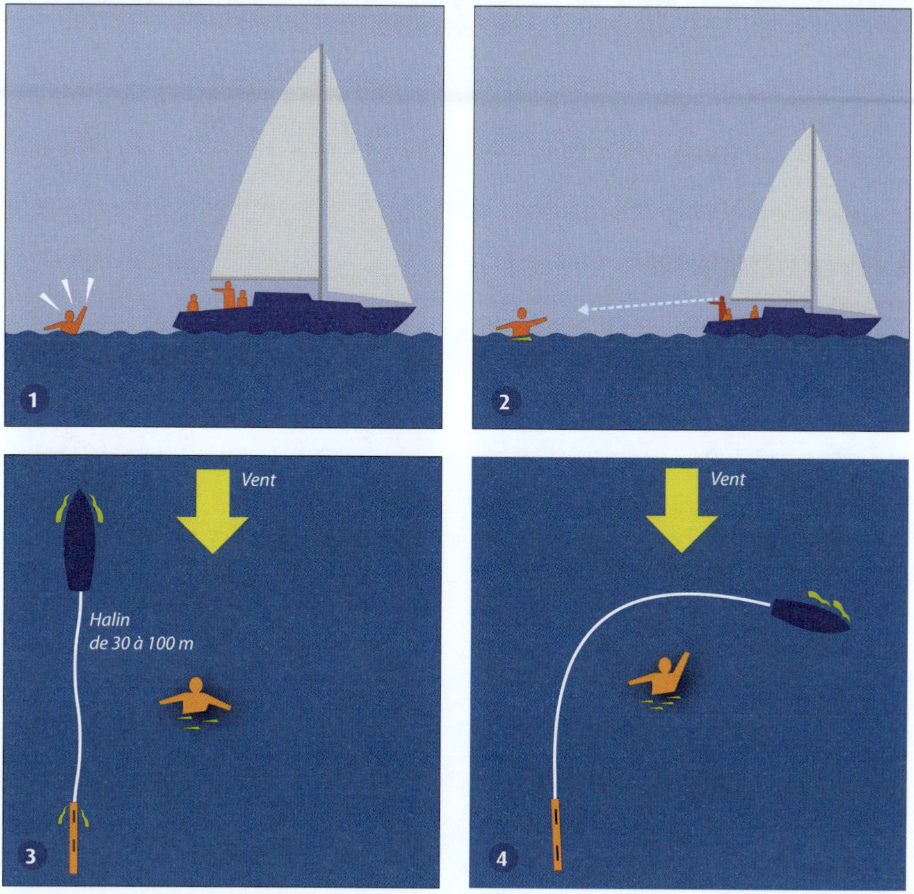

(1) Règles des 4 i : « ***Gilet et harnais portés de nuit, sous spi, au premier ris et pour aller faire pipi*** *» (Source : cours des Glénans)*

La manœuvre ressemble fortement à celle de la récupération d'un skieur nautique.

1. L'homme tombe à la mer !..

- Garder le visuel.

2. Ne pas tenter de le récupérer de suite.

- Garder le visuel.
- Enclencher le bouton « MOB » sur le GPS.
- Appel au Cross : VHF 16 Pan Pan, 196 sur portable

3. Retour sur zone, selon possibilité.

- Larguer le système de récupération, type *Silzig®*, avec un halin (cordage de halage) flottant de 20 à 50 m (voire 100 m sur bateau très rapide)...
- Dépasser le naufragé...

4. « Enrouler » la zone, virement en arrondi à 90 °.

Stopper... Barre sous le vent (ou à la cape)

Se laisser dériver...

> Le cas échéant, continuer la boucle en la resserrant. *(recommandation FFV)*

- Lorsque le naufragé a récupéré le halin, a refermé la bouée, le haler vers le bateau,
- Puis le hisser par la jupe (en s'aidant des poignées), ou : au vent en cas de clapot, sous le vent par mer calme.
- Au besoin, utiliser le palan d'écoute pour le hisser à bord.

(Source Silzig®)

En cas d'hypothermie,

Les bons réflexes, les bons gestes

Manche, Atlantique et même Méditerranée ont des eaux souvent inférieures à 15 °C. Dans une eau à 15 °C, en 15 minutes, l'hypothermie est là.

L'hypothermie menace...

On estime que, pour 20 % des naufragés recueillis en mer froide, il y a risque vital pendant ou après le recueil.

En mer, porter un VFI adapté à ses activités *(cf. pages Homme à la mer - MOB)*

- le VFI (vêtement à flotabilité intégrée) maintient la tête et le cou hors de l'eau et permet la survie.

- Par temps froid, porter un bonnet, car on perd environ la moitié de sa chaleur par la tête et le cou.

- Mettre trois couches de vêtements : synthétique sur la peau qui absorbe la sueur, laine qui reste chaude même mouillée, vêtement imperméable.

Si on tombe à l'eau, ne pas les enlever : ces trois couches de vêtements et ces trois couches d'eau vous protègeront du froid.

Dans l'eau, ne pas nager pour se réchauffer !

Il y aura une perte d'énergie qui vous épuisera et l'eau va se brasser au contact de la peau : c'est le phénomène qui fait perdre le plus de chaleur.

On peut nager si on a une combinaison de plongée, de survie ou pour trois raisons : pour rejoindre un autre naufragé ou un moyen de flottaison, ou pour fuir un danger (bateau en feu, nappe de carburant, remous d'un navire qui sombre).

N'abandonner son bateau qu'en dernier recours

Toute épave est bienvenue : elle permettra éventuellement de sortir le maximum de son corps de l'eau (l'eau conduit le froid 25 fois plus vite que l'air sec à température égale). S'amarrer si on le peut, avant que le corps ne s'épuise.

Seul, se mettre « en boule », dans la position du fœtus pour abriter les zones de déperdition majeure (aisselles, aines, flancs, creux poplités).

À plusieurs, adopter la position « en grappe » : pour être vus et se soutenir mutuellement ; s'amarrer les uns aux autres. Se mettre dos aux vagues, se protéger les yeux, le visage...

Recueil d'un naufragé en eau froide

L'hypothermie installée sera reconnue à 4 signes :
- Les gros frissons musculaires ;
- La perte de la dextérité manuelle ;
- Les troubles du comportement (repli sur soi, opposition...) ;
- La sensation de marbre froid ressentie lorsque l'on place son poing dans le creux de l'aisselle du naufragé.

Les stades de l'hypothermie

- La victime frissonne : hypothermie légère (T > 34 °C).
- La victime ne frissonne plus mais peut bouger ses membres : hypothermie modérée (30 à 34 °C). Prudence ++ dans l'action !
- Victime totalement immobile : hypothermie sévère (T < 30 °C) : danger extrême !

Alerter les secours !

- **Recueillir si possible à l'horizontale, et surtout, allonger la victime quelque soit son état**

(tête en bas vers la poupe). La position debout est nocive pour le cœur et favorise des échanges de sang froid (« écorce » : peau, extrémités) et de sang chaud (« noyau » : tissus profonds, cœur, gros vaisseaux, cerveau...), des troubles du rythme cardiaque et un désamorçage de la pompe peuvent survenir.

- Dans le même esprit, ne pas frictionner (surtout les membres), ne pas inciter à faire des mouvements, ne pas donner d'alcool qui donne une fausse sensation de réchauffement mais fait affluer le sang chaud du noyau vers l'écorce froide.

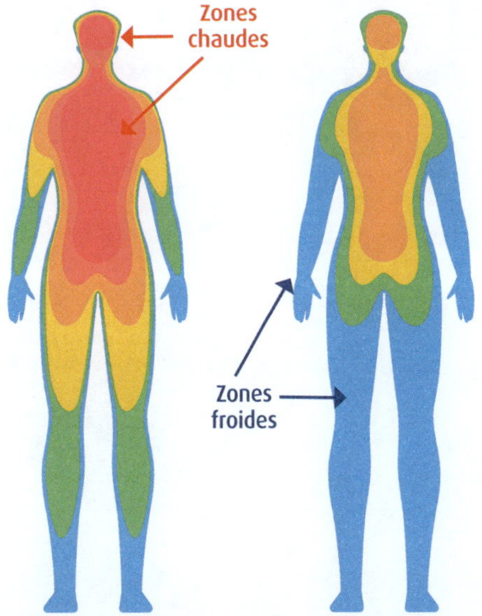

Corps à température normale

Corps en hypothermie

- Être peu interventionniste, surtout si les secours peuvent être sur zone dans l'heure : pas de réchauffement artificiel brutal, pas de bain ou de douche chaude.

- Dans un local chauffé, à l'abri du vent, déshabiller avec douceur, ne pas hésiter à couper les vêtements avec des ciseaux pour éviter les manipulations.

Sécher sans frotter, isoler d'un support froid, envelopper le corps en sandwich dessous et dessus (3 couches : chamoisine, couverture de survie ou grand sac poubelle, couverture de laine). Bien envelopper la tête et le cou (bonnet + couverture de survie).

- Si le naufragé peut boire seul, lui donner des boissons tièdes et sucrées.

- Les naufragés en état d'hypothermie (T < 34 °C) sont « fragiles comme de la porcelaine » : les mobiliser le plus doucement possible... un choc brutal peut être fatal.

- Ne pas se fier aux états de mort apparente (peau blanche et froide, pouls et respiration imperceptibles, inconscience) et mettre en œuvre les conseils ci-dessus.

• Accompagner la victime et surveiller la conscience, la respiration, le pouls.

• Bien sûr... parler, réconforter ; expliquer ce que l'on fait, ce qui va se passer, ce qui s'est passé avant...

Docteur Michel Réguer, médecin SNSM (†)

Photo SNSM

Remerciements au Dr Charles Hudelo, SNSM Paris ; Olivier Coatanéa, SNSM Brest ; Yann Chauty, CEPS ; Emmanauel Audrain, cinéaste, Lorient

*« Siffle, gabier siffle doucement pour appeler le vent ...
mais sitôt bonne brise venue, gabier ne siffle plus.*

Partageons le littoral

DRAPEAUX DE BAIGNADE

- Autorisée aux risques et périls des baigneurs
- Surveillée aux horaires du poste de secours
- Surveillée danger limité
- Interdite
- Surveillée sans dangers apparents

BALISAGE DES PLAGES

- Bouée de délimitation
- Bouée bâbord de chenal traversier
- Bouée tribord de chenal traversier

PANNEAUX DE SIGNALISATION

- SPORT / SPORT — Embarcation de sport ou de plaisance
- Navire à moteur
- Navire à voile
- Véhicule nautique à moteur
- Ski nautique
- Planche à voile
- Baignade
- 5 nds — Vitesse limitée à 5 nœuds (9km/h)*

** dans les chenaux et à moins de 300 m du rivage*

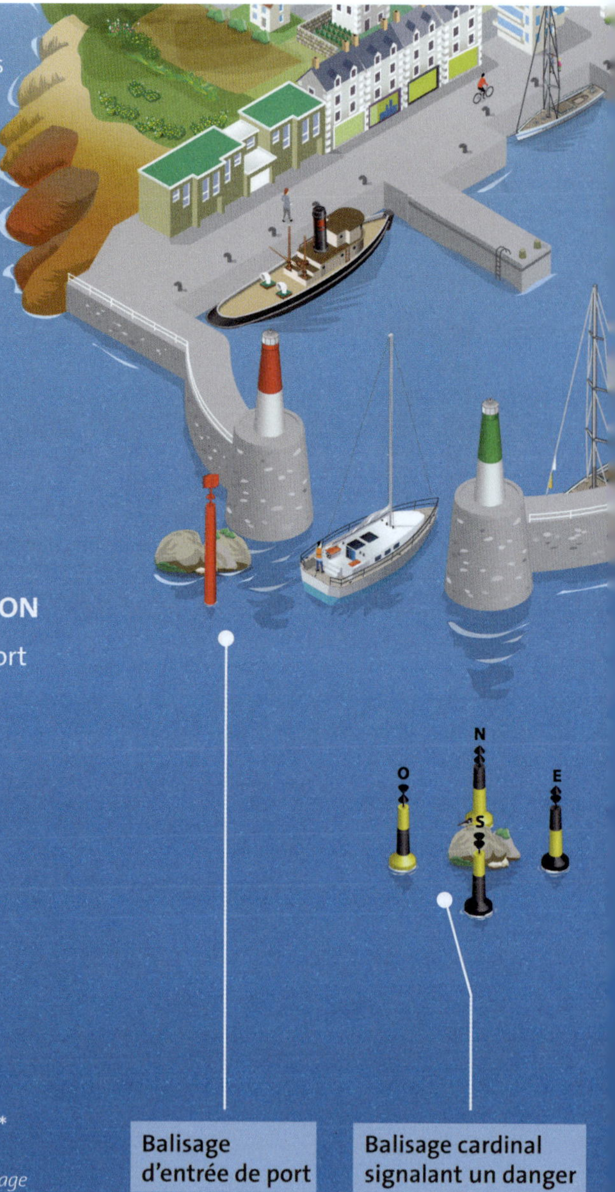

« Si tu veux couler ton bateau, donne lui deux capitaines ... c'est pourquoi le mot cohabitation n'existe pas dans le vocabulaire maritime [Yves la Prairie].

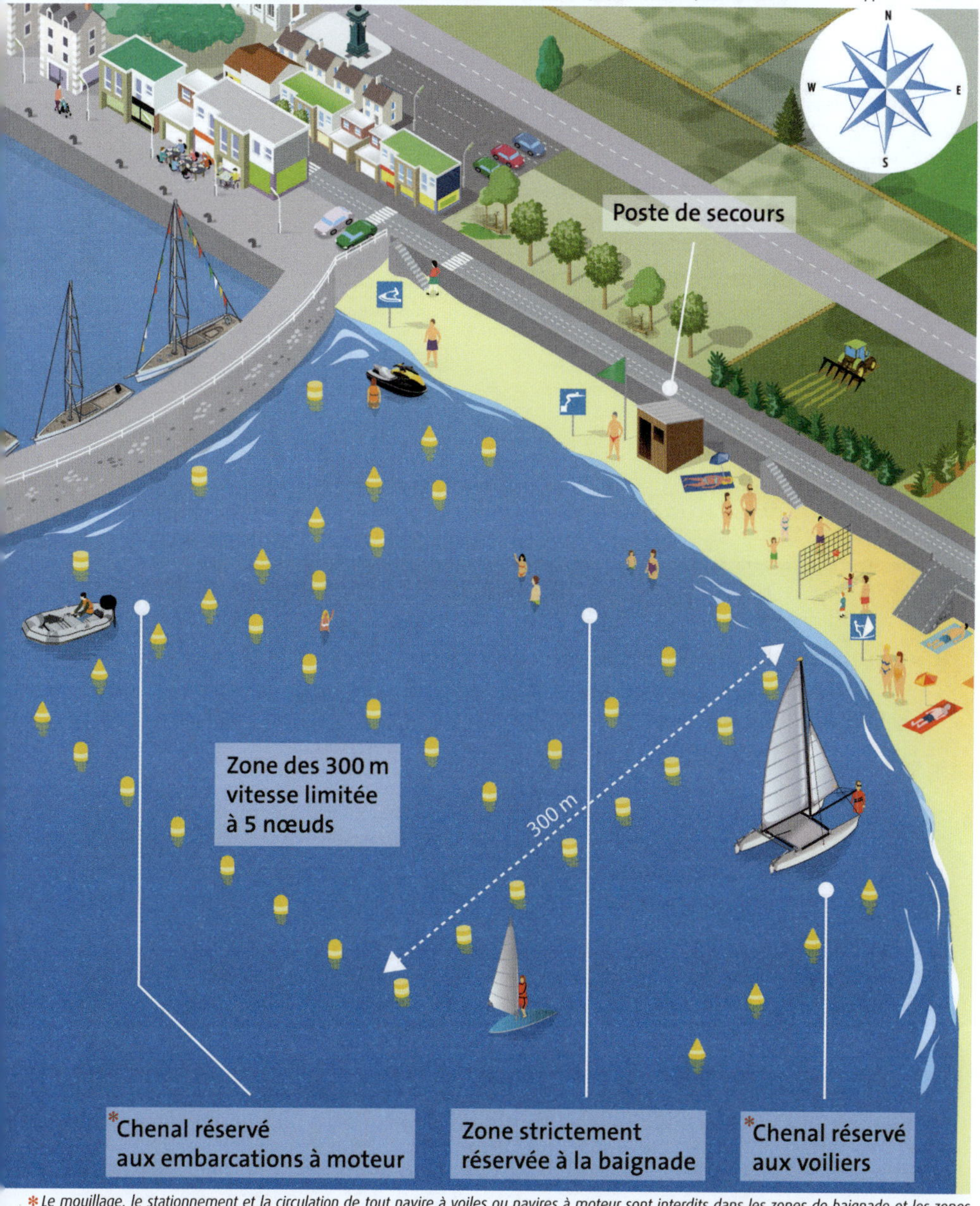

* *Le mouillage, le stationnement et la circulation de tout navire à voiles ou navires à moteur sont interdits dans les zones de baignade et les zones réservées aux engins de plage lorsque qu'un balisage est en place. Lorsqu'un plan de balisage existe avec des chenaux réservés, les navires à voiles et les navires à moteur ne peuvent naviguer, dans la bande littorale des 300 mètres, qu'à l'intérieur de ces chenaux à une vitesse limitée à 5 nœuds. En l'absence de plan de balisage ou lorsque celui-ci ne prévoit aucun chenal, les navires à voiles et les navires à moteur sont autorisés à évoluer dans la bande littorale des 300 mètres à une vitesse limitée à 5 nœuds.*

« Qui ne sait pas exécuter, ne sait pas commander.
[Proverbe italien].

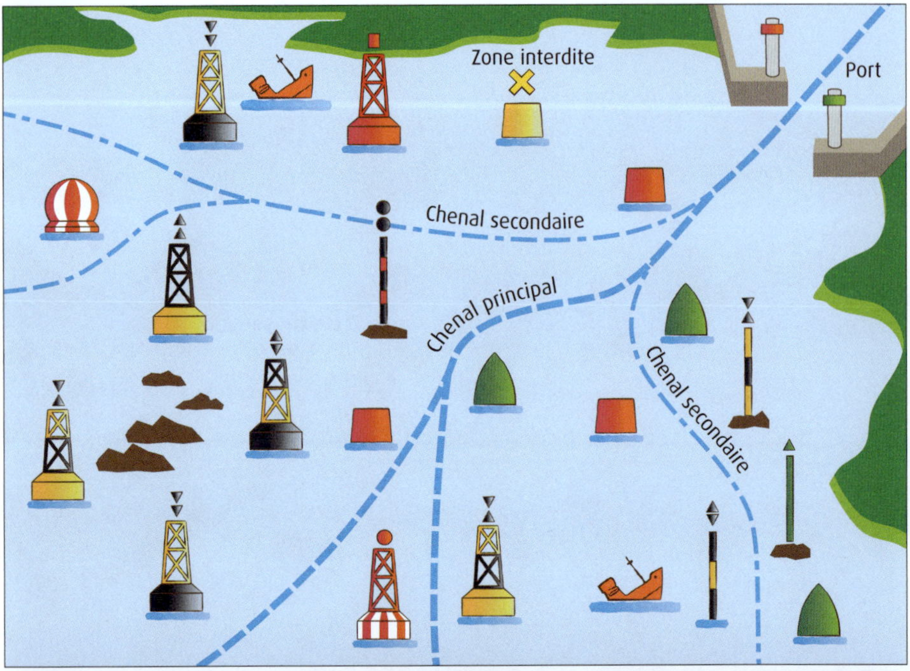

Cartes et marées, météo

Les données du Shom et de Météo-France

La cartographie de votre *Almanach Côtier*

Les cartes reproduites ci-après sont des extraits officiels du catalogue du Shom, format « *Raster Marine 150* » à l'échelle 1 : 150 000e.

Elles sont mises à jour annuellement et constituent, en ce sens, un outil fiable pour la préparation de vos navigations côtières. Ces cartes sont assemblées et reproduites par nos soins pour correspondre au mieux aux bassins de navigation les plus usités sur le littoral.

Adaptées à la navigation côtière dans la zone des 6 milles, elles vous apportent une information nécessaire pour naviguer en sécurité (chenaux, balisage, lignes de sonde, roches émergentes...)

En fonction des caractéristiques de votre bateau et de l'activité pratiquée (plongée, pêche, kayak...),nous vous invitons à naviguer avec la carte de la zone concernée, à la plus grande échelle possible : (50 000e voire 25 000e si elle existe).

Les tables des marées

Votre *Almanach Côtier* reproduit dans les pages suivantes les horaires officiels des marées.

Vous trouverez, en lecture directe, les heures, coefficients de marées et hauteurs d'eau de basse et pleine mer pour les ports principaux du littoral breton, ainsi que les corrections applicables pour les ports rattachés.

!!! Les horaires sont exprimés en heure légale, soit l'heure officielle en vigueur aux dates correspondantes.

La météo

À terre. Prendre la météo avant de prendre la mer, même pour quelques heures ou une simple partie de pêche, est un reflexe de bon sens car le temps peut changer très vite, même en été.

Les bulletins « Marine » sont affichés dans les capitaineries, disponibles sur les répondeurs téléphoniques spécialisés marine de Météo France (service payant), sur Internet via de nombreux sites spécialisés (http://marine.meteofrance.com par exemple) ou diffusés par radio et VHF.

En mer. En navigation, on peut recevoir aisément la météo en VHF (jusqu'à une distance de 20 à 30 milles en fonction de la puissance de l'appareil, de la hauteur de l'antenne, des conditions atmosphériques ou du relief à proximité).

Pour ce, utilisez les fréquences radio et les horaires des bulletins ci-dessous (les canaux à utiliser et les heures de diffusion dépendent de votre position).

La météo est disponible auprès des sémaphores, sur appel en VHF par le canal 16 et dégagement vers le canal de travail, généralement canal 10.

La disponibilité des équipages des sémaphores ne doit pas conduire à abuser de cette procédure en négligeant l'heure de diffusion établie des bulletins météo.

	Canal	Émetteurs	Bulletins côte (heures légales - FR)
Étel	80 (1)(2)	**De la pointe de Penmarc'h à l'anse de L'Aiguillon**	
		Penmarc'h	07 h 03 - 13 h 03 - 19 h 03
		Île de Groix	07 h 15 - 13 h 15 - 19 h 15
		Belle-Île	07 h 33 - 13 h 33 - 19 h 33
		Saint-Nazaire	07 h 45 - 13 h 45 - 19 h 45
		Île d'Yeu	08 h 03 - 14 h 03 - 20 h 03
		Les Sables d'Olonne	08 h 15 - 14 h 15 - 20 h 15
		Etel (Can 63)	Toutes les 20 mn (en cycle)
Étel	63 (1)	**De l'anse de L'Aiguillon à la frontière espagnole**	
		Chassiron	Toutes les 20 mn (en cycle)
		Cap Ferret	Toutes les 20 mn (en cycle)
	79 (1)	Soulac	07 h 15 - 13 h 15 - 19 h 15
		Contis	07 h 45 - 13 h 45 - 19 h 45
		Biarritz	08 h 03 - 14 h 03 - 20 h 03

(1) *Après appel sur canal 16*

Source Météo France.

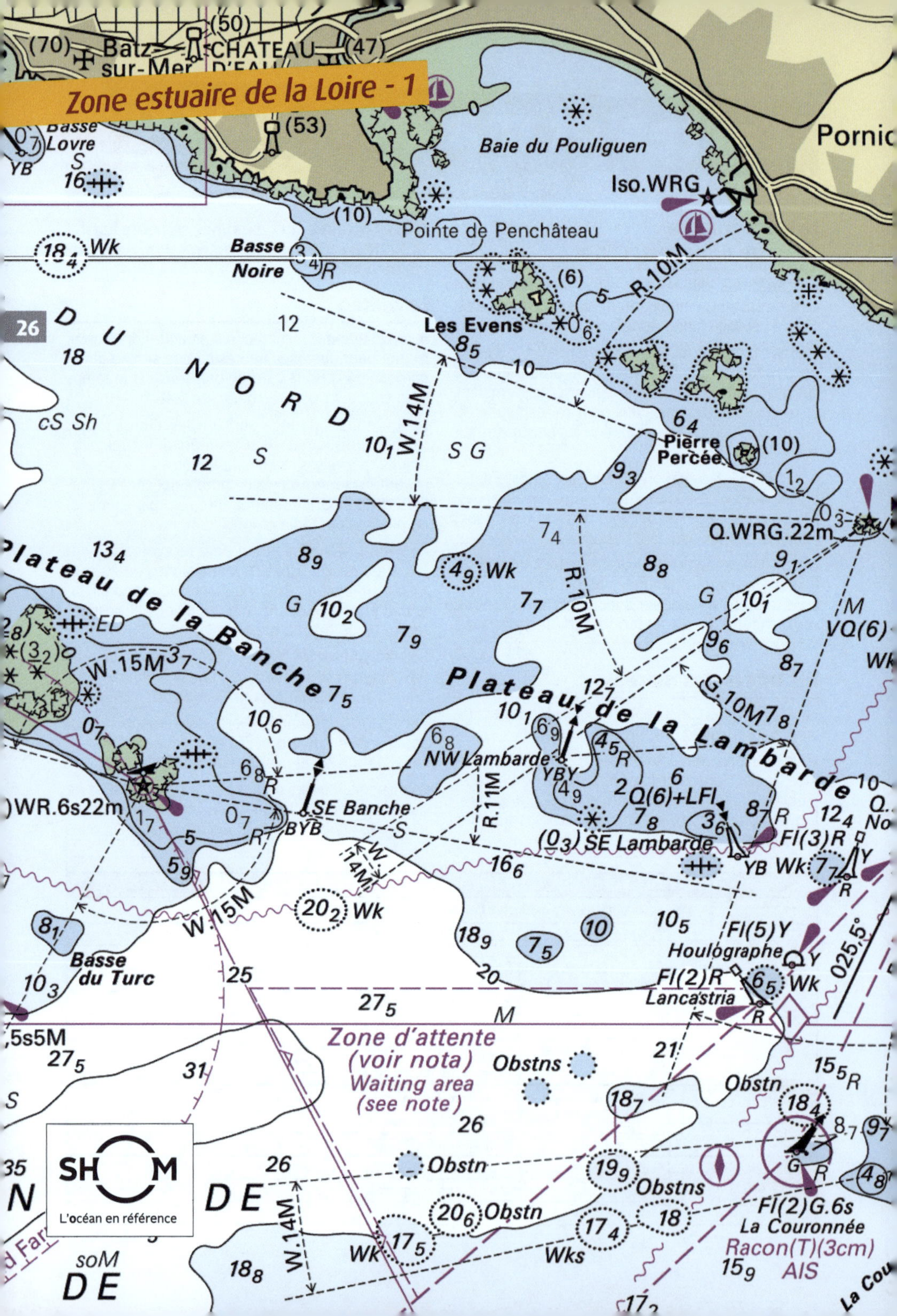
Batz-sur-Mer
CHATEAU D'EAU
Basse Lovre
Baie du Pouliguen
Pornic
Iso.WRG
Pointe de Penchâteau
Basse Noire
Les Evens
R.10M
D U N O R D
cS Sh
W.14M
Pierre Percée
Q.WRG.22m
Plateau de la Banche
W.15M
Plateau de la Lambarde
NW Lambarde
YBY
SE Banche
BYB
R.11M
Q(6)+LFl
SE Lambarde
G.10M
VQ(6)
Fl(3)R
)WR.6s22m
Basse du Turc
Fl(5)Y
Houlographe
Fl(2)R
Lancastria
025,5°
,5s5M
Zone d'attente
(voir nota)
Waiting area
(see note)
Obstns
Obstn
Wk
Wks
Fl(2)G.6s
La Couronnée
Racon(T)(3cm)
AIS
SHOM
L'océan en référence

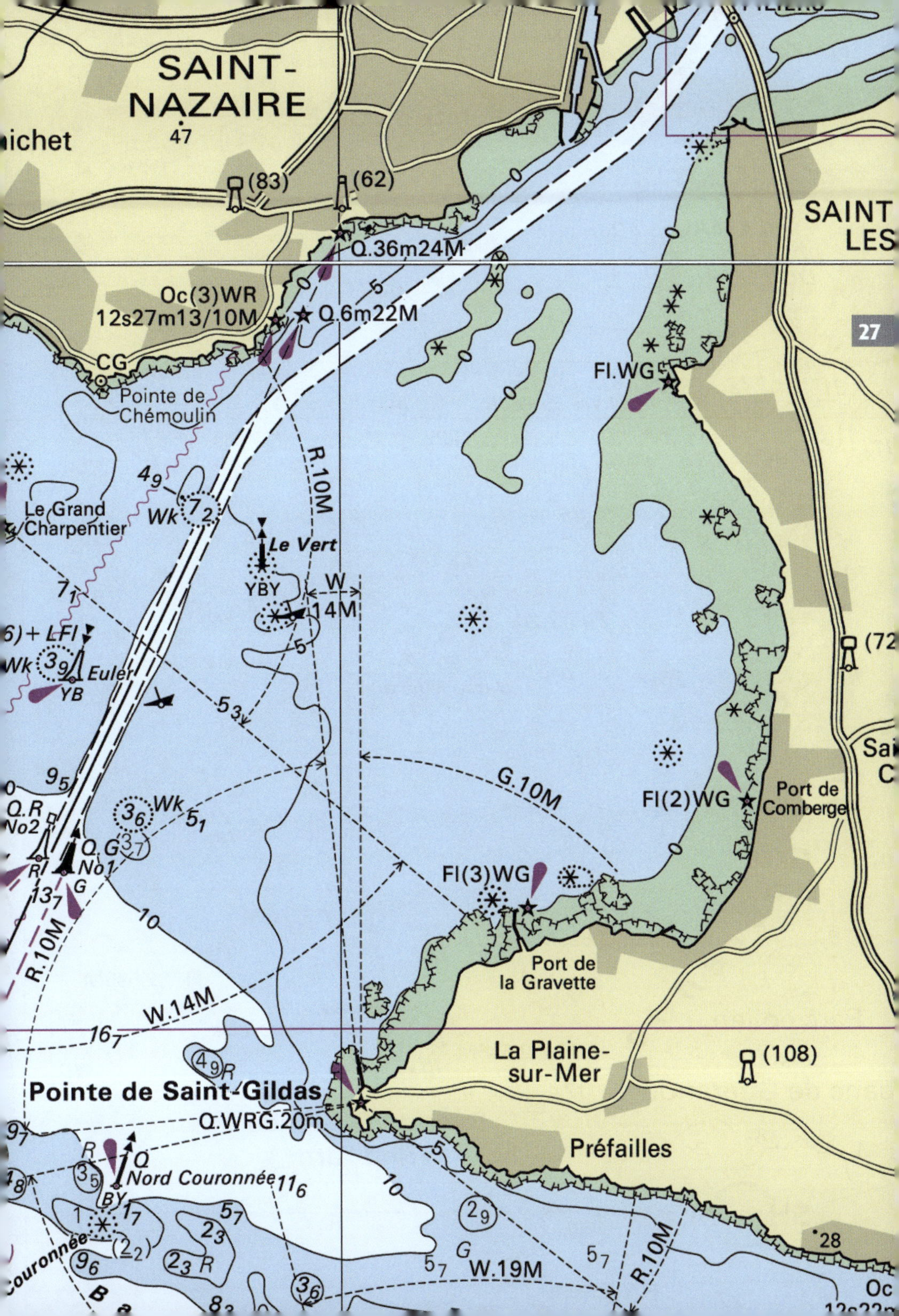

SAINT-NAZAIRE
47
(83)
(62)
Q.36m24M
Oc(3)WR
12s27m13/10M
Q.6m22M
CG
Pointe de Chémoulin
Le Grand Charpentier
Wk
Le Vert
YBY
14M
W
R.10M
Euler
YB
Q.R
No2
Q.G
No1
G.10M
Fl.WG
Fl(2)WG
Port de Comberge
Fl(3)WG
Port de la Gravette
R.10M
W.14M
Pointe de Saint-Gildas
Q.WRG.20m
La Plaine-sur-Mer
(108)
Préfailles
Nord Couronnée
BY
Q
W.19M
R.10M
SAINT
LES
(72)
28

Fl.5s23m18M
Le Four
Hikéric
YBY
Basse Castouillet
Pointe du Croisic
Le Croisic
(53)
(55)
G.11M
PLATEAU
DU FOUR
M Wd
C H E N A L
M S
G
Q(6)+LFl.15s
Goué Vas du Four
YB
S
Voir nota
See note
(pêche réglementée)
Fl(5)Y.20s
Y
bkSh
Basse Michaud
R
Wk
NW Banche
BY
Q
Banc de Guérande Wind Farm
Fl.Y.2,5s5M
VQ(9)10s
Banche W
YBY
de Guérande
Basse de l'Astrolabe
SG
Parc éolien du banc de Guérande
Banc de Guérande Wind Farm
SHOM
L'océan en référence

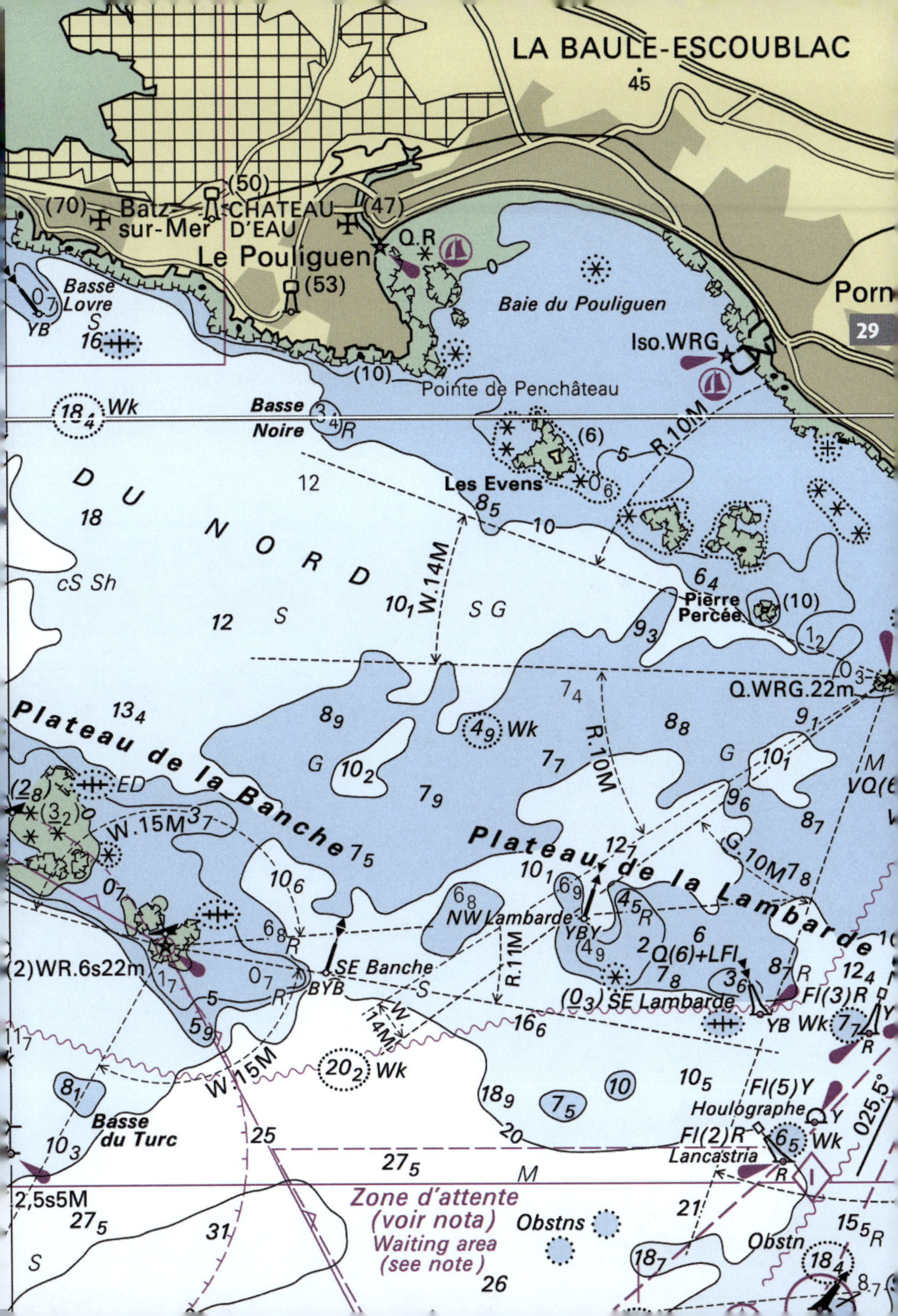

LA BAULE-ESCOUBLAC
Batz-sur-Mer
CHATEAU D'EAU
Le Pouliguen
Q.R
Baie du Pouliguen
Porn
29
Iso.WRG
Basse Lovre
YB
Pointe de Penchâteau
Basse Noire
Wk
Les Evens
R.10M
DU NORD
W.14M
cS Sh
S G
Pierre Percée
Q.WRG.22m
Plateau de la Banche
ED
W.15M
Plateau de la Lambarde
R.10M
G.10M
VQ(6
NW Lambarde
YBY
R.11M
Q(6)+LFl
SE Banche
BYB
(2)WR.6s22m
SE Lambarde
YB
Fl(3)R
Wk
W.14M
W.15M
Fl(5)Y
Houlographe
Basse du Turc
Fl(2)R
Lancastria
025,5°
2,5s5M
Zone d'attente
(voir nota)
Waiting area
(see note)
Obstns
Obstn

Zone île de Noirmoutier

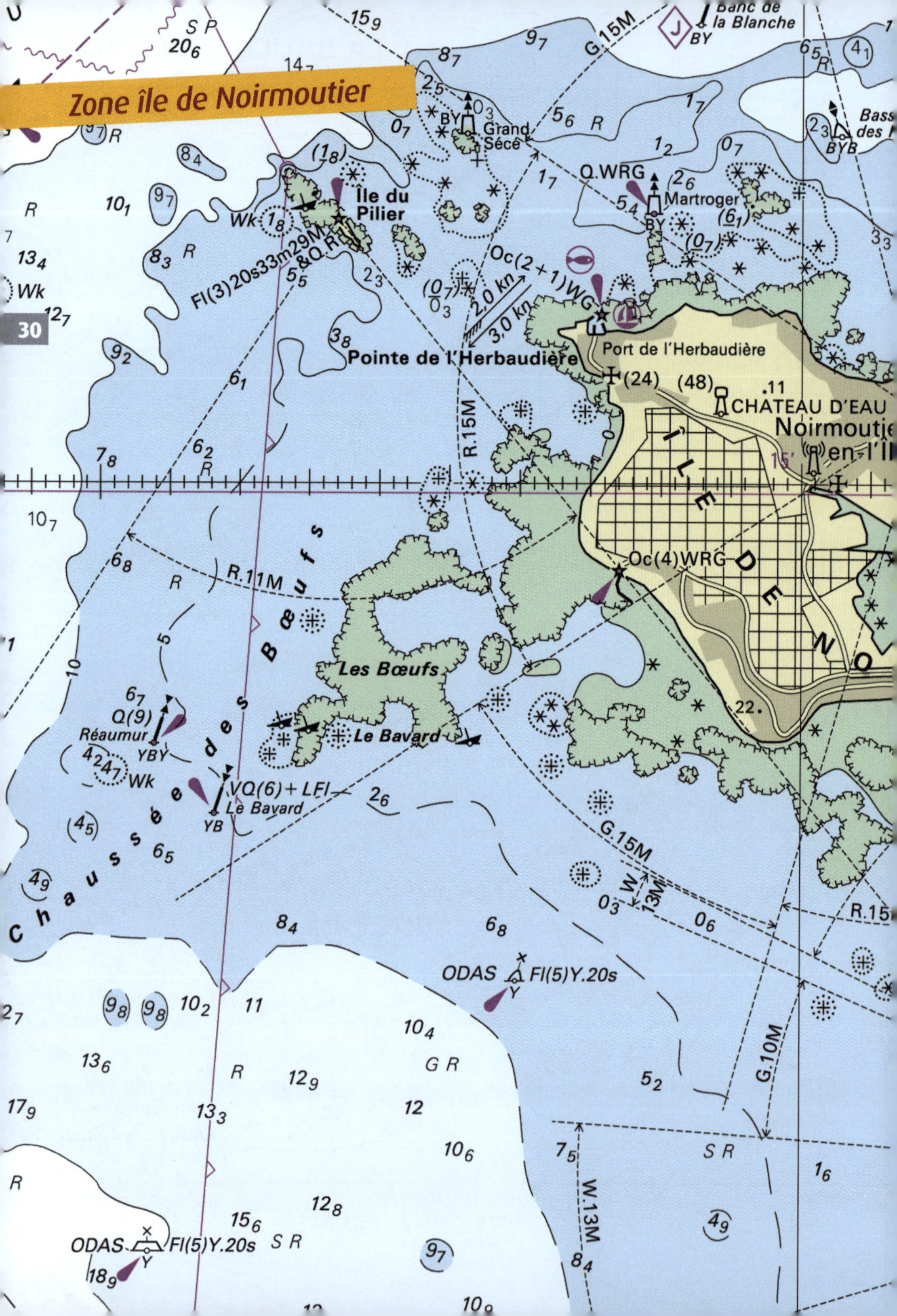

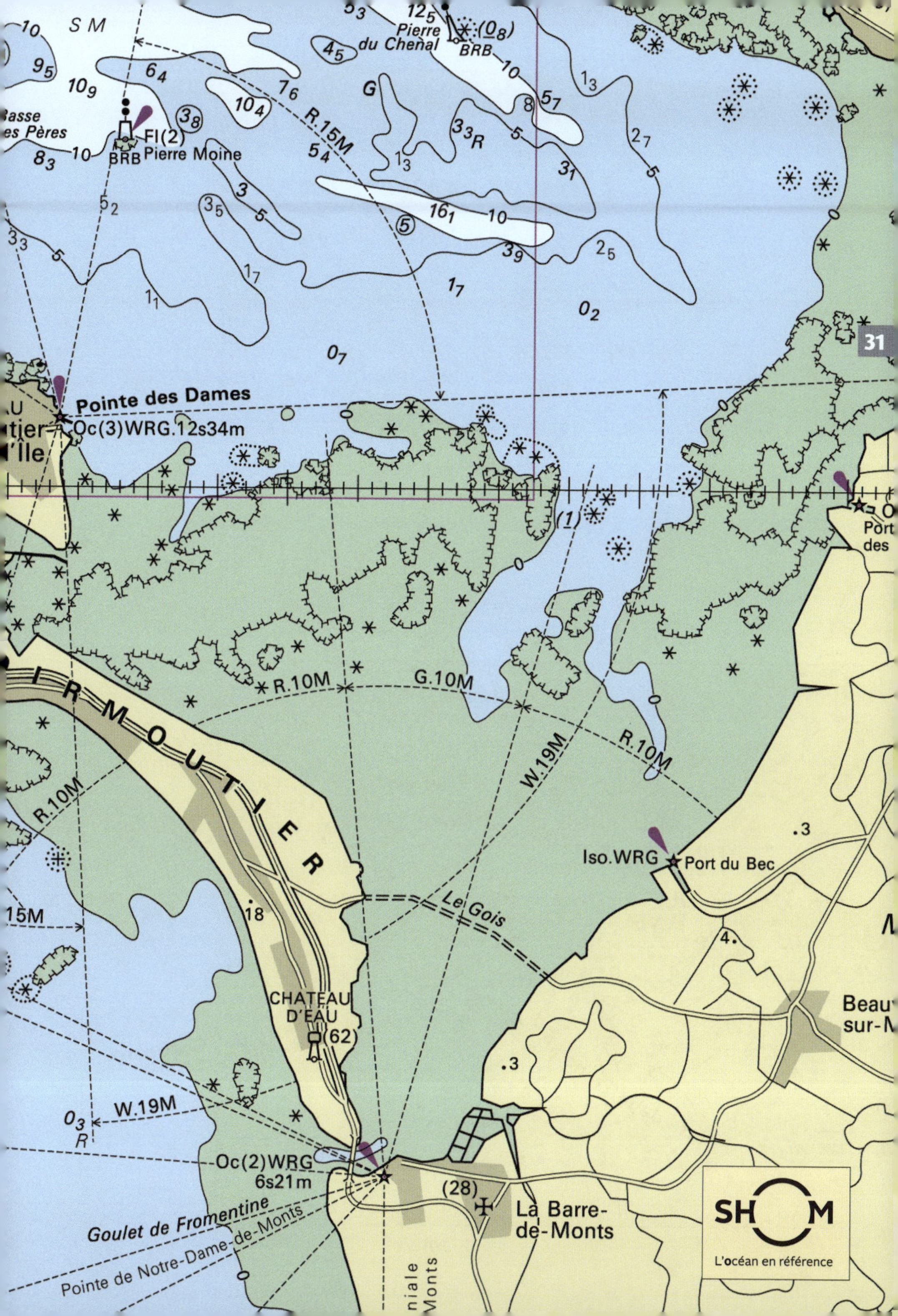

S M
asse
es Pères
Fl(2)
BRB
Pierre Moine
Pierre
du Chenal
BRB
R.15M
Pointe des Dames
Oc(3)WRG.12s34m
tier-
l'Île
R.10M
G.10M
W.19M
R.10M
IRMOUTIER
Le Gois
Iso.WRG
Port du Bec
Port
des
Beau
sur-
CHATEAU
D'EAU
(62)
15M
W.19M
Oc(2)WRG
6s21m
(28)
La Barre-
de-Monts
Goulet de Fromentine
Pointe de Notre-Dame-de-Monts
niale
Monts
SHOM
L'océan en référence

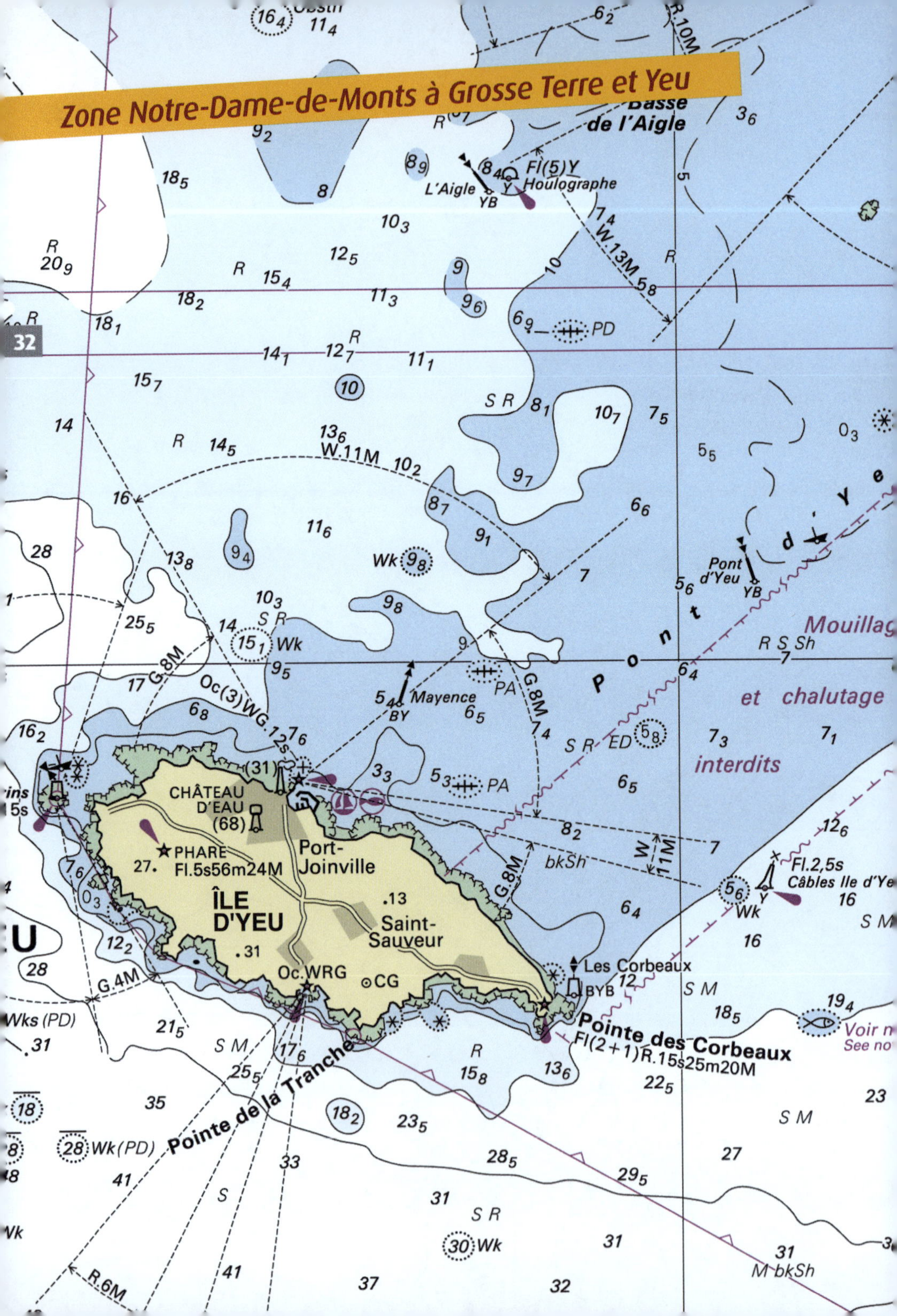
Basse de l'Aigle
L'Aigle
YB
Fl(5)Y
Houlographe
W.13M
R.10M
W.11M
Wk
PD
Pont d'Yeu
YB
Mouillage et chalutage interdits
Mayence
BY
Oc(3)WG.12s
G.8M
PA
ED
CHÂTEAU D'EAU
(68)
PHARE
Fl.5s56m24M
Port-Joinville
ÎLE D'YEU
Saint-Sauveur
Oc.WRG
CG
Les Corbeaux
BYB
Pointe des Corbeaux
Fl(2+1)R.15s25m20M
Fl.2,5s
Câbles Ile d'Ye
Pointe de la Tranche
G.4M
R.6M
Wks (PD)
Wk(PD)
bkSh
M bkSh
S M
S R
R S Sh

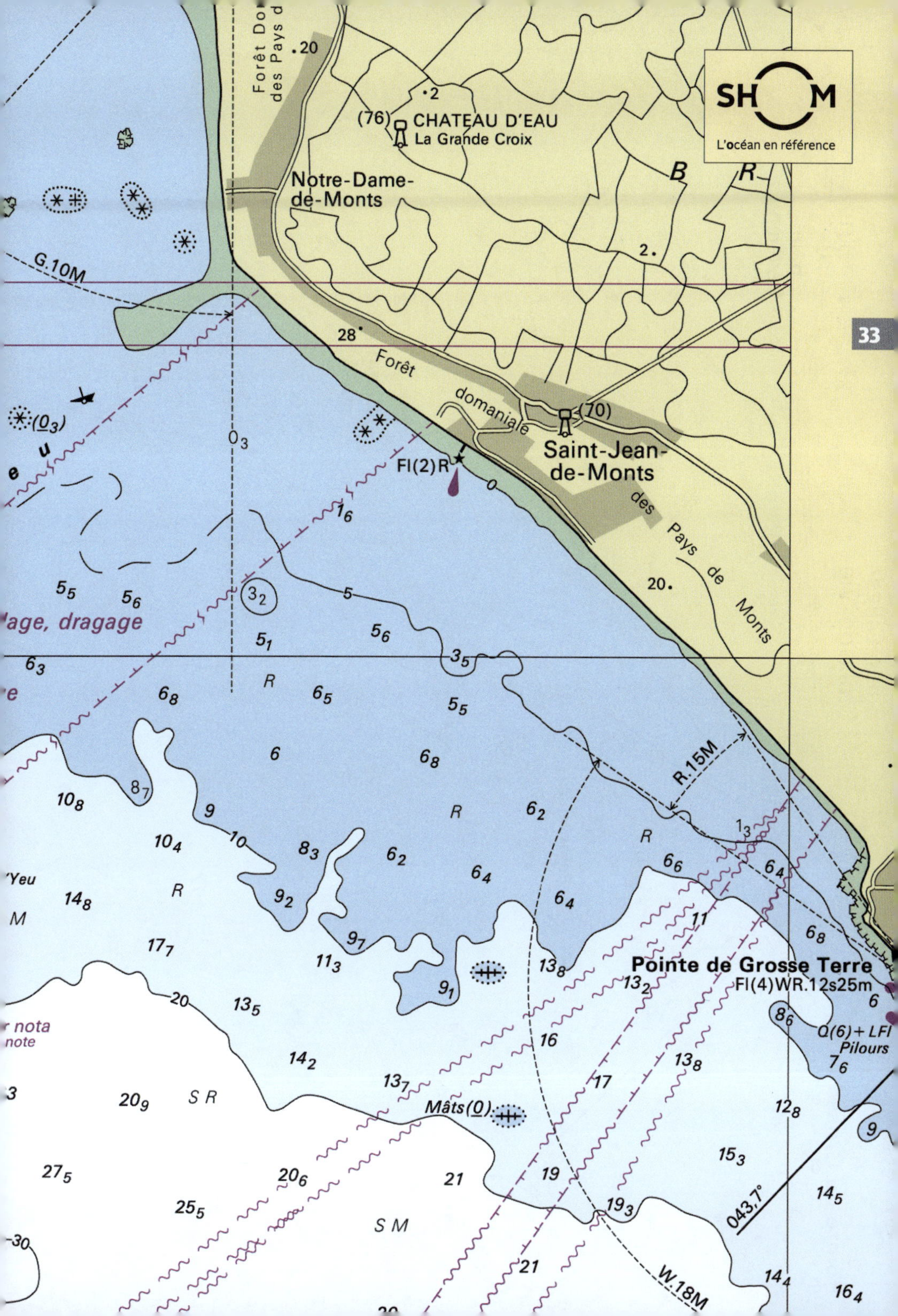
SHOM
L'océan en référence
Forêt Do
des Pays d
CHATEAU D'EAU
La Grande Croix
Notre-Dame-de-Monts
G.10M
Forêt domaniale des Pays de Monts
Saint-Jean-de-Monts
Fl(2)R
age, dragage
R.15M
Pointe de Grosse Terre
Fl(4)WR.12s25m
Q(6)+LFl
Pilours
Mâts(0)
W.18M
043,7°
nota
note
'Yeu

Zone Pointe de Grosse Terre à Olonne sur Mer

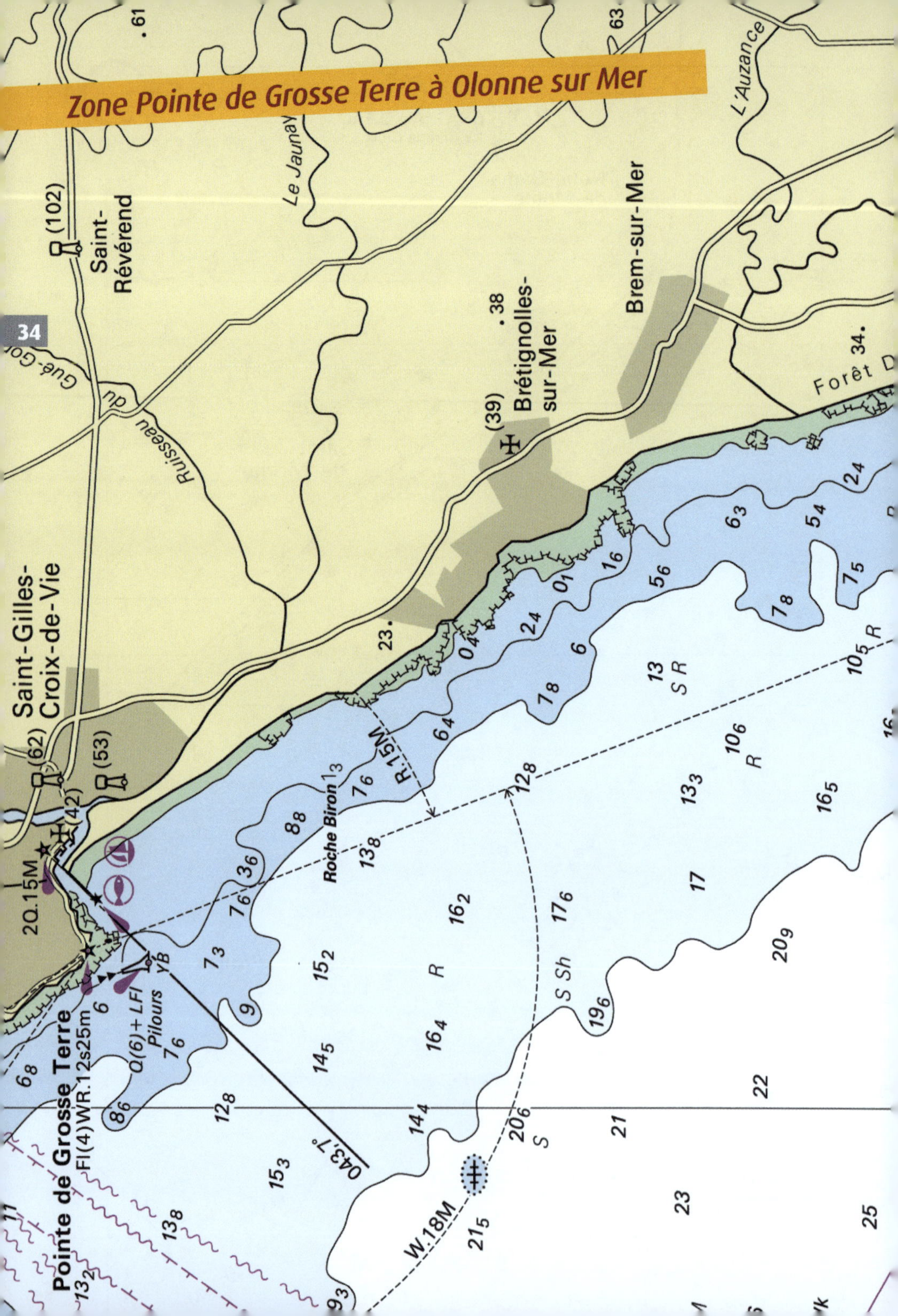

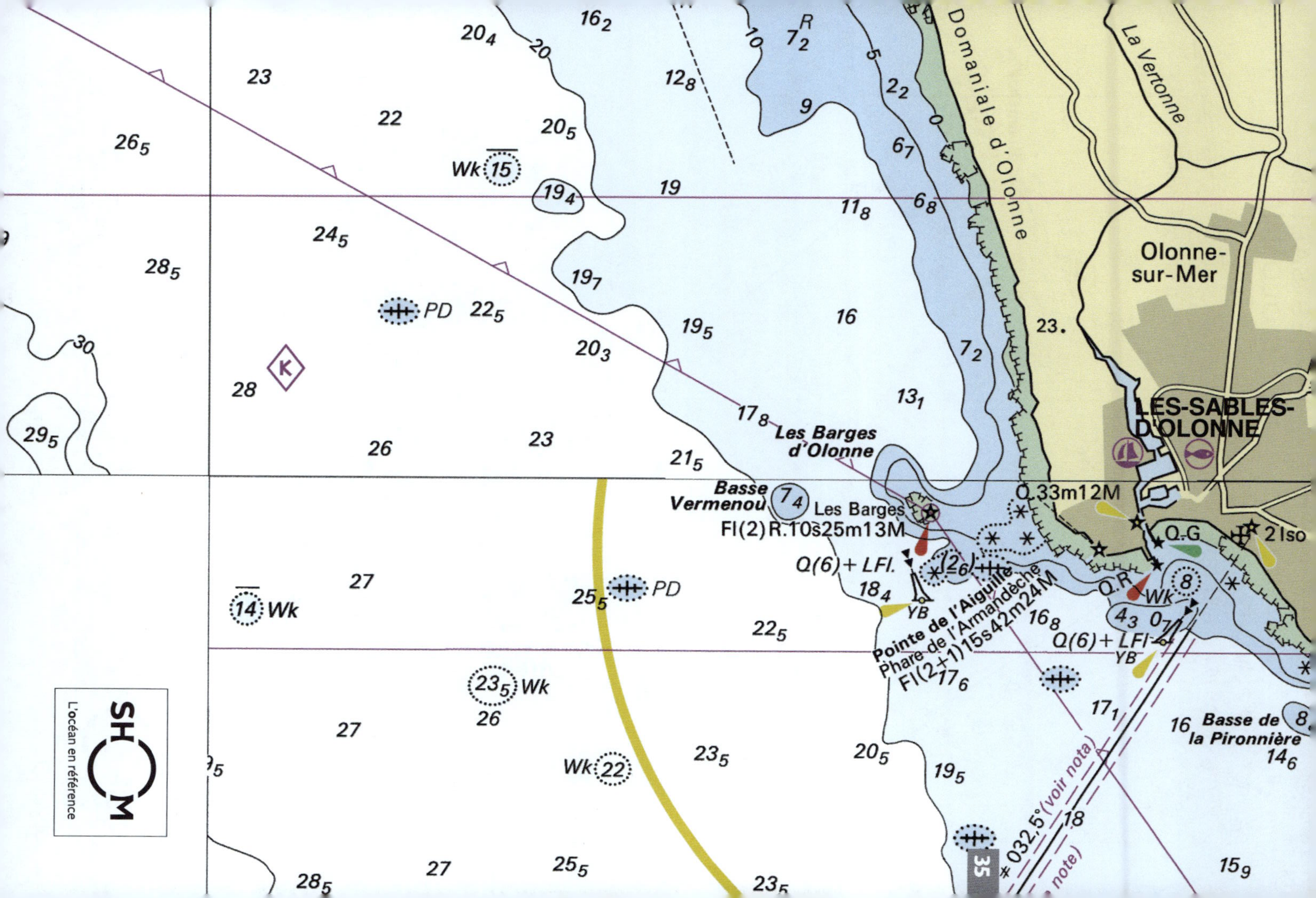

SHOM L'océan en référence

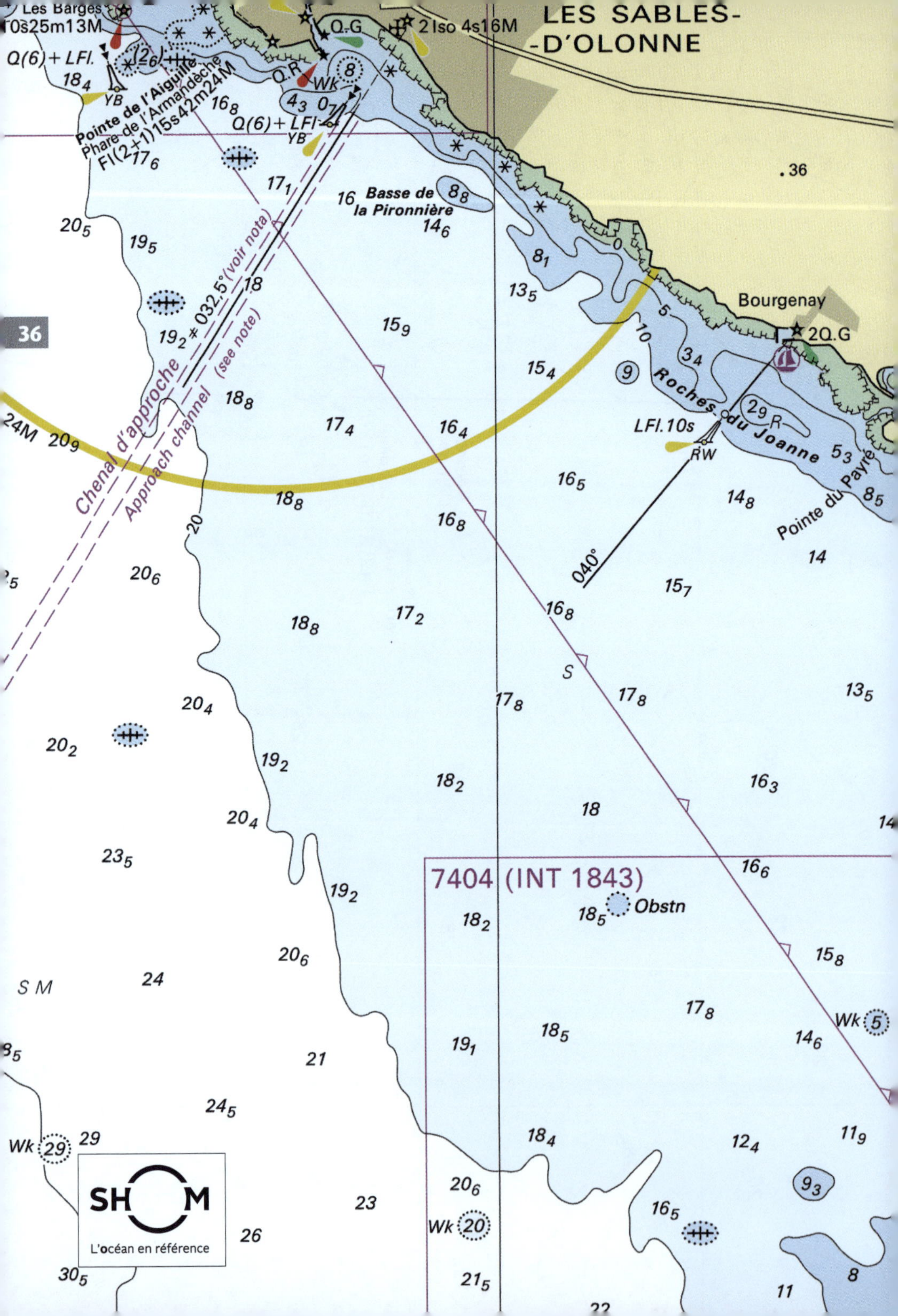
LES SABLES-
-D'OLONNE
Les Barges
Q(6) + LFl.
Q.G
2 Iso 4s16M
Q.R
Wk
YB
Pointe de l'Aiguille
Phare de l'Armandèche
Fl(2+1)15s42m24M
Q(6) + LFl
Basse de la Pironnière
032,5° (voir nota)
(see note)
Chenal d'approche
Approach channel
24M
Bourgenay
2Q.G
Roches du Joanne
LFl.10s
RW
040°
Pointe du Payré
7404 (INT 1843)
Obstn
S M
Wk
SHOM
L'océan en référence

Zone les Sables d'Olonne à la Tranche-sur-Mer

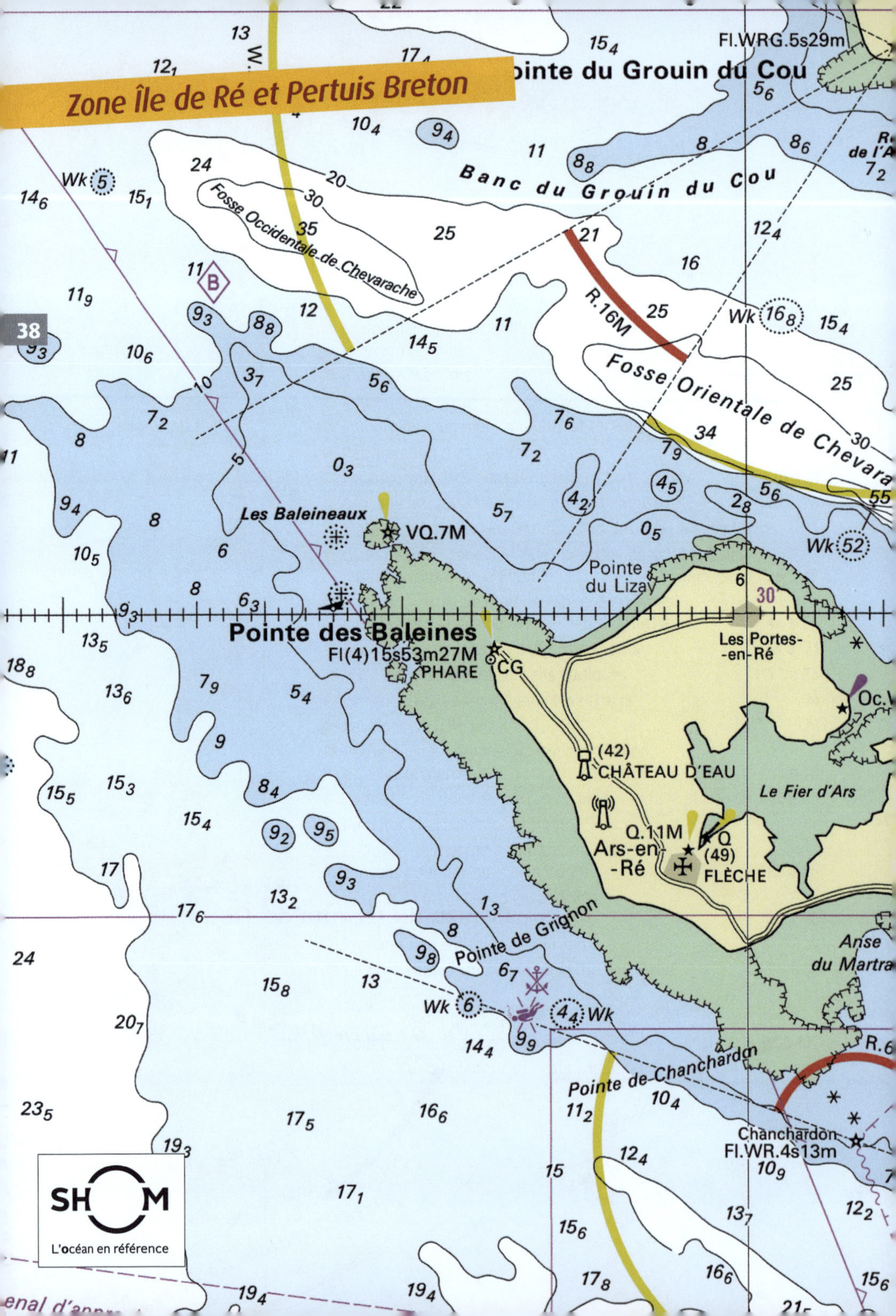
Pointe du Grouin du Cou
Fl.WRG.5s29m
Banc du Grouin du Cou
Fosse Occidentale de Chevarache
Fosse Orientale de Chevara
R.16M
Les Baleineaux
VQ.7M
Pointe du Lizay
Pointe des Baleines
Fl(4)15s53m27M
PHARE
CG
Les Portes-en-Ré
(42)
CHÂTEAU D'EAU
Le Fier d'Ars
Q.11M
Q
(49)
Ars-en-Ré
FLÈCHE
Pointe de Grignon
Anse du Martra
Wk
Pointe de Chanchardon
Chanchardon
Fl.WR.4s13m
SHOM
L'océan en référence

-sur-Mer
Fl(2)R
La Faute-
-sur-Mer
L'Aiguillon
-sur-Mer
Roche
l'Aunis
Banc
Breton
W.20M
Pointe d'Arçay
Zone de mytiliculture
(balisée)
Navigation interdite
PERTUIS
Wk
Roche
du Fier
Les
Islattes
Q
BY
Banc du Rocha
c.WRG
Loix
Pointe du Grouin
Rade de
Saint-Martin
Pointe
du Couronneau
BRETON
La Couarde-
sur-Mer
Saint-Martin-de-Ré
Le Bois-Plage-
en-Ré
ÎLE
DE
RÉ
La Flotte
Pointe
des Sablanceaux
Rivedoux-
-Plage
Sainte-Marie-
-de-Ré
Pointe
de Chauveau
Mouillage , dragage
et chalutage interdits
Obstn
Fl(5)Y.20s
R.11M
Wk

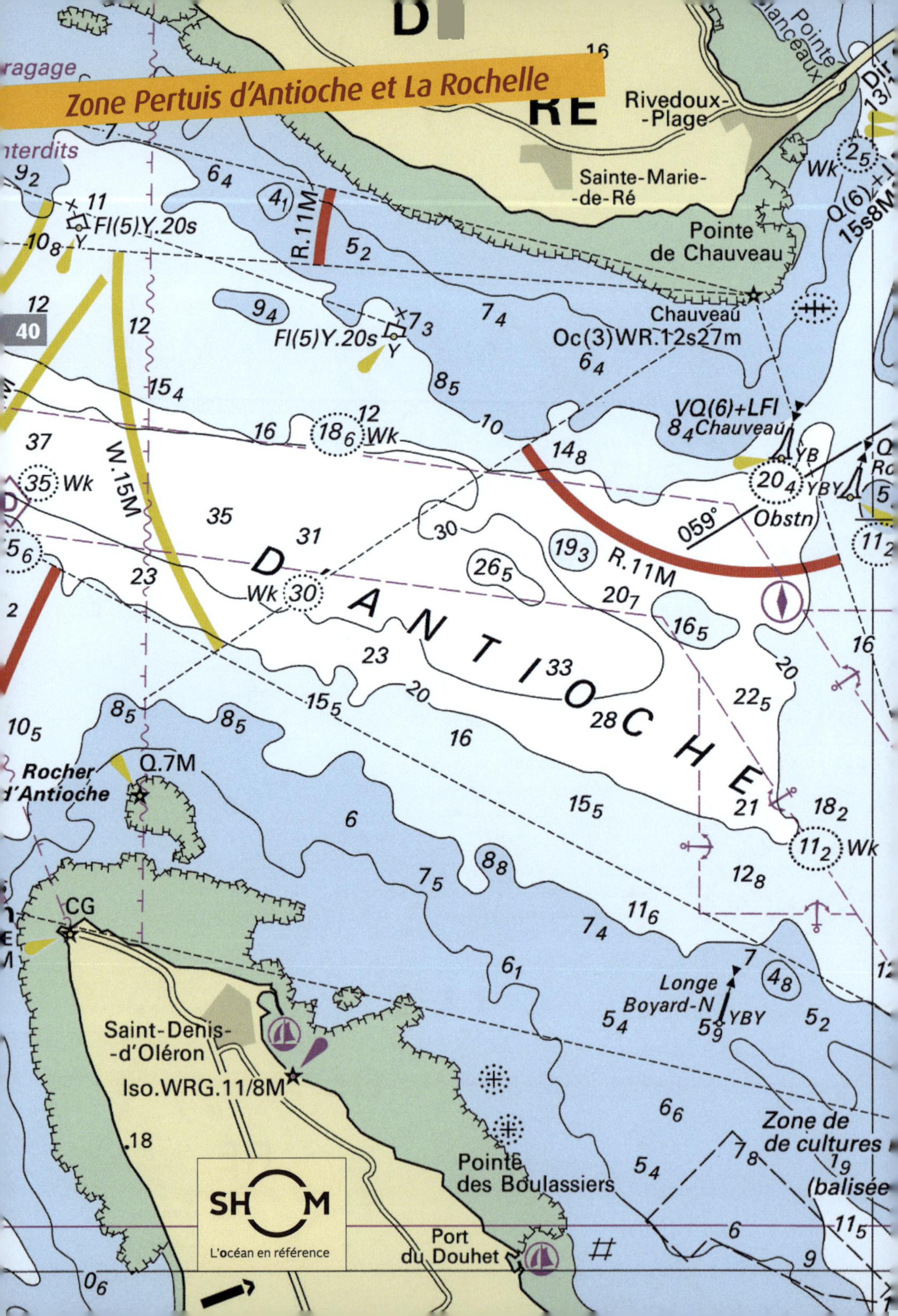

Zone Pertuis d'Antioche et La Rochelle
40
RE
Rivedoux-
-Plage
Sainte-Marie-
-de-Ré
Pointe
de Chauveau
Chauveau
Oc(3)WR.12s27m
VQ(6)+LFI
Chauveau
YB
YBY
Obstn
059°
R.11M
W.15M
Fl(5)Y.20s
Y
Wk
D'ANTIOCHE
Rocher
d'Antioche
Q.7M
CG
Saint-Denis-
-d'Oléron
Iso.WRG.11/8M
Longe
Boyard-N
YBY
Zone de
de cultures
(balisée
Pointe
des Boulassiers
Port
du Douhet
SHOM
L'océan en référence

LA ROCHE
SILO
SILO(62)
Q.14M
Q.13M
Fl(2)R
Pointe de Chef-de-Baie
Port des Minimes
Lavardin
Fl(2)6s7M
Fl(3)WG
Aytré
Roche du Sud
Wk
Wks
Angoulins
Pointe du Chay
W.15M
Pointe de Châtelaillon
Aix NW
BRB
Passage de l'Est
Baie d'Yve
ÎLE D'AIX
Pointe de l'Aiguille
Fl.WR.5s24m
2 TOURS
Le Boyard
Fort Boyard
Tr.(29)
Oc(3+1)WR
41

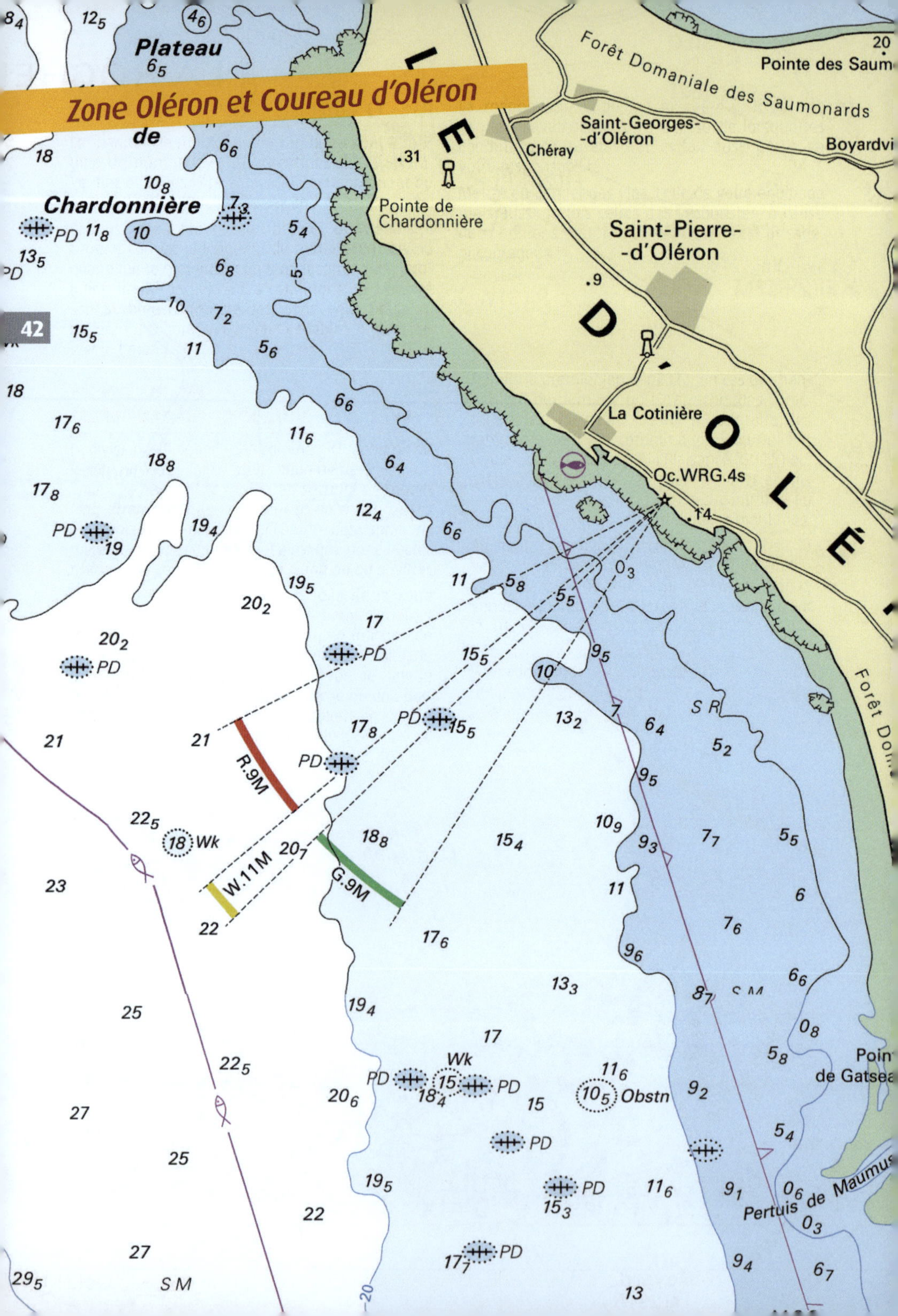
Plateau
de
Chardonnière
Pointe de
Chardonnière
Forêt Domaniale des Saumonards
Pointe des Saum
Saint-Georges-
-d'Oléron
Chéray
Boyardvi
Saint-Pierre-
-d'Oléron
La Cotinière
Oc.WRG.4s
ÎLE D'OLÉ
R.9M
W.11M
G.9M
Wk
Obstn
PD
Forêt Dom
Poin
de Gatsea
Pertuis de Maumus
S M
S R

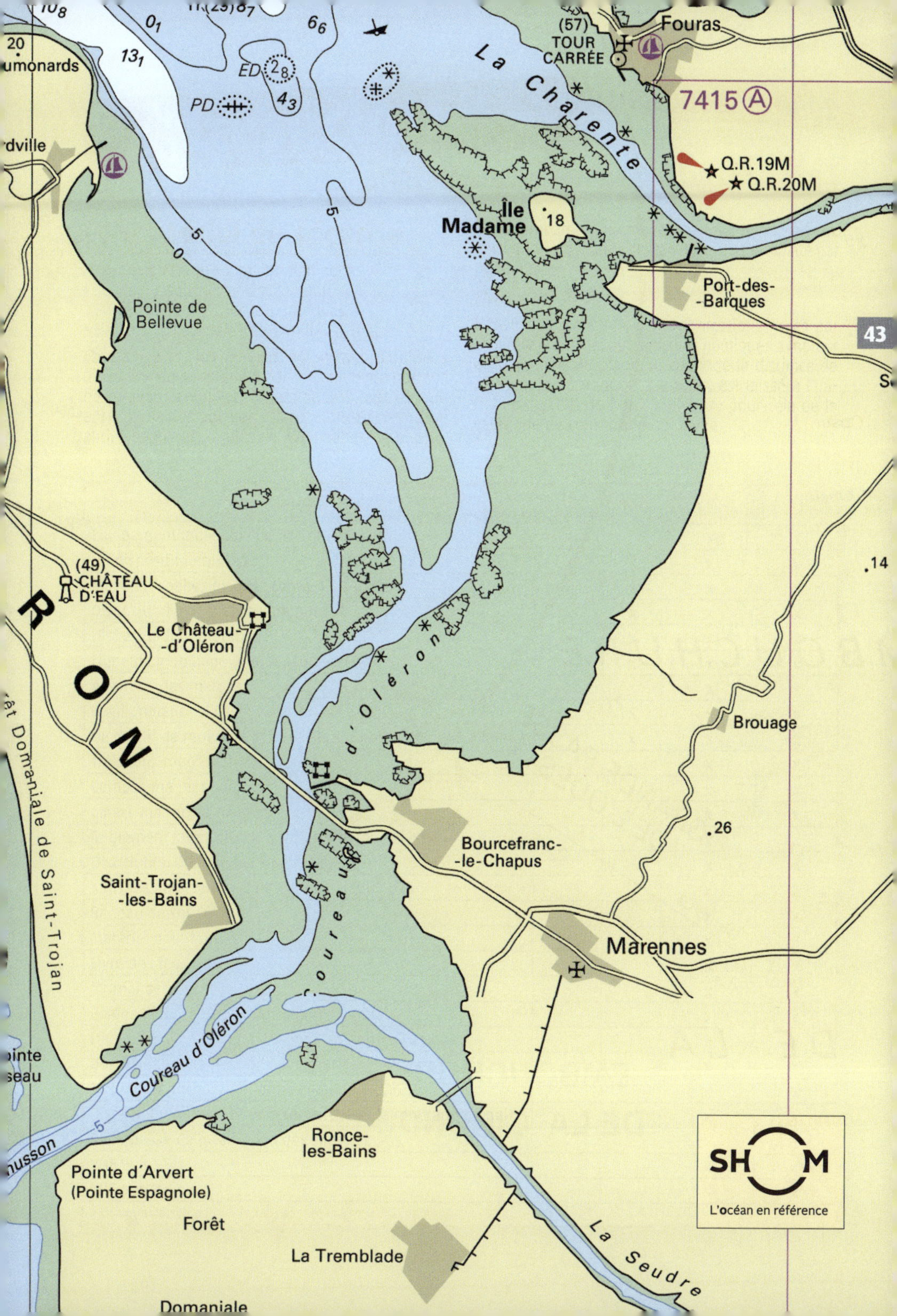

Fouras
(57)
TOUR
CARRÉE
7415 Ⓐ
La Charente
Q.R.19M
Q.R.20M
Île
Madame
18
Port-des-
-Barques
43
ED
PD
Pointe de
Bellevue
(49)
CHÂTEAU
D'EAU
Le Château-
-d'Oléron
RON
Coureau d'Oléron
Brouage
Bourcefranc-
-le-Chapus
Saint-Trojan-
-les-Bains
Marennes
Forêt Domaniale de Saint-Trojan
Coureau d'Oléron
Ronce-
les-Bains
Pointe d'Arvert
(Pointe Espagnole)
Forêt
La Tremblade
Domaniale
La Seudre
SHOM
L'océan en référence

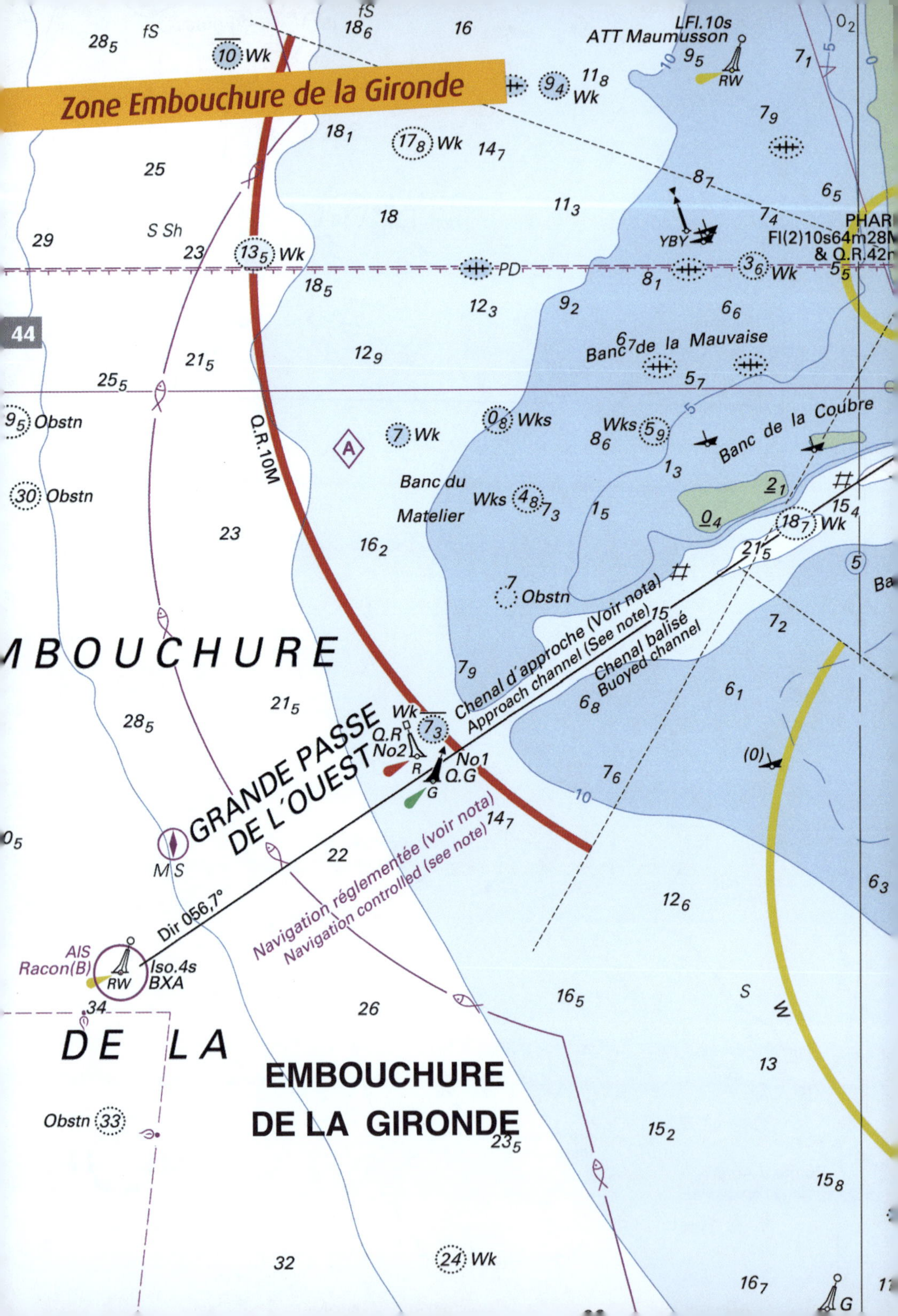
LFl.10s
ATT Maumusson
RW
PHAR
Fl(2)10s64m28M
& Q.R.42m
YBY
PD
Banc de la Mauvaise
Banc de la Coubre
Banc du Matelier
Q.R.10M
Obstn
Wk
Wks
EMBOUCHURE
GRANDE PASSE DE L'OUEST
Chenal d'approche (Voir nota)
Approach channel (See note)
Chenal balisé
Buoyed channel
Q.R
No2
R
No1
Q.G
G
M S
Dir 056,7°
Navigation réglementée (voir nota)
Navigation controlled (see note)
AIS
Racon(B)
RW
Iso.4s
BXA
DE LA
EMBOUCHURE
DE LA GIRONDE
S Sh
fS

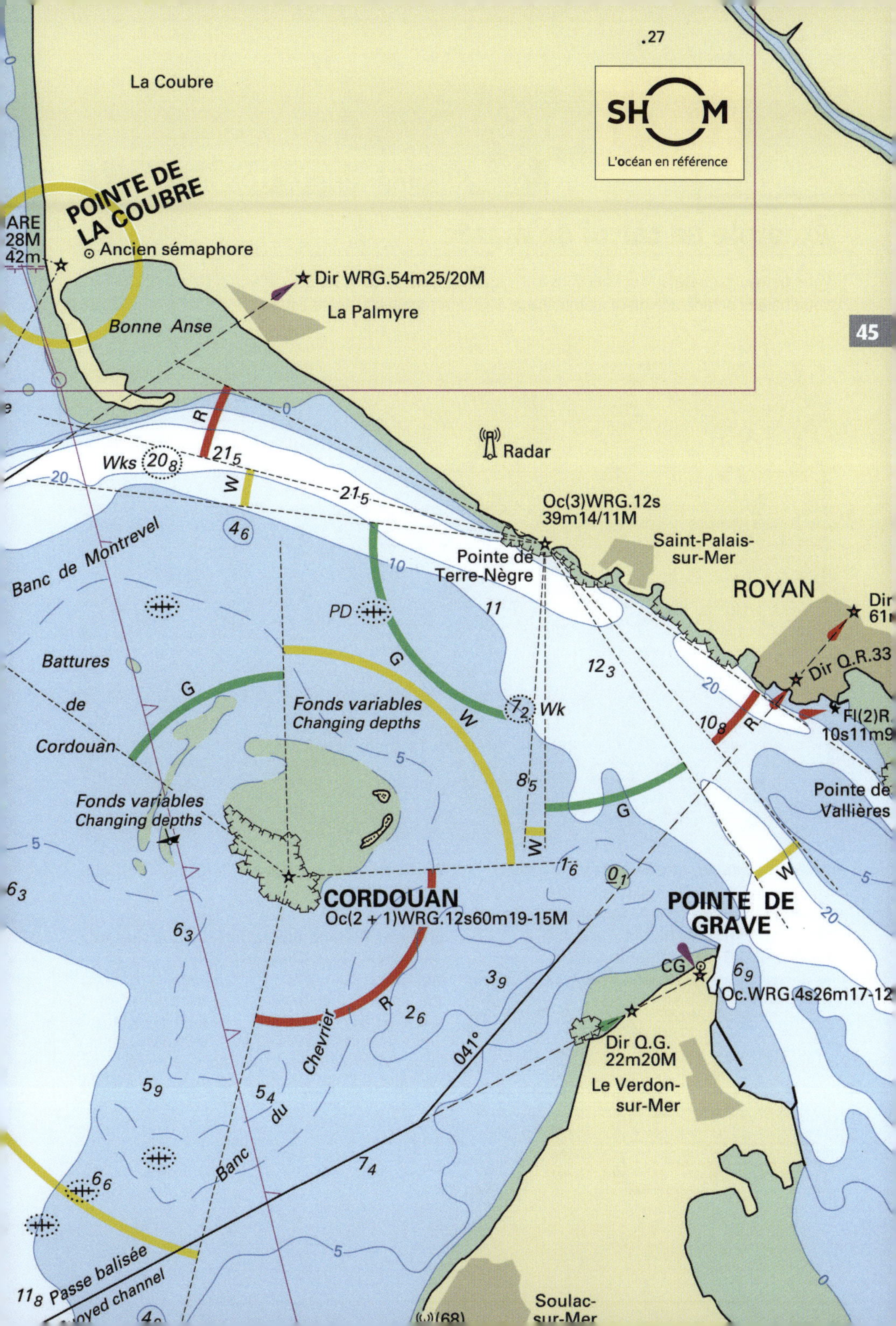

SHOM
L'océan en référence
La Coubre
POINTE DE LA COUBRE
ARE
28M
42m
Ancien sémaphore
Dir WRG.54m25/20M
La Palmyre
Bonne Anse
Radar
Wks 20₈
21₅
R
W
Oc(3)WRG.12s
39m14/11M
Saint-Palais-sur-Mer
Pointe de Terre-Nègre
ROYAN
Banc de Montrevel
PD
11
Dir Q.R.33
Battures de Cordouan
G
12₃
Fonds variables
Changing depths
7₂ Wk
10₈
Fl(2)R.
10s11m9
8₅
Pointe de Vallières
Fonds variables
Changing depths
1₆
0₁
CORDOUAN
Oc(2 + 1)WRG.12s60m19-15M
POINTE DE GRAVE
CG
6₉
Oc.WRG.4s26m17-12
3₉
2₆
Banc du Chevrier
041°
Dir Q.G.
22m20M
Le Verdon-sur-Mer
6₃
5₉
5₄
7₄
6₆
11₈
Passe balisée
Buoyed channel
Soulac-sur-Mer

Les marées

Calculer la hauteur d'eau...

Exemple de calcul de marée

Votre bateau est basé à **Fouras** et vous envisagez une sortie « pêche », pour le **mardi 07 mai 2024**. Votre bateau occupe une place au mouillage dans une zone dont la cote est 2_6.

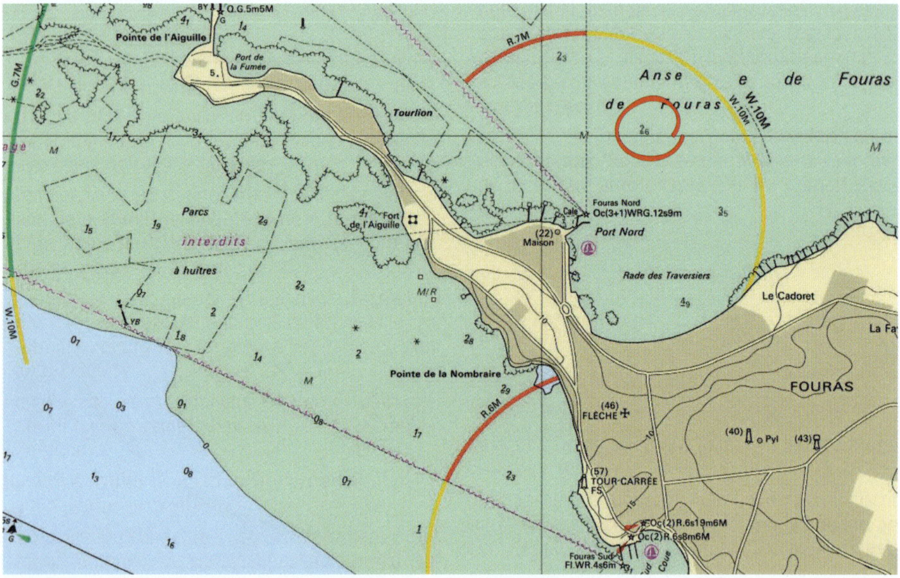

Le **tirant d'eau** de votre bateau est de **1,10 m**.
En retenant un pied de pilote de 0,30m, à quelle heure **au plus tard** pourrez-vous quitter le port en début de journée du **mardi 07 mai 2024** ?
réf. SHOM 2023 –La Rochelle-La Pallice

MAI 2024												
Date	Heure	Haut.	Coef.	Heure	Haut.	Coef.	Heure	Haut.	Coef.	Heure	Haut.	Coef.
1 Me ◑	4:23	2,35	---	11:47	4,73	**42**	16:57	2,72	---	--:--	---	---
2 Je	0:16	5,05	**40**	5:37	2,46	---	13:10	4,91	**42**	18:21	2,67	---
3 Ve	1:27	5,27	**46**	7:01	2,29	---	14:14	5,22	**52**	19:39	2,32	---
4 Sa	2:29	5,58	**59**	8:12	1,89	---	15:07	5,57	**67**	20:42	1,84	---
5 Di	3:22	5,91	**74**	9:11	1,45	---	15:53	5,87	**81**	21:37	1,37	---
6 Lu	4:09	6,17	**87**	10:03	1,07	---	16:34	6,10	**93**	22:27	1,00	---
7 Ma	4:52	6,34	**97**	10:51	0,84	---	17:11	6,21	**99**	23:15	0,78	---
8 Me ●	5:32	6,36	**101**	11:36	0,78	---	17:46	6,22	**101**	--:--	---	---
9 Je	0:02	0,73	---	6:10	6,24	**100**	12:10	0,80	---	18:18	6,11	**97**

La Rochelle-La Pallice est le port de référence (2023) de **Fouras** (voisin de Ile d'Aix)

Horaires (heures légales) et hauteurs d'eau à La Rochelle, le mardi 07 mai 2024 :

Heures :
PM à 04 h 52 (- 00 h 05) 6,34 m (+ 0,05m)
BM à 10 h 51 (+ 00 h 00) 0,84m (+ 0,00m)
Cœfficients des marées du jour : 97-99 à vive eau

➔ application des corrections fournies par les tables

" *Tenez-vous loin des gens négatif, ils ont un problème pour chaque solution. [Albert Einstein].*

Ports rattachés	Pleines mers				Basses mers			
	Corrections heures		Corrections hauteurs		Corrections heures		Corrections hauteurs	
	VE	ME	VE	ME	VE	ME	VE	ME
Référence La Rochelle	**95**	**45**	**6,10**	**4,95**	**95**	**45**	**1,00**	**2,50**
Île d'Aix	- 00 05	+ 00 10	+ 0,05	+ 0,05	+ 00 00	- 00 05	+ 0,00	+ 0,00
Saint Martin de Ré	+ 00 05	+ 00 00	- 0,10	- 0,10	+ 00 05	+ 00 05	- 0,05	- 0,05

Hauteur d'eau minimale nécessaire :

Durée de la marée : 6 h 04
→ heure-marée : 1 h 00 mn (+4 mn)

Marnage : 5,55 m → 1/12ème : 0,4625 m

Pour quitter la zone marquée 2,6, il vous faudra une hauteur d'eau de :

2,60 m	+	1,10 m	+	0,30 m	=	**4,00 m**
Sonde		*Tirant d'eau*		*p. de pilote*		

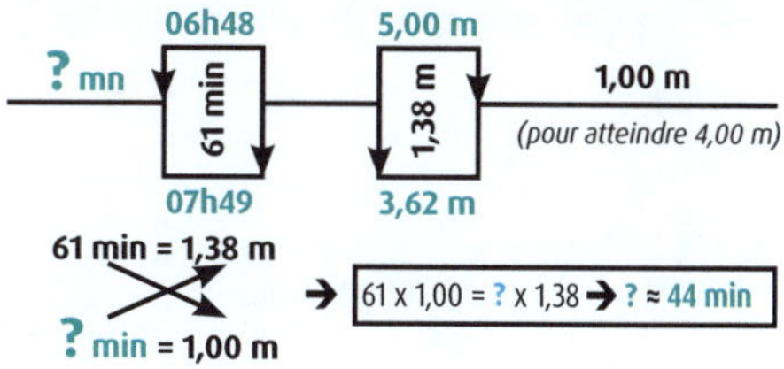

Déroulement de la marée :

PM :	**04 h 47**	**6,39 m**
+1	05 h 47	5,93 m
+2	06h 48	5,00 m
+3	07 h 49	3,62 m
+4	08 h 49	2,23 m
+5	9 h 50	1,30 m
BM :	**10 h 51**	**0,84 m**

← **4,00 m** *(niveau minimal requis)*

Heure de sortie du port au plus tard :

06 h 48 mn + 44 mn = 07 h 32 mn
(voir l'abaque ci-dessous !...)

Et à quelle heure - au plus tôt - pourra-t-on accéder à nouveau à votre place au mouillage à Sauzon ?

Par une simple lecture (voir l'abaque ci-dessus !...)
Soit **≈14 h 20 !**

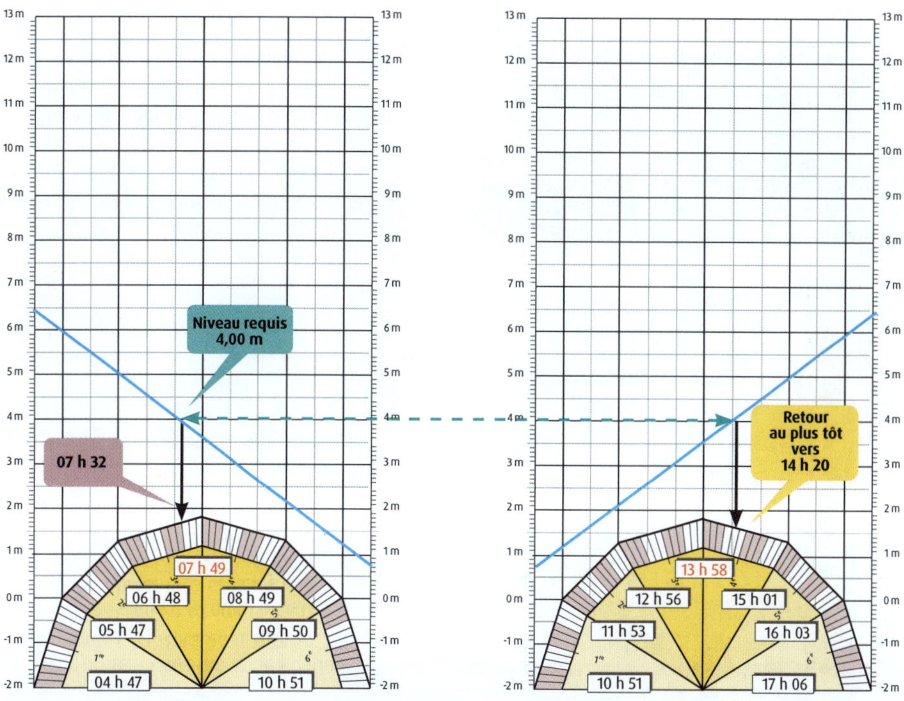

Avis important aux lecteurs Les horaires de marées sont exprimés en heure légale et tiennent compte des changements d'heure.

Les pleines mers sont indiquées sur fond jaune — Les basses mers sont indiquées sur fond blanc

JANVIER 2024

Date	Heure	Haut.	Coef.	Heure	Haut.	Coef.	Heure	Haut.	Coef.	Heure	Haut.	Coef.
1 Lu	1:58	1,85	---	7:22	5,25	**61**	14:30	1,85	---	19:45	4,94	**58**
2 Ma	2:38	2,05	---	8:00	5,08	**54**	15:11	2,07	---	20:25	4,76	**51**
3 Me	3:22	2,25	---	8:41	4,89	**47**	15:55	2,27	---	21:16	4,59	**44**
4 Je ◑	4:11	2,41	---	9:33	4,71	**41**	16:45	2,42	---	22:31	4,48	**39**
5 Ve	5:04	2,50	---	10:43	4,58	**38**	17:42	2,48	---	23:54	4,50	**38**
6 Sa	6:03	2,49	---	12:04	4,56	**39**	18:43	2,42	---	--:--	---	---
7 Di	1:06	4,66	**41**	7:03	2,37	---	13:23	4,68	**45**	19:44	2,25	---
8 Lu	2:02	4,90	**49**	8:04	2,14	---	14:26	4,89	**54**	20:39	1,98	---
9 Ma	2:49	5,18	**59**	9:00	1,83	---	15:16	5,14	**65**	21:29	1,67	---
10 Me	3:33	5,47	**70**	9:53	1,48	---	16:01	5,39	**76**	22:17	1,37	---
11 Je ●	4:16	5,74	**80**	10:42	1,14	---	16:43	5,61	**85**	23:04	1,12	---
12 Ve	4:59	5,96	**89**	11:31	0,87	---	17:24	5,75	**92**	23:51	0,94	---
13 Sa	5:42	6,10	**95**	12:18	0,70	---	18:05	5,79	**96**	--:--	---	---
14 Di	0:38	0,87	---	6:25	6,13	**97**	13:06	0,67	---	18:46	5,72	**96**
15 Lu	1:26	0,91	---	7:08	6,03	**94**	13:53	0,79	---	19:25	5,54	**91**
16 Ma	2:16	1,07	---	7:52	5,81	**87**	14:43	1,03	---	20:06	5,28	**82**
17 Me	3:08	1,31	---	8:36	5,51	**76**	15:34	1,35	---	20:49	4,99	**70**
18 Je ◐	4:03	1,60	---	9:27	5,16	**64**	16:30	1,70	---	21:45	4,71	**59**
19 Ve	5:03	1,86	---	10:48	4,84	**54**	17:32	1,99	---	--:--	---	---
20 Sa	0:40	4,59	**50**	6:09	2,05	---	12:59	4,71	**48**	18:41	2,14	---
21 Di	1:48	4,69	**47**	7:19	2,09	---	14:11	4,74	**48**	19:51	2,11	---
22 Lu	2:39	4,86	**51**	8:29	1,97	---	15:03	4,86	**54**	20:54	1,95	---
23 Ma	3:16	5,05	**58**	9:29	1,75	---	15:41	5,02	**62**	21:46	1,74	---
24 Me	3:48	5,26	**66**	10:20	1,53	---	16:13	5,19	**70**	22:31	1,55	---
25 Je ○	4:20	5,44	**73**	11:03	1,36	---	16:45	5,34	**76**	23:11	1,41	---
26 Ve	4:53	5,58	**78**	11:42	1,26	---	17:16	5,45	**79**	23:47	1,33	---
27 Sa	5:24	5,67	**80**	12:17	1,23	---	17:46	5,50	**81**	--:--	---	---
28 Di	0:22	1,33	---	5:56	5,69	**80**	12:51	1,27	---	18:15	5,49	**80**
29 Lu	0:54	1,39	---	6:26	5,65	**78**	13:23	1,39	---	18:44	5,42	**76**
30 Ma	1:28	1,52	---	6:55	5,54	**74**	13:55	1,56	---	19:13	5,29	**71**
31 Me	2:01	1,70	---	7:24	5,38	**67**	14:27	1,77	---	19:43	5,11	**64**

FÉVRIER 2024

Date	Heure	Haut.	Coef.	Heure	Haut.	Coef.	Heure	Haut.	Coef.	Heure	Haut.	Coef.
1 Je	2:37	1,90	---	7:55	5,17	**59**	15:02	2,01	---	20:16	4,89	**55**
2 Ve	3:17	2,12	---	8:30	4,92	**50**	15:44	2,25	---	20:57	4,65	**46**
3 Sa ◑	4:06	2,33	---	9:15	4,64	**42**	16:37	2,45	---	22:06	4,42	**38**
4 Di	5:05	2,47	---	10:32	4,40	**35**	17:42	2,55	---	--:--	---	---
5 Lu	0:26	4,42	**34**	6:12	2,47	---	13:02	4,40	**36**	18:56	2,48	---
6 Ma	1:47	4,67	**39**	7:27	2,29	---	14:22	4,67	**45**	20:09	2,19	---
7 Me	2:41	5,03	**52**	8:37	1,91	---	15:14	5,03	**59**	21:10	1,76	---
8 Je	3:27	5,44	**67**	9:36	1,43	---	15:57	5,40	**76**	22:02	1,31	---
9 Ve	4:10	5,83	**83**	10:29	0,95	---	16:37	5,73	**91**	22:51	0,90	---
10 Sa ●	4:51	6,17	**97**	11:17	0,57	---	17:15	5,97	**103**	23:38	0,60	---
11 Di	5:31	6,39	**107**	12:04	0,35	---	17:51	6,08	**109**	--:--	---	---
12 Lu	0:23	0,46	---	6:10	6,45	**110**	12:49	0,32	---	18:27	6,04	**110**
13 Ma	1:09	0,50	---	6:48	6,33	**107**	13:33	0,49	---	19:01	5,86	**103**
14 Me	1:55	0,72	---	7:24	6,04	**97**	14:18	0,83	---	19:35	5,56	**90**
15 Je	2:43	1,07	---	8:01	5,63	**83**	15:05	1,29	---	20:09	5,20	**74**
16 Ve ◐	3:35	1,52	---	8:41	5,15	**65**	15:57	1,79	---	20:50	4,81	**56**
17 Sa	4:33	1,95	---	9:32	4,66	**48**	17:00	2,22	---	21:52	4,44	**42**
18 Di	5:42	2,28	---	12:59	4,41	**37**	18:13	2,47	---	--:--	---	---
19 Lu	1:45	4,51	**35**	7:01	2,37	---	14:16	4,52	**37**	19:33	2,44	---
20 Ma	2:41	4,73	**41**	8:19	2,19	---	15:06	4,72	**46**	20:43	2,19	---
21 Me	3:17	4,98	**52**	9:21	1,89	---	15:36	4,95	**58**	21:36	1,87	---
22 Je	3:42	5,22	**63**	10:08	1,60	---	16:01	5,19	**68**	22:19	1,60	---
23 Ve	4:08	5,46	**73**	10:47	1,37	---	16:26	5,41	**77**	22:55	1,39	---
24 Sa ○	4:36	5,65	**80**	11:22	1,22	---	16:54	5,58	**82**	23:28	1,26	---
25 Di	5:04	5,79	**84**	11:53	1,16	---	17:21	5,69	**86**	23:58	1,20	---
26 Lu	5:32	5,85	**86**	12:22	1,16	---	17:49	5,72	**86**	--:--	---	---
27 Ma	0:27	1,22	---	5:59	5,83	**86**	12:51	1,25	---	18:15	5,67	**84**
28 Me	0:57	1,31	---	6:25	5,74	**82**	13:19	1,40	---	18:41	5,56	**79**
29 Je	1:27	1,45	---	6:51	5,57	**76**	13:47	1,60	---	19:08	5,38	**72**

MARS 2024

Date	Heure	Haut.	Coef.	Heure	Haut.	Coef.	Heure	Haut.	Coef.	Heure	Haut.	Coef.
1 Ve	1:59	1,66	---	7:19	5,34	**67**	14:19	1,85	---	19:36	5,14	**62**
2 Sa	2:36	1,90	---	7:49	5,04	**57**	14:58	2,13	---	20:10	4,84	**51**
3 Di ◑	3:23	2,17	---	8:26	4,69	**45**	15:49	2,42	---	20:58	4,51	**40**
4 Lu	4:22	2,41	---	9:28	4,32	**35**	16:58	2,63	---	--:--	---	---
5 Ma	0:05	4,34	**31**	5:37	2,50	---	13:02	4,31	**31**	18:22	2,61	---
6 Me	1:30	4,63	**35**	7:03	2,32	---	14:11	4,66	**42**	19:46	2,28	---
7 Je	2:26	5,05	**50**	8:19	1,86	---	15:01	5,08	**60**	20:52	1,75	---
8 Ve	3:13	5,52	**70**	9:19	1,30	---	15:42	5,51	**80**	21:45	1,19	---
9 Sa	3:54	5,97	**89**	10:10	0,77	---	16:19	5,88	**97**	22:33	0,71	---
10 Di ●	4:33	6,33	**104**	10:57	0,38	---	16:54	6,14	**110**	23:19	0,39	---
11 Lu	5:10	6,54	**114**	11:42	0,19	---	17:28	6,25	**116**	--:--	---	---
12 Ma	0:03	0,26	---	5:46	6,56	**117**	12:26	0,23	---	18:01	6,21	**115**
13 Me	0:48	0,34	---	6:22	6,39	**111**	13:09	0,48	---	18:33	6,01	**106**
14 Je	1:32	0,62	---	6:56	6,04	**99**	13:51	0,90	---	19:05	5,70	**90**
15 Ve	2:18	1,06	---	7:30	5,56	**82**	14:37	1,42	---	19:38	5,31	**72**
16 Sa	3:08	1,58	---	8:06	5,04	**62**	15:28	1,97	---	20:16	4,88	**52**
17 Di ◐	4:07	2,08	---	8:53	4,51	**44**	16:30	2,44	---	21:10	4,44	**36**
18 Lu	5:18	2,44	---	12:52	4,29	**31**	17:48	2,69	---	--:--	---	---
19 Ma	1:27	4,46	**30**	6:42	2,51	---	14:03	4,47	**32**	19:13	2,62	---
20 Me	2:23	4,70	**37**	8:02	2,29	---	14:47	4,72	**43**	20:24	2,31	---
21 Je	2:57	4,95	**50**	9:00	1,96	---	15:13	4,97	**56**	21:15	1,96	---
22 Ve	3:20	5,20	**62**	9:44	1,66	---	15:34	5,23	**67**	21:55	1,67	---
23 Sa	3:43	5,44	**72**	10:20	1,43	---	15:58	5,47	**76**	22:30	1,44	---
24 Di	4:09	5,65	**80**	10:52	1,28	---	16:24	5,66	**83**	23:01	1,29	---
25 Lu ○	4:36	5,80	**85**	11:22	1,20	---	16:52	5,78	**87**	23:30	1,21	---
26 Ma	5:03	5,87	**88**	11:50	1,19	---	17:19	5,83	**88**	23:58	1,19	---
27 Me	5:30	5,86	**87**	12:17	1,25	---	17:45	5,80	**86**	--:--	---	---
28 Je	0:27	1,24	---	5:55	5,77	**85**	12:45	1,38	---	18:11	5,70	**82**
29 Ve	0:58	1,36	---	6:22	5,60	**79**	13:14	1,57	---	18:38	5,52	**75**
30 Sa	1:31	1,55	---	6:50	5,35	**70**	13:48	1,82	---	19:08	5,27	**65**
31 Di	3:09	1,80	---	8:21	5,03	**59**	15:28	2,11	---	20:44	4,94	**53**

Nota : sur la côte atlantique, de La Baule au Pertuis d'Antioche, il existe lors des marées de morte-eau les plus faibles, un phénomène de tenue du plein. Il s'agit d'une longue étale de pleine mer pendant laquelle le niveau de l'eau ne varie que très lentement, ce qui rend imprécise la détermination de l'instant de pleine mer. Cette imprécision n'a aucune conséquence pour la navigation car sur une plage horaire de 3 heures encadrant la pleine mer, la variation du niveau de la mer reste, en morte-eau, inférieure à 20 cm.

Avis important aux lecteurs Les horaires de marées sont exprimés en heure légale et tiennent compte des changements d'heure.

Les pleines mers sont indiquées sur fond jaune | Les basses mers sont indiquées sur fond blanc

AVRIL 2024

Date	Heure	Haut.	Coef.	Heure	Haut.	Coef.	Heure	Haut.	Coef.	Heure	Haut.	Coef.
1 Lu	3:57	2,08	---	9:01	4,65	47	16:22	2,42	---	21:37	4,58	41
2 Ma ◑	4:58	2,34	---	10:18	4,26	36	17:35	2,63	---	--:--	---	---
3 Me	0:48	4,46	33	6:17	2,43	---	13:47	4,40	33	19:02	2,58	---
4 Je	2:06	4,75	38	7:44	2,21	---	14:50	4,77	45	20:24	2,21	---
5 Ve	3:03	5,16	54	8:58	1,74	---	15:38	5,19	64	21:29	1,67	---
6 Sa	3:50	5,60	73	9:56	1,20	---	16:18	5,58	83	22:22	1,13	---
7 Di	4:32	5,99	91	10:47	0,74	---	16:54	5,90	99	23:10	0,69	---
8 Lu ●	5:10	6,28	105	11:33	0,43	---	17:27	6,12	109	23:56	0,42	---
9 Ma	5:46	6,43	112	12:18	0,32	---	18:00	6,21	113	--:--	---	---
10 Me	0:41	0,34	---	6:21	6,39	112	13:01	0,42	---	18:33	6,15	109
11 Je	1:26	0,46	---	6:55	6,18	105	13:43	0,71	---	19:06	5,96	99
12 Ve	2:10	0,76	---	7:30	5,82	93	14:25	1,12	---	19:39	5,67	85
13 Sa	2:56	1,19	---	8:04	5,37	76	15:11	1,62	---	20:14	5,30	67
14 Di	3:46	1,68	---	8:42	4,89	58	16:02	2,11	---	20:54	4,89	49
15 Lu ◐	4:44	2,14	---	9:31	4,43	42	17:05	2,52	---	21:52	4,49	35
16 Ma	5:52	2,46	---	13:22	4,28	31	18:19	2,73	---	--:--	---	---
17 Me	1:46	4,46	30	7:11	2,54	---	14:28	4,46	32	19:39	2,67	---
18 Je	2:43	4,65	36	8:28	2,37	---	15:09	4,69	41	20:48	2,41	---
19 Ve	3:19	4,86	47	9:24	2,09	---	15:36	4,93	52	21:39	2,11	---
20 Sa	3:45	5,09	58	10:08	1,82	---	15:59	5,17	62	22:20	1,84	---
21 Di	4:10	5,31	67	10:44	1,61	---	16:24	5,40	71	22:55	1,62	---
22 Lu	4:37	5,50	75	11:16	1,45	---	16:51	5,59	78	23:27	1,46	---
23 Ma	5:05	5,65	80	11:47	1,36	---	17:19	5,72	82	23:58	1,35	---
24 Me ○	5:33	5,72	83	12:16	1,33	---	17:48	5,79	84	--:--	---	---
25 Je	0:28	1,29	---	6:01	5,72	84	12:46	1,36	---	18:16	5,78	84
26 Ve	1:01	1,30	---	6:30	5,65	82	13:17	1,45	---	18:46	5,69	80
27 Sa	1:35	1,37	---	6:59	5,50	77	13:50	1,61	---	19:17	5,53	74
28 Di	2:12	1,52	---	7:32	5,27	70	14:29	1,83	---	19:54	5,29	65
29 Lu	2:55	1,73	---	8:11	4,96	60	15:14	2,09	---	20:39	5,00	55
30 Ma	3:45	1,96	---	9:03	4,62	49	16:12	2,33	---	21:55	4,72	45

MAI 2024

Date	Heure	Haut.	Coef.	Heure	Haut.	Coef.	Heure	Haut.	Coef.	Heure	Haut.	Coef.
1 Me ◑	4:48	2,16	---	11:44	4,38	42	17:24	2,46	---	--:--	---	---
2 Je	0:20	4,70	40	6:04	2,20	---	13:21	4,57	42	18:43	2,36	---
3 Ve	1:34	4,92	46	7:21	2,00	---	14:21	4,87	52	19:57	2,04	---
4 Sa	2:33	5,23	59	8:30	1,65	---	15:10	5,20	67	21:00	1,61	---
5 Di	3:23	5,55	74	9:28	1,25	---	15:50	5,50	81	21:55	1,20	---
6 Lu	4:06	5,82	87	10:20	0,92	---	16:25	5,74	93	22:45	0,87	---
7 Ma	4:45	5,99	97	11:08	0,72	---	16:59	5,90	99	23:33	0,68	---
8 Me ●	5:22	6,05	101	11:53	0,68	---	17:33	5,96	101	--:--	---	---
9 Je	0:20	0,64	---	5:58	5,98	100	12:37	0,79	---	18:08	5,92	97
10 Ve	1:06	0,75	---	6:34	5,79	93	13:21	1,03	---	18:43	5,77	89
11 Sa	1:51	0,99	---	7:10	5,50	84	14:04	1,36	---	19:19	5,53	77
12 Di	2:38	1,33	---	7:47	5,17	71	14:49	1,74	---	19:58	5,24	64
13 Lu	3:27	1,70	---	8:28	4,82	58	15:40	2,11	---	20:42	4,93	51
14 Ma	4:20	2,06	---	9:20	4,50	45	16:38	2,42	---	21:43	4,64	40
15 Me ◐	5:19	2,34	---	11:42	4,32	37	17:42	2,60	---	23:49	4,50	35
16 Je	6:25	2,47	---	13:19	4,40	34	18:49	2,62	---	--:--	---	---
17 Ve	1:18	4,56	36	7:33	2,43	---	14:11	4,57	38	19:54	2,50	---
18 Sa	2:15	4,70	42	8:32	2,28	---	14:47	4,77	46	20:48	2,31	---
19 Di	2:54	4,87	50	9:20	2,07	---	15:17	4,99	54	21:33	2,09	---
20 Lu	3:28	5,05	58	10:01	1,88	---	15:47	5,20	62	22:13	1,88	---
21 Ma	4:01	5,22	66	10:37	1,71	---	16:17	5,39	69	22:50	1,70	---
22 Me	4:33	5,36	72	11:11	1,59	---	16:49	5,54	74	23:26	1,54	---
23 Je ○	5:06	5,45	76	11:45	1,51	---	17:22	5,63	77	--:--	---	---
24 Ve	0:02	1,42	---	5:39	5,49	78	12:19	1,47	---	17:55	5,67	79
25 Sa	0:40	1,36	---	6:13	5,47	78	12:56	1,50	---	18:31	5,64	78
26 Di	1:19	1,35	---	6:50	5,38	76	13:36	1,58	---	19:10	5,54	74
27 Lu	2:02	1,42	---	7:30	5,22	71	14:19	1,72	---	19:55	5,37	69
28 Ma	2:49	1,54	---	8:17	5,00	65	15:09	1,89	---	20:49	5,18	62
29 Me	3:41	1,69	---	9:14	4,78	59	16:07	2,04	---	22:00	5,02	56
30 Je ◑	4:40	1,82	---	10:43	4,63	54	17:12	2,10	---	23:36	4,97	53
31 Ve	5:45	1,87	---	12:43	4,69	53	18:20	2,05	---	--:--	---	---

JUIN 2024

Date	Heure	Haut.	Coef.	Heure	Haut.	Coef.	Heure	Haut.	Coef.	Heure	Haut.	Coef.
1 Sa	0:56	5,04	55	6:52	1,81	---	13:48	4,86	57	19:26	1,88	---
2 Di	1:59	5,18	61	7:58	1,66	---	14:39	5,06	65	20:29	1,65	---
3 Lu	2:53	5,32	69	8:58	1,46	---	15:23	5,26	73	21:28	1,40	---
4 Ma	3:41	5,45	77	9:54	1,28	---	16:01	5,43	80	22:22	1,20	---
5 Me	4:25	5,53	82	10:45	1,15	---	16:38	5,56	84	23:14	1,06	---
6 Je ●	5:05	5,56	85	11:33	1,11	---	17:15	5,63	86	--:--	---	---
7 Ve	0:04	1,01	---	5:44	5,52	85	12:18	1,16	---	17:52	5,63	84
8 Sa	0:51	1,04	---	6:22	5,42	82	13:03	1,28	---	18:30	5,56	80
9 Di	1:37	1,17	---	7:00	5,28	77	13:47	1,47	---	19:08	5,44	74
10 Lu	2:22	1,36	---	7:38	5,11	70	14:30	1,70	---	19:48	5,27	66
11 Ma	3:06	1,61	---	8:18	4,92	62	15:16	1,94	---	20:32	5,08	58
12 Me	3:52	1,87	---	9:02	4,73	54	16:04	2,18	---	21:21	4,88	50
13 Je	4:40	2,11	---	9:56	4,56	46	16:56	2,37	---	22:20	4,72	43
14 Ve ◐	5:31	2,31	---	11:09	4,46	41	17:51	2,49	---	23:28	4,61	39
15 Sa	6:27	2,42	---	12:24	4,47	38	18:48	2,52	---	--:--	---	---
16 Di	0:34	4,58	39	7:25	2,43	---	13:32	4,57	40	19:45	2,46	---
17 Lu	1:38	4,62	42	8:21	2,34	---	14:26	4,73	45	20:38	2,33	---
18 Ma	2:36	4,73	48	9:12	2,19	---	15:10	4,93	51	21:27	2,14	---
19 Me	3:25	4,88	55	9:57	2,00	---	15:49	5,13	59	22:13	1,92	---
20 Je	4:09	5,04	62	10:38	1,82	---	16:27	5,32	66	22:57	1,70	---
21 Ve	4:49	5,19	69	11:19	1,64	---	17:06	5,48	72	23:40	1,48	---
22 Sa ○	5:29	5,31	74	12:00	1,50	---	17:46	5,61	76	--:--	---	---
23 Di	0:24	1,31	---	6:10	5,39	78	12:42	1,40	---	18:27	5,69	80
24 Lu	1:09	1,19	---	6:51	5,42	80	13:26	1,37	---	19:11	5,70	81
25 Ma	1:55	1,14	---	7:33	5,37	80	14:12	1,40	---	19:57	5,65	79
26 Me	2:42	1,17	---	8:17	5,26	78	15:02	1,48	---	20:45	5,53	76
27 Je	3:31	1,27	---	9:04	5,10	73	15:55	1,59	---	21:38	5,37	70
28 Ve ◑	4:24	1,43	---	9:56	4,92	67	16:52	1,71	---	22:39	5,19	65
29 Sa	5:20	1,60	---	11:06	4,76	62	17:52	1,80	---	23:59	5,04	60
30 Di	6:20	1,74	---	13:06	4,73	58	18:56	1,84	---	--:--	---	---

Prédictions de marées calculées par le SHOM (autorisation de reproduction n° 55/2011)

Avis important aux lecteurs Les horaires de marées sont exprimés en heure légale et tiennent compte des changements d'heure.

Les pleines mers sont indiquées sur fond jaune | Les basses mers sont indiquées sur fond blanc

JUILLET 2024

Date	Heure	Haut.	Coef.	Heure	Haut.	Coef.	Heure	Haut.	Coef.	Heure	Haut.	Coef.
1 Lu	1:22	4,97	**58**	7:25	1,82	---	14:14	4,82	**58**	20:01	1,81	---
2 Ma	2:30	4,97	**59**	8:31	1,80	---	15:07	4,96	**60**	21:05	1,71	---
3 Me	3:29	5,02	**63**	9:33	1,70	---	15:52	5,11	**65**	22:07	1,55	---
4 Je	4:20	5,09	**68**	10:29	1,56	---	16:33	5,26	**70**	23:03	1,39	---
5 Ve	5:04	5,17	**72**	11:20	1,45	---	17:11	5,39	**74**	23:53	1,26	---
6 Sa ●	5:42	5,23	**76**	12:06	1,37	---	17:48	5,47	**77**	--:--	---	---
7 Di	0:40	1,20	---	6:18	5,27	**78**	12:49	1,36	---	18:24	5,51	**78**
8 Lu	1:23	1,21	---	6:51	5,27	**77**	13:30	1,41	---	18:59	5,49	**76**
9 Ma	2:03	1,29	---	7:25	5,24	**75**	14:09	1,53	---	19:35	5,43	**72**
10 Me	2:41	1,45	---	7:58	5,16	**70**	14:46	1,69	---	20:10	5,31	**67**
11 Je	3:18	1,65	---	8:32	5,03	**64**	15:26	1,89	---	20:46	5,16	**60**
12 Ve	3:56	1,88	---	9:08	4,87	**56**	16:07	2,11	---	21:24	4,96	**53**
13 Sa	4:36	2,11	---	9:48	4,69	**49**	16:52	2,30	---	22:06	4,76	**45**
14 Di ◐	5:21	2,32	---	10:42	4,52	**42**	17:42	2,46	---	23:01	4,56	**39**
15 Lu	6:13	2,47	---	12:05	4,42	**37**	18:38	2,53	---	--:--	---	---
16 Ma	0:18	4,44	**36**	7:12	2,53	---	13:34	4,48	**37**	19:39	2,50	---
17 Me	1:44	4,45	**38**	8:17	2,46	---	14:43	4,67	**41**	20:42	2,34	---
18 Je	3:04	4,59	**45**	9:18	2,26	---	15:34	4,92	**53**	21:41	2,08	---
19 Ve	3:59	4,82	**55**	10:12	1,98	---	16:17	5,20	**60**	22:34	1,75	---
20 Sa	4:44	5,07	**65**	10:59	1,67	---	16:59	5,48	**71**	23:24	1,41	---
21 Di ○	5:26	5,32	**76**	11:45	1,38	---	17:40	5,74	**81**	--:--	---	---
22 Lu	0:11	1,10	---	6:06	5,53	**85**	12:30	1,14	---	18:22	5,94	**89**
23 Ma	0:56	0,86	---	6:45	5,66	**92**	13:14	0,99	---	19:03	6,04	**94**
24 Me	1:41	0,74	---	7:23	5,70	**95**	14:00	0,94	---	19:44	6,03	**94**
25 Je	2:27	0,75	---	8:01	5,62	**93**	14:46	1,02	---	20:25	5,89	**91**
26 Ve	3:13	0,90	---	8:39	5,44	**87**	15:35	1,20	---	21:07	5,64	**82**
27 Sa	4:01	1,17	---	9:18	5,18	**77**	16:27	1,45	---	21:52	5,31	**71**
28 Di ◑	4:53	1,50	---	10:03	4,89	**65**	17:25	1,73	---	22:49	4,95	**59**
29 Lu	5:50	1,84	---	11:08	4,61	**54**	18:29	1,97	---	--:--	---	---
30 Ma	0:58	4,67	**50**	6:57	2,09	---	14:08	4,60	**47**	19:40	2,08	---
31 Me	2:31	4,63	**47**	8:09	2,16	---	15:13	4,75	**48**	20:53	2,00	---

AOÛT 2024

Date	Heure	Haut.	Coef.	Heure	Haut.	Coef.	Heure	Haut.	Coef.	Heure	Haut.	Coef.
1 Je	3:38	4,72	**51**	9:21	2,04	---	16:02	4,96	**55**	22:00	1,79	---
2 Ve	4:28	4,88	**59**	10:21	1,82	---	16:37	5,17	**63**	22:57	1,55	---
3 Sa	5:03	5,05	**67**	11:12	1,59	---	17:08	5,36	**71**	23:44	1,34	---
4 Di ●	5:33	5,22	**75**	11:55	1,41	---	17:39	5,52	**77**	--:--	---	---
5 Lu	0:26	1,21	---	6:02	5,35	**79**	12:34	1,31	---	18:10	5,63	**81**
6 Ma	1:03	1,16	---	6:32	5,44	**81**	13:09	1,29	---	18:41	5,68	**82**
7 Me	1:38	1,20	---	7:01	5,47	**81**	13:42	1,35	---	19:11	5,65	**80**
8 Je	2:10	1,31	---	7:30	5,43	**78**	14:14	1,47	---	19:40	5,55	**76**
9 Ve	2:41	1,48	---	7:58	5,32	**73**	14:46	1,66	---	20:09	5,39	**69**
10 Sa	3:12	1,70	---	8:27	5,16	**65**	15:20	1,87	---	20:38	5,18	**61**
11 Di	3:44	1,95	---	8:57	4,95	**57**	15:57	2,11	---	21:09	4,92	**52**
12 Lu ◐	4:22	2,20	---	9:31	4,71	**47**	16:43	2,35	---	21:48	4,64	**42**
13 Ma	5:09	2,45	---	10:21	4,45	**38**	17:39	2,54	---	22:47	4,35	**34**
14 Me	6:10	2,63	---	12:49	4,32	**32**	18:48	2,61	---	--:--	---	---
15 Je	1:23	4,25	**32**	7:26	2,64	---	14:26	4,53	**34**	20:05	2,48	---
16 Ve	2:58	4,47	**38**	8:46	2,43	---	15:22	4,86	**45**	21:17	2,13	---
17 Sa	3:51	4,80	**52**	9:50	2,03	---	16:07	5,25	**60**	22:16	1,67	---
18 Di	4:34	5,16	**68**	10:41	1,58	---	16:48	5,65	**75**	23:06	1,20	---
19 Lu ○	5:13	5,51	**83**	11:28	1,15	---	17:27	6,00	**90**	23:53	0,79	---
20 Ma	5:50	5,80	**96**	12:13	0,81	---	18:06	6,27	**101**	--:--	---	---
21 Me	0:38	0,51	---	6:27	5,98	**105**	12:57	0,60	---	18:44	6,40	**107**
22 Je	1:21	0,40	---	7:02	6,03	**108**	13:41	0,56	---	19:22	6,35	**107**
23 Ve	2:04	0,47	---	7:37	5,93	**104**	14:25	0,69	---	19:59	6,13	**100**
24 Sa	2:49	0,73	---	8:11	5,69	**94**	15:11	0,99	---	20:36	5,76	**88**
25 Di	3:35	1,12	---	8:45	5,37	**80**	16:02	1,39	---	21:15	5,29	**71**
26 Lu ◑	4:25	1,60	---	9:24	4,98	**62**	16:59	1,83	---	22:01	4,79	**54**
27 Ma	5:22	2,06	---	10:15	4,58	**46**	18:07	2,18	---	--:--	---	---
28 Me	1:17	4,42	**41**	6:34	2,38	---	14:11	4,51	**37**	19:26	2,32	---
29 Je	2:42	4,48	**37**	7:55	2,44	---	15:17	4,74	**41**	20:47	2,18	---
30 Ve	3:41	4,67	**45**	9:13	2,23	---	16:01	4,99	**52**	21:54	1,88	---
31 Sa	4:19	4,89	**57**	10:12	1,90	---	16:28	5,23	**63**	22:45	1,57	---

SEPTEMBRE 2024

Date	Heure	Haut.	Coef.	Heure	Haut.	Coef.	Heure	Haut.	Coef.	Heure	Haut.	Coef.
1 Di	4:44	5,12	**68**	10:59	1,60	---	16:51	5,46	**73**	23:28	1,33	---
2 Lu	5:09	5,34	**77**	11:38	1,38	---	17:18	5,65	**80**	--:--	---	---
3 Ma ●	0:04	1,19	---	5:36	5,52	**83**	12:12	1,26	---	17:46	5,79	**85**
4 Me	0:37	1,14	---	6:04	5,64	**86**	12:43	1,22	---	18:14	5,84	**86**
5 Je	1:07	1,16	---	6:31	5,68	**86**	13:12	1,25	---	18:42	5,82	**85**
6 Ve	1:35	1,26	---	6:59	5,65	**83**	13:41	1,35	---	19:08	5,71	**81**
7 Sa	2:03	1,42	---	7:24	5,54	**78**	14:10	1,52	---	19:33	5,54	**75**
8 Di	2:31	1,63	---	7:50	5,38	**71**	14:41	1,73	---	19:59	5,31	**66**
9 Lu	3:01	1,87	---	8:17	5,15	**61**	15:16	1,98	---	20:28	5,02	**56**
10 Ma	3:36	2,15	---	8:49	4,87	**50**	15:59	2,26	---	21:02	4,68	**44**
11 Me ◐	4:23	2,44	---	9:31	4,55	**39**	16:56	2,52	---	21:55	4,31	**33**
12 Je	5:26	2,68	---	12:34	4,29	**29**	18:10	2,64	---	--:--	---	---
13 Ve	1:32	4,22	**28**	6:50	2,73	---	14:06	4,56	**31**	19:38	2,50	---
14 Sa	2:42	4,53	**37**	8:18	2,47	---	15:02	4,95	**45**	20:56	2,07	---
15 Di	3:32	4,93	**54**	9:27	1,98	---	15:48	5,41	**64**	21:55	1,52	---
16 Lu	4:14	5,34	**74**	10:19	1,44	---	16:28	5,85	**83**	22:44	0,99	---
17 Ma	4:51	5,73	**91**	11:06	0,95	---	17:06	6,24	**99**	23:30	0,57	---
18 Me ○	5:27	6,03	**105**	11:51	0,57	---	17:44	6,49	**110**	--:--	---	---
19 Je	0:14	0,32	---	6:01	6,21	**113**	12:35	0,38	---	18:20	6,58	**115**
20 Ve	0:57	0,27	---	6:36	6,23	**114**	13:19	0,38	---	18:56	6,46	**112**
21 Sa	1:39	0,44	---	7:10	6,09	**107**	14:03	0,59	---	19:32	6,15	**102**
22 Di	2:23	0,78	---	7:43	5,81	**94**	14:49	0,98	---	20:07	5,69	**86**
23 Lu	3:10	1,26	---	8:17	5,44	**77**	15:40	1,47	---	20:45	5,16	**67**
24 Ma ◑	4:00	1,79	---	8:55	5,01	**57**	16:38	1,97	---	21:30	4,62	**48**
25 Me	5:00	2,28	---	9:45	4,57	**40**	17:49	2,34	---	--:--	---	---
26 Je	1:21	4,35	**35**	6:16	2,58	---	14:02	4,55	**33**	19:12	2,45	---
27 Ve	2:34	4,50	**34**	7:39	2,57	---	15:02	4,79	**39**	20:34	2,25	---
28 Sa	3:24	4,73	**45**	8:55	2,30	---	15:41	5,03	**51**	21:35	1,92	---
29 Di	3:54	4,96	**57**	9:51	1,95	---	16:04	5,26	**64**	22:22	1,62	---
30 Lu	4:14	5,20	**69**	10:35	1,66	---	16:25	5,49	**73**	23:01	1,40	---

Nota : sur la côte atlantique, de La Baule au Pertuis d'Antioche, il existe lors des marées de morte-eau les plus faibles, un phénomène de tenue du plein. Il s'agit d'une longue étale de pleine mer pendant laquelle le niveau de l'eau ne varie que très lentement, ce qui rend imprécise la détermination de l'instant de pleine mer. Cette imprécision n'a aucune conséquence pour la navigation car sur une plage horaire de 3 heures encadrant la pleine mer, la variation du niveau de la mer reste, en morte-eau, inférieure à 20 cm.

Avis important aux lecteurs Les horaires de marées sont exprimés en heure légale et tiennent compte des changements d'heure.

Les pleines mers sont indiquées sur fond jaune — Les basses mers sont indiquées sur fond blanc

OCTOBRE 2024

Date	Heure	Haut.	Coef.	Heure	Haut.	Coef.	Heure	Haut.	Coef.	Heure	Haut.	Coef.
1 Ma	4:37	5,44	77	11:11	1,45	---	16:50	5,69	81	23:34	1,27	---
2 Me ●	5:04	5,63	83	11:44	1,32	---	17:17	5,83	85	--:--	---	---
3 Je	0:05	1,22	---	5:32	5,75	86	12:13	1,26	---	17:45	5,88	87
4 Ve	0:33	1,23	---	6:00	5,80	86	12:41	1,27	---	18:12	5,85	86
5 Sa	1:00	1,31	---	6:27	5,76	84	13:11	1,34	---	18:37	5,74	82
6 Di	1:28	1,45	---	6:53	5,66	80	13:41	1,48	---	19:03	5,56	76
7 Lu	1:57	1,64	---	7:19	5,49	72	14:12	1,67	---	19:29	5,33	68
8 Ma	2:29	1,88	---	7:48	5,26	63	14:49	1,91	---	19:59	5,03	57
9 Me	3:07	2,15	---	8:23	4,97	52	15:33	2,19	---	20:37	4,67	45
10 Je ◐	3:56	2,44	---	9:11	4,63	40	16:30	2,44	---	21:41	4,29	34
11 Ve	5:02	2,66	---	12:14	4,44	31	17:46	2,56	---	--:--	---	---
12 Sa	1:13	4,34	31	6:26	2,67	---	13:36	4,70	34	19:14	2,39	---
13 Di	2:16	4,67	41	7:50	2,38	---	14:34	5,09	49	20:29	1,95	---
14 Lu	3:06	5,07	59	8:57	1,89	---	15:22	5,53	68	21:27	1,41	---
15 Ma	3:47	5,47	78	9:52	1,35	---	16:04	5,94	86	22:17	0,92	---
16 Me	4:24	5,82	95	10:40	0,88	---	16:42	6,26	101	23:04	0,56	---
17 Je ○	5:00	6,09	107	11:27	0,55	---	17:20	6,45	110	23:48	0,38	---
18 Ve	5:35	6,23	112	12:12	0,40	---	17:56	6,47	112	--:--	---	---
19 Sa	0:33	0,40	---	6:10	6,22	111	12:58	0,45	---	18:33	6,30	108
20 Di	1:16	0,61	---	6:45	6,07	103	13:43	0,68	---	19:09	5,96	97
21 Lu	2:00	0,97	---	7:20	5,79	89	14:31	1,07	---	19:45	5,51	81
22 Ma	2:48	1,44	---	7:56	5,43	72	15:22	1,54	---	20:24	5,01	63
23 Me	3:39	1,93	---	8:37	5,02	54	16:20	2,00	---	21:12	4,54	47
24 Je ●	4:41	2,34	---	9:32	4,63	40	17:28	2,34	---	--:--	---	---
25 Ve	1:00	4,38	35	5:52	2,59	---	13:30	4,59	34	18:45	2,46	---
26 Sa	2:06	4,52	35	7:09	2,59	---	14:28	4,76	38	20:01	2,32	---
27 Di	2:50	4,72	43	7:21	2,38	---	14:07	4,95	48	20:01	2,07	---
28 Lu	2:18	4,94	54	8:16	2,10	---	14:31	5,16	59	20:47	1,81	---
29 Ma	2:39	5,17	64	9:00	1,85	---	14:54	5,36	68	21:26	1,61	---
30 Me	3:05	5,40	72	9:38	1,66	---	15:20	5,54	75	22:00	1,48	---
31 Je	3:33	5,59	78	10:11	1,52	---	15:48	5,67	80	22:31	1,40	---

NOVEMBRE 2024

Date	Heure	Haut.	Coef.	Heure	Haut.	Coef.	Heure	Haut.	Coef.	Heure	Haut.	Coef.
1 Ve ●	4:02	5,71	81	10:43	1,42	---	16:17	5,73	82	23:00	1,38	---
2 Sa	4:32	5,77	82	11:13	1,39	---	16:45	5,71	82	23:30	1,42	---
3 Di	5:00	5,75	81	11:46	1,40	---	17:13	5,63	80	--:--	---	---
4 Lu	0:01	1,52	---	5:29	5,67	78	12:18	1,48	---	17:42	5,48	75
5 Ma	0:34	1,67	---	6:00	5,53	72	12:55	1,62	---	18:13	5,28	68
6 Me	1:10	1,87	---	6:35	5,32	64	13:35	1,82	---	18:49	5,01	59
7 Je	1:53	2,10	---	7:18	5,06	54	14:21	2,03	---	19:37	4,70	49
8 Ve	2:44	2,32	---	8:21	4,80	45	15:19	2,22	---	21:00	4,43	42
9 Sa ◐	3:49	2,46	---	10:29	4,70	40	16:28	2,29	---	23:39	4,50	40
10 Di	5:04	2,43	---	11:58	4,88	43	17:44	2,16	---	--:--	---	---
11 Lu	0:44	4,78	48	6:17	2,19	---	13:00	5,17	54	18:54	1,84	---
12 Ma	1:35	5,10	61	7:23	1,81	---	13:52	5,49	69	19:55	1,44	---
13 Me	2:19	5,42	76	8:21	1,39	---	14:38	5,79	83	20:48	1,06	---
14 Je	2:58	5,71	89	9:13	1,02	---	15:19	6,02	94	21:37	0,79	---
15 Ve ○	3:35	5,92	98	10:04	0,75	---	15:59	6,13	101	22:25	0,66	---
16 Sa	4:12	6,03	102	10:52	0,63	---	16:38	6,11	102	23:11	0,69	---
17 Di	4:49	6,03	101	11:40	0,66	---	17:16	5,95	98	23:57	0,86	---
18 Lu	5:26	5,91	94	12:28	0,84	---	17:54	5,68	89	--:--	---	---
19 Ma	0:43	1,15	---	6:05	5,70	83	13:17	1,14	---	18:33	5,34	77
20 Me	1:30	1,51	---	6:44	5,42	71	14:07	1,50	---	19:14	4,98	64
21 Je	2:21	1,88	---	7:28	5,11	57	15:00	1,87	---	20:03	4,66	51
22 Ve	3:18	2,20	---	8:23	4,82	46	15:58	2,18	---	21:31	4,42	42
23 Sa ◑	4:18	2,43	---	10:00	4,62	39	17:02	2,37	---	--:--	---	---
24 Di	0:02	4,44	38	5:23	2,52	---	12:12	4,63	38	18:09	2,40	---
25 Lu	0:55	4,58	39	6:28	2,48	---	13:08	4,74	42	19:11	2,29	---
26 Ma	1:31	4,76	45	7:26	2,34	---	13:46	4,89	49	20:02	2,12	---
27 Me	2:02	4,97	53	8:16	2,16	---	14:19	5,05	57	20:45	1,94	---
28 Je	2:33	5,18	60	8:58	1,97	---	14:51	5,21	64	21:23	1,78	---
29 Ve	3:05	5,37	67	9:37	1,79	---	15:23	5,35	70	21:58	1,66	---
30 Sa	3:37	5,52	72	10:13	1,64	---	15:56	5,44	74	22:32	1,57	---

DÉCEMBRE 2024

Date	Heure	Haut.	Coef.	Heure	Haut.	Coef.	Heure	Haut.	Coef.	Heure	Haut.	Coef.
1 Di ●	4:10	5,62	75	10:49	1,52	---	16:28	5,49	76	23:06	1,53	---
2 Lu	4:43	5,66	77	11:26	1,45	---	17:01	5,48	77	23:42	1,54	---
3 Ma	5:18	5,66	76	12:05	1,43	---	17:35	5,41	75	--:--	---	---
4 Me	0:20	1,59	---	5:55	5,59	74	12:44	1,47	---	18:13	5,29	72
5 Je	1:01	1,70	---	6:37	5,47	69	13:28	1,57	---	18:55	5,12	67
6 Ve	1:46	1,83	---	7:25	5,32	64	14:15	1,69	---	19:45	4,92	61
7 Sa	2:37	1,97	---	8:22	5,15	58	15:08	1,82	---	20:48	4,74	55
8 Di ◐	3:34	2,07	---	9:34	5,03	54	16:07	1,91	---	22:25	4,67	53
9 Lu	4:38	2,09	---	11:03	5,02	53	17:12	1,91	---	--:--	---	---
10 Ma	0:01	4,77	54	5:43	2,00	---	12:20	5,11	56	18:17	1,80	---
11 Me	1:03	4,97	60	6:48	1,81	---	13:22	5,27	64	19:21	1,61	---
12 Je	1:54	5,19	68	7:51	1,57	---	14:17	5,43	72	20:21	1,39	---
13 Ve	2:39	5,41	77	8:50	1,31	---	15:05	5,57	80	21:16	1,18	---
14 Sa	3:21	5,59	84	9:46	1,09	---	15:50	5,66	86	22:07	1,05	---
15 Di ○	4:01	5,72	88	10:39	0,94	---	16:32	5,67	89	22:56	1,00	---
16 Lu	4:41	5,78	89	11:29	0,89	---	17:12	5,62	89	23:43	1,06	---
17 Ma	5:20	5,76	87	12:17	0,94	---	17:50	5,50	85	--:--	---	---
18 Me	0:29	1,19	---	5:59	5,67	82	13:04	1,10	---	18:27	5,34	79
19 Je	1:15	1,40	---	6:38	5,52	75	13:49	1,34	---	19:04	5,15	71
20 Ve	2:01	1,65	---	7:18	5,32	66	14:35	1,63	---	19:44	4,94	62
21 Sa	2:47	1,92	---	8:01	5,11	57	15:21	1,93	---	20:29	4,74	52
22 Di ◑	3:35	2,17	---	8:50	4,89	48	16:11	2,20	---	21:27	4,57	44
23 Lu	4:27	2,38	---	9:49	4,70	41	17:04	2,39	---	22:45	4,48	39
24 Ma	5:23	2,51	---	11:02	4,58	37	18:02	2,48	---	--:--	---	---
25 Me	0:09	4,51	37	6:21	2,55	---	12:22	4,56	38	19:03	2,45	---
26 Je	1:19	4,66	40	7:20	2,47	---	13:39	4,66	43	19:58	2,32	---
27 Ve	2:07	4,85	46	8:14	2,30	---	14:30	4,81	50	20:46	2,14	---
28 Sa	2:46	5,07	54	9:03	2,08	---	15:10	4,99	58	21:29	1,93	---
29 Di	3:23	5,28	62	9:48	1,83	---	15:47	5,17	66	22:10	1,73	---
30 Lu ●	4:00	5,47	69	10:30	1,60	---	16:23	5,33	72	22:49	1,55	---
31 Ma	4:37	5,63	75	11:12	1,39	---	16:59	5,45	78	23:29	1,41	---

Prédictions de marées calculées par le SHOM (autorisation de reproduction n° 55/2011)

Marées de l'Herbaudière • 1er trim. 2024

Avis important aux lecteurs Les horaires de marées sont exprimés en heure légale et tiennent compte des changements d'heure.

Les pleines mers sont indiquées sur fond jaune — Les basses mers sont indiquées sur fond blanc

JANVIER 2024

Date	Heure	Haut.	Coef.	Heure	Haut.	Coef.	Heure	Haut.	Coef.	Heure	Haut.	Coef.
1 Lu	1:42	1,97	---	7:14	5,18	**61**	14:16	1,97	---	19:39	4,88	**58**
2 Ma	2:24	2,15	---	7:51	5,01	**54**	14:56	2,17	---	20:20	4,70	**51**
3 Me	3:08	2,32	---	8:34	4,83	**47**	15:41	2,36	---	21:12	4,54	**44**
4 Je ◑	3:57	2,46	---	9:26	4,66	**41**	16:32	2,49	---	22:26	4,44	**39**
5 Ve	4:52	2,55	---	10:35	4,55	**38**	17:31	2,55	---	23:54	4,48	**38**
6 Sa	5:52	2,56	---	12:01	4,54	**39**	18:34	2,49	---	--:--	---	---
7 Di	1:03	4,64	**41**	6:55	2,45	---	13:19	4,66	**45**	19:35	2,33	---
8 Lu	1:55	4,87	**49**	7:55	2,24	---	14:18	4,86	**54**	20:29	2,09	---
9 Ma	2:41	5,13	**59**	8:50	1,95	---	15:08	5,09	**65**	21:18	1,81	---
10 Me	3:25	5,40	**70**	9:41	1,62	---	15:54	5,33	**76**	22:05	1,53	---
11 Je ●	4:08	5,64	**80**	10:30	1,31	---	16:37	5,52	**85**	22:50	1,29	---
12 Ve	4:51	5,85	**89**	11:18	1,04	---	17:19	5,65	**92**	23:36	1,12	---
13 Sa	5:35	5,98	**95**	12:05	0,88	---	18:00	5,69	**96**	--:--	---	---
14 Di	0:23	1,04	---	6:19	6,01	**97**	12:52	0,84	---	18:41	5,61	**96**
15 Lu	1:11	1,07	---	7:03	5,92	**94**	13:40	0,94	---	19:21	5,44	**91**
16 Ma	2:01	1,20	---	7:47	5,71	**87**	14:29	1,16	---	20:02	5,19	**82**
17 Me	2:53	1,42	---	8:34	5,42	**76**	15:21	1,46	---	20:48	4,91	**70**
18 Je ◐	3:49	1,69	---	9:31	5,09	**64**	16:17	1,79	---	22:00	4,65	**59**
19 Ve	4:50	1,94	---	11:11	4,81	**54**	17:19	2,07	---	--:--	---	---
20 Sa	0:29	4,58	**50**	5:57	2,12	---	12:50	4,69	**48**	18:30	2,22	---
21 Di	1:37	4,67	**47**	7:09	2,16	---	14:00	4,73	**48**	19:41	2,19	---
22 Lu	2:30	4,83	**51**	8:19	2,05	---	14:54	4,84	**54**	20:43	2,03	---
23 Ma	3:12	5,02	**58**	9:19	1,86	---	15:36	4,99	**62**	21:35	1,84	---
24 Me	3:45	5,21	**66**	10:09	1,66	---	16:09	5,14	**70**	22:20	1,67	---
25 Je ○	4:14	5,38	**73**	10:52	1,50	---	16:39	5,27	**76**	22:58	1,54	---
26 Ve	4:44	5,50	**78**	11:30	1,40	---	17:08	5,37	**79**	23:34	1,47	---
27 Sa	5:15	5,58	**80**	12:04	1,37	---	17:37	5,42	**81**	--:--	---	---
28 Di	0:08	1,46	---	5:45	5,60	**80**	12:37	1,40	---	18:06	5,41	**80**
29 Lu	0:41	1,50	---	6:15	5,56	**78**	13:09	1,50	---	18:35	5,33	**76**
30 Ma	1:14	1,61	---	6:45	5,46	**74**	13:41	1,65	---	19:04	5,20	**71**
31 Me	1:48	1,76	---	7:14	5,30	**67**	14:14	1,84	---	19:33	5,03	**64**

FÉVRIER 2024

Date	Heure	Haut.	Coef.	Heure	Haut.	Coef.	Heure	Haut.	Coef.	Heure	Haut.	Coef.
1 Je	2:24	1,95	---	7:45	5,10	**59**	14:50	2,05	---	20:07	4,82	**55**
2 Ve	3:05	2,16	---	8:21	4,87	**50**	15:32	2,28	---	20:50	4,59	**46**
3 Sa ◑	3:53	2,36	---	9:08	4,61	**42**	16:23	2,49	---	22:07	4,40	**38**
4 Di	4:51	2,52	---	10:30	4,39	**35**	17:29	2,61	---	--:--	---	---
5 Lu	0:19	4,42	**34**	6:01	2,56	---	12:51	4,40	**36**	18:46	2,57	---
6 Ma	1:35	4,66	**39**	7:18	2,40	---	14:10	4,65	**45**	19:59	2,31	---
7 Me	2:31	4,99	**52**	8:27	2,04	---	15:06	4,98	**59**	20:58	1,91	---
8 Je	3:19	5,36	**67**	9:24	1,59	---	15:52	5,34	**76**	21:49	1,47	---
9 Ve	4:02	5,74	**83**	10:15	1,13	---	16:33	5,65	**91**	22:36	1,07	---
10 Sa ●	4:44	6,06	**97**	11:03	0,74	---	17:10	5,88	**103**	23:22	0,76	---
11 Di	5:24	6,27	**107**	11:49	0,51	---	17:46	5,97	**109**	--:--	---	---
12 Lu	0:08	0,60	---	6:02	6,33	**110**	12:34	0,46	---	18:21	5,92	**110**
13 Ma	0:53	0,62	---	6:40	6,21	**107**	13:19	0,60	---	18:53	5,73	**103**
14 Me	1:40	0,80	---	7:17	5,92	**97**	14:05	0,92	---	19:26	5,44	**90**
15 Je	2:28	1,13	---	7:54	5,52	**83**	14:52	1,35	---	20:00	5,08	**74**
16 Ve ◐	3:21	1,56	---	8:35	5,05	**65**	15:45	1,83	---	20:42	4,70	**56**
17 Sa	4:20	1,99	---	9:31	4,59	**48**	16:45	2,26	---	--:--	---	---
18 Di	0:02	4,36	**42**	5:29	2,31	---	12:42	4,37	**37**	18:01	2,51	---
19 Lu	1:29	4,46	**35**	6:50	2,42	---	14:00	4,46	**37**	19:23	2,49	---
20 Ma	2:28	4,68	**41**	8:09	2,26	---	14:53	4,65	**46**	20:32	2,25	---
21 Me	3:09	4,92	**52**	9:11	1,98	---	15:30	4,88	**58**	21:25	1,96	---
22 Je	3:37	5,15	**63**	9:58	1,71	---	15:56	5,10	**68**	22:06	1,70	---
23 Ve	4:02	5,36	**73**	10:36	1,49	---	16:21	5,30	**77**	22:42	1,50	---
24 Sa ○	4:27	5,53	**80**	11:09	1,34	---	16:46	5,46	**82**	23:14	1,36	---
25 Di	4:53	5,65	**84**	11:39	1,26	---	17:12	5,56	**86**	23:44	1,28	---
26 Lu	5:20	5,72	**86**	12:09	1,25	---	17:38	5,59	**86**	--:--	---	---
27 Ma	0:14	1,28	---	5:47	5,72	**86**	12:37	1,31	---	18:04	5,55	**84**
28 Me	0:44	1,35	---	6:14	5,64	**82**	13:06	1,44	---	18:30	5,44	**79**
29 Je	1:14	1,48	---	6:41	5,48	**76**	13:35	1,62	---	18:57	5,27	**72**

MARS 2024

Date	Heure	Haut.	Coef.	Heure	Haut.	Coef.	Heure	Haut.	Coef.	Heure	Haut.	Coef.
1 Ve	1:47	1,68	---	7:09	5,26	**67**	14:08	1,86	---	19:26	5,04	**62**
2 Sa	2:25	1,93	---	7:39	4,98	**57**	14:46	2,14	---	20:01	4,77	**51**
3 Di ◑	3:10	2,20	---	8:17	4,65	**45**	15:35	2,44	---	20:51	4,46	**40**
4 Lu	4:08	2,45	---	9:22	4,30	**35**	16:43	2,67	---	23:48	4,33	**31**
5 Ma	5:23	2,58	---	12:44	4,29	**31**	18:09	2,68	---	--:--	---	---
6 Me	1:16	4,58	**35**	6:51	2,43	---	14:00	4,61	**42**	19:34	2,38	---
7 Je	2:16	4,98	**50**	8:07	1,99	---	14:54	5,02	**60**	20:38	1,88	---
8 Ve	3:04	5,43	**70**	9:06	1,45	---	15:37	5,44	**80**	21:30	1,34	---
9 Sa	3:47	5,87	**89**	9:56	0,93	---	16:14	5,79	**97**	22:17	0,86	---
10 Di ●	4:26	6,22	**104**	10:42	0,53	---	16:49	6,04	**110**	23:03	0,52	---
11 Lu	5:03	6,42	**114**	11:27	0,32	---	17:21	6,14	**116**	23:47	0,36	---
12 Ma	5:39	6,44	**117**	12:10	0,33	---	17:53	6,07	**115**	--:--	---	---
13 Me	0:32	0,42	---	6:14	6,26	**111**	12:54	0,55	---	18:24	5,86	**106**
14 Je	1:17	0,68	---	6:48	5,90	**99**	13:38	0,95	---	18:55	5,54	**90**
15 Ve	2:04	1,09	---	7:21	5,44	**82**	14:24	1,45	---	19:28	5,16	**72**
16 Sa	2:55	1,59	---	7:58	4,92	**62**	15:15	1,98	---	20:07	4,75	**52**
17 Di ◐	3:53	2,09	---	8:48	4,42	**44**	16:16	2,43	---	21:08	4,35	**36**
18 Lu	5:05	2,45	---	12:33	4,20	**31**	17:34	2,69	---	--:--	---	---
19 Ma	1:10	4,38	**30**	6:31	2,55	---	13:47	4,36	**32**	19:01	2,64	---
20 Me	2:09	4,61	**37**	7:53	2,34	---	14:35	4,60	**43**	20:12	2,36	---
21 Je	2:48	4,85	**50**	8:50	2,03	---	15:06	4,85	**56**	21:03	2,03	---
22 Ve	3:15	5,09	**62**	9:33	1,74	---	15:30	5,10	**67**	21:42	1,74	---
23 Sa	3:37	5,31	**72**	10:08	1,51	---	15:52	5,31	**76**	22:15	1,51	---
24 Di	4:01	5,50	**80**	10:39	1,35	---	16:16	5,49	**83**	22:46	1,35	---
25 Lu ○	4:26	5,64	**85**	11:08	1,25	---	16:41	5,60	**87**	23:15	1,25	---
26 Ma	4:52	5,72	**88**	11:36	1,22	---	17:07	5,66	**88**	23:45	1,21	---
27 Me	5:18	5,73	**87**	12:04	1,26	---	17:34	5,64	**86**	--:--	---	---
28 Je	0:14	1,26	---	5:44	5,66	**85**	12:32	1,38	---	18:01	5,55	**82**
29 Ve	0:45	1,38	---	6:12	5,49	**79**	13:02	1,57	---	18:29	5,38	**75**
30 Sa	1:18	1,57	---	6:40	5,25	**70**	13:35	1,82	---	18:59	5,14	**65**
31 Di	1:57	1,83	---	8:12	4,95	**59**	15:15	2,12	---	20:35	4,85	**53**

Nota : sur la côte atlantique, de La Baule au Pertuis d'Antioche, il existe lors des marées de morte-eau les plus faibles, un phénomène de tenue du plein. Il s'agit d'une longue étale de pleine mer pendant laquelle le niveau de l'eau ne varie que très lentement, ce qui rend imprécise la détermination de l'instant de pleine mer. Cette imprécision n'a aucune conséquence pour la navigation car sur une plage horaire de 3 heures encadrant la pleine mer, la variation du niveau de la mer reste, en morte-eau, inférieure à 20 cm.

Avis important aux lecteurs Les horaires de marées sont exprimés en heure légale et tiennent compte des changements d'heure.

Les pleines mers sont indiquées sur fond jaune | Les basses mers sont indiquées sur fond blanc

AVRIL 2024

Date	Heure	Haut.	Coef.	Heure	Haut.	Coef.	Heure	Haut.	Coef.	Heure	Haut.	Coef.
1 Lu	3:43	2,12	---	8:51	4,59	47	16:08	2,43	---	21:28	4,52	41
2 Ma ◑	4:44	2,38	---	10:10	4,22	36	17:20	2,66	---	--:--	---	---
3 Me	0:29	4,41	33	6:02	2,49	---	13:31	4,35	33	18:47	2,63	---
4 Je	1:52	4,67	38	7:30	2,30	---	14:40	4,70	45	20:10	2,30	---
5 Ve	2:53	5,07	54	8:44	1,85	---	15:31	5,11	64	21:14	1,78	---
6 Sa	3:42	5,50	73	9:42	1,32	---	16:12	5,50	83	22:06	1,25	---
7 Di	4:24	5,89	91	10:32	0,85	---	16:48	5,81	99	22:54	0,80	---
8 Lu ●	5:02	6,18	105	11:18	0,53	---	17:21	6,02	109	23:40	0,51	---
9 Ma	5:38	6,32	112	12:02	0,41	---	17:53	6,09	113	--:--	---	---
10 Me	0:25	0,42	---	6:14	6,27	112	12:45	0,49	---	18:25	6,01	109
11 Je	1:10	0,52	---	6:48	6,04	105	13:28	0,76	---	18:57	5,80	99
12 Ve	1:56	0,81	---	7:22	5,67	93	14:12	1,16	---	19:30	5,50	85
13 Sa	2:42	1,22	---	7:57	5,23	76	14:58	1,64	---	20:05	5,14	67
14 Di	3:33	1,70	---	8:36	4,76	58	15:49	2,11	---	20:47	4,76	49
15 Lu ◐	4:30	2,15	---	9:31	4,33	42	16:50	2,50	---	21:55	4,42	35
16 Ma	5:39	2,47	---	13:02	4,18	31	18:05	2,72	---	--:--	---	---
17 Me	1:26	4,37	30	7:01	2,55	---	14:12	4,34	32	19:27	2,67	---
18 Je	2:28	4,54	36	8:18	2,39	---	14:57	4,56	41	20:35	2,43	---
19 Ve	3:10	4,75	47	9:13	2,12	---	15:29	4,80	52	21:26	2,14	---
20 Sa	3:39	4,97	58	9:56	1,86	---	15:54	5,03	62	22:06	1,87	---
21 Di	4:05	5,17	67	10:31	1,64	---	16:19	5,24	71	22:40	1,65	---
22 Lu	4:30	5,35	75	11:03	1,47	---	16:44	5,41	78	23:13	1,48	---
23 Ma	4:56	5,49	80	11:33	1,36	---	17:10	5,53	82	23:44	1,36	---
24 Me ○	5:23	5,57	83	12:02	1,32	---	17:38	5,60	84	--:--	---	---
25 Je	0:15	1,30	---	5:50	5,59	84	12:32	1,35	---	18:06	5,61	84
26 Ve	0:48	1,31	---	6:19	5,52	82	13:03	1,45	---	18:36	5,54	80
27 Sa	1:22	1,40	---	6:50	5,37	77	13:37	1,62	---	19:09	5,38	74
28 Di	2:00	1,56	---	7:23	5,14	70	14:15	1,85	---	19:45	5,16	65
29 Lu	2:42	1,78	---	8:02	4,85	60	15:00	2,12	---	20:31	4,89	55
30 Ma	3:32	2,02	---	8:54	4,53	49	15:58	2,37	---	21:56	4,64	45

MAI 2024

Date	Heure	Haut.	Coef.	Heure	Haut.	Coef.	Heure	Haut.	Coef.	Heure	Haut.	Coef.
1 Me ◑	4:35	2,21	---	11:36	4,34	42	17:10	2,50	---	--:--	---	---
2 Je	0:05	4,64	40	5:49	2,26	---	13:07	4,50	42	18:29	2,42	---
3 Ve	1:21	4,84	46	7:08	2,08	---	14:12	4,80	52	19:42	2,11	---
4 Sa	2:23	5,14	59	8:16	1,72	---	15:03	5,13	67	20:45	1,70	---
5 Di	3:14	5,46	74	9:14	1,32	---	15:44	5,43	81	21:40	1,28	---
6 Lu	3:58	5,73	87	10:05	0,98	---	16:20	5,66	93	22:30	0,95	---
7 Ma	4:38	5,91	97	10:53	0,78	---	16:54	5,81	99	23:19	0,75	---
8 Me ●	5:15	5,96	101	11:38	0,74	---	17:27	5,85	101	--:--	---	---
9 Je	0:06	0,71	---	5:52	5,88	100	12:22	0,85	---	18:02	5,78	97
10 Ve	0:52	0,82	---	6:29	5,67	93	13:05	1,09	---	18:37	5,62	89
11 Sa	1:38	1,06	---	7:05	5,38	84	13:50	1,41	---	19:13	5,39	77
12 Di	2:25	1,38	---	7:43	5,04	71	14:36	1,77	---	19:53	5,12	64
13 Lu	3:13	1,74	---	8:27	4,70	58	15:27	2,13	---	20:41	4,83	51
14 Ma	4:06	2,09	---	9:26	4,41	45	16:23	2,42	---	21:48	4,58	40
15 Me ◐	5:06	2,36	---	11:20	4,25	37	17:27	2,60	---	23:25	4,45	35
16 Je	6:15	2,48	---	13:08	4,31	34	18:37	2,62	---	--:--	---	---
17 Ve	1:12	4,48	36	7:24	2,43	---	14:02	4,47	38	19:42	2,50	---
18 Sa	2:09	4,61	42	8:22	2,27	---	14:41	4,67	46	20:35	2,30	---
19 Di	2:50	4,77	50	9:08	2,06	---	15:13	4,87	54	21:20	2,08	---
20 Lu	3:24	4,94	58	9:48	1,87	---	15:43	5,06	62	22:00	1,88	---
21 Ma	3:55	5,10	66	10:24	1,70	---	16:12	5,23	69	22:37	1,70	---
22 Me	4:26	5,23	72	10:58	1,58	---	16:42	5,37	74	23:13	1,55	---
23 Je ○	4:57	5,33	76	11:31	1,50	---	17:13	5,47	77	23:50	1,45	---
24 Ve	5:29	5,37	78	12:06	1,48	---	17:46	5,51	79	--:--	---	---
25 Sa	0:27	1,40	---	6:03	5,34	78	12:42	1,52	---	18:21	5,49	78
26 Di	1:07	1,41	---	6:40	5,25	76	13:22	1,63	---	19:02	5,39	74
27 Lu	1:50	1,49	---	7:21	5,09	71	14:06	1,78	---	19:48	5,25	69
28 Ma	2:36	1,62	---	8:10	4,88	65	14:56	1,95	---	20:46	5,07	62
29 Me	3:28	1,77	---	9:16	4,67	59	15:54	2,10	---	22:08	4,94	56
30 Je ◑	4:27	1,89	---	11:08	4,58	54	16:58	2,16	---	23:32	4,92	53
31 Ve	5:32	1,93	---	12:32	4,65	53	18:06	2,11	---	--:--	---	---

JUIN 2024

Date	Heure	Haut.	Coef.	Heure	Haut.	Coef.	Heure	Haut.	Coef.	Heure	Haut.	Coef.
1 Sa	0:45	4,98	55	6:40	1,87	---	13:39	4,81	57	19:12	1,94	---
2 Di	1:49	5,11	61	7:45	1,70	---	14:33	5,01	65	20:15	1,71	---
3 Lu	2:46	5,26	69	8:45	1,50	---	15:18	5,21	73	21:14	1,46	---
4 Ma	3:35	5,40	77	9:41	1,31	---	15:58	5,37	80	22:09	1,25	---
5 Me	4:20	5,48	82	10:31	1,20	---	16:34	5,49	84	23:01	1,12	---
6 Je ●	5:01	5,51	85	11:19	1,17	---	17:11	5,54	86	23:51	1,08	---
7 Ve	5:41	5,46	85	12:05	1,22	---	17:48	5,54	84	--:--	---	---
8 Sa	0:38	1,12	---	6:20	5,35	82	12:48	1,35	---	18:26	5,46	80
9 Di	1:24	1,25	---	6:58	5,19	77	13:31	1,54	---	19:05	5,34	74
10 Lu	2:08	1,45	---	7:37	5,01	70	14:16	1,76	---	19:46	5,18	66
11 Ma	2:53	1,68	---	8:17	4,82	62	15:02	1,99	---	20:30	5,00	58
12 Me	3:38	1,93	---	9:02	4,64	54	15:51	2,21	---	21:19	4,81	50
13 Je	4:26	2,16	---	9:57	4,49	46	16:43	2,38	---	22:15	4,65	43
14 Ve ◐	5:19	2,33	---	11:05	4,38	41	17:38	2,49	---	23:18	4,53	39
15 Sa	6:16	2,43	---	12:27	4,38	38	18:36	2,51	---	--:--	---	---
16 Di	0:30	4,50	39	7:16	2,41	---	13:37	4,48	40	19:34	2,45	---
17 Lu	1:40	4,55	42	8:12	2,31	---	14:26	4,64	45	20:28	2,31	---
18 Ma	2:35	4,67	48	9:01	2,16	---	15:07	4,83	51	21:17	2,13	---
19 Me	3:21	4,81	55	9:45	1,99	---	15:44	5,02	59	22:02	1,93	---
20 Je	4:02	4,96	62	10:27	1,82	---	16:21	5,21	66	22:45	1,73	---
21 Ve	4:41	5,10	69	11:07	1,67	---	16:58	5,36	72	23:29	1,54	---
22 Sa ○	5:21	5,21	74	11:47	1,55	---	17:37	5,48	76	--:--	---	---
23 Di	0:12	1,38	---	6:01	5,28	78	12:29	1,48	---	18:18	5,55	80
24 Lu	0:56	1,28	---	6:43	5,29	80	13:12	1,45	---	19:03	5,57	81
25 Ma	1:42	1,24	---	7:27	5,25	80	13:59	1,48	---	19:51	5,52	79
26 Me	2:29	1,27	---	8:13	5,14	78	14:48	1,56	---	20:43	5,42	76
27 Je	3:18	1,37	---	9:04	4,99	73	15:41	1,66	---	21:40	5,28	70
28 Ve ◑	4:11	1,50	---	10:07	4,82	67	16:38	1,77	---	22:47	5,12	65
29 Sa	5:07	1,66	---	11:36	4,71	62	17:39	1,86	---	--:--	---	---
30 Di	0:01	4,99	60	6:09	1,79	---	13:02	4,71	58	18:43	1,89	---

Prédictions de marées calculées par le SHOM (autorisation de reproduction n° 55/2011)

Marées de l'Herbaudière • 3e trim. 2024

Avis important aux lecteurs Les horaires de marées sont exprimés en heure légale et tiennent compte des changements d'heure.

Les pleines mers sont indiquées sur fond jaune | Les basses mers sont indiquées sur fond blanc

JUILLET 2024

Date	Heure	Haut.	Coef.	Heure	Haut.	Coef.	Heure	Haut.	Coef.	Heure	Haut.	Coef.
1 Lu	1:16	4,93	**58**	7:13	1,85	---	14:09	4,80	**58**	19:49	1,85	---
2 Ma	2:25	4,94	**59**	8:20	1,83	---	15:04	4,93	**60**	20:55	1,75	---
3 Me	3:25	5,00	**63**	9:21	1,73	---	15:51	5,08	**65**	21:56	1,60	---
4 Je	4:17	5,08	**68**	10:17	1,61	---	16:32	5,23	**70**	22:51	1,45	---
5 Ve	5:01	5,15	**72**	11:07	1,51	---	17:08	5,34	**74**	23:41	1,34	---
6 Sa ●	5:40	5,21	**76**	11:53	1,45	---	17:44	5,42	**77**	--:--	---	---
7 Di	0:27	1,29	---	6:14	5,23	**78**	12:35	1,45	---	18:19	5,45	**78**
8 Lu	1:09	1,31	---	6:47	5,21	**77**	13:15	1,51	---	18:53	5,42	**76**
9 Ma	1:49	1,39	---	7:19	5,16	**75**	13:53	1,61	---	19:28	5,35	**72**
10 Me	2:27	1,54	---	7:52	5,07	**70**	14:33	1,76	---	20:03	5,23	**67**
11 Je	3:04	1,72	---	8:26	4,94	**64**	15:12	1,94	---	20:40	5,06	**60**
12 Ve	3:42	1,93	---	9:02	4,77	**56**	15:54	2,13	---	21:18	4,87	**53**
13 Sa	4:23	2,14	---	9:45	4,59	**49**	16:40	2,31	---	22:02	4,68	**45**
14 Di ◐	5:09	2,33	---	10:41	4,43	**42**	17:31	2,46	---	22:59	4,50	**39**
15 Lu	6:02	2,47	---	12:06	4,36	**37**	18:28	2,53	---	--:--	---	---
16 Ma	0:15	4,40	**36**	7:04	2,52	---	13:35	4,44	**37**	19:31	2,51	---
17 Me	1:44	4,42	**38**	8:10	2,45	---	14:36	4,63	**41**	20:34	2,36	---
18 Je	2:56	4,57	**45**	9:09	2,27	---	15:25	4,87	**50**	21:32	2,12	---
19 Ve	3:51	4,78	**55**	10:01	2,02	---	16:09	5,13	**60**	22:24	1,82	---
20 Sa	4:38	5,01	**65**	10:47	1,75	---	16:51	5,39	**71**	23:12	1,50	---
21 Di ○	5:20	5,24	**76**	11:31	1,48	---	17:32	5,62	**81**	23:58	1,20	---
22 Lu	6:00	5,43	**85**	12:15	1,25	---	18:13	5,81	**89**	--:--	---	---
23 Ma	0:43	0,98	---	6:38	5,55	**92**	12:59	1,09	---	18:55	5,91	**94**
24 Me	1:28	0,85	---	7:17	5,58	**95**	13:45	1,04	---	19:37	5,91	**94**
25 Je	2:13	0,86	---	7:55	5,50	**93**	14:31	1,10	---	20:19	5,77	**91**
26 Ve	2:59	0,99	---	8:34	5,31	**87**	15:21	1,26	---	21:04	5,53	**82**
27 Sa	3:47	1,24	---	9:14	5,06	**77**	16:14	1,51	---	21:53	5,21	**71**
28 Di ◑	4:39	1,56	---	10:04	4,78	**65**	17:12	1,78	---	23:01	4,87	**59**
29 Lu	5:39	1,89	---	12:16	4,55	**54**	18:18	2,00	---	--:--	---	---
30 Ma	0:56	4,65	**50**	6:45	2,13	---	13:59	4,58	**47**	19:30	2,11	---
31 Me	2:23	4,62	**47**	8:00	2,20	---	15:05	4,74	**48**	20:44	2,04	---

AOÛT 2024

Date	Heure	Haut.	Coef.	Heure	Haut.	Coef.	Heure	Haut.	Coef.	Heure	Haut.	Coef.
1 Je	3:30	4,72	**51**	9:10	2,08	---	15:56	4,94	**55**	21:50	1,85	---
2 Ve	4:21	4,87	**59**	10:10	1,87	---	16:34	5,14	**63**	22:46	1,62	---
3 Sa	4:59	5,03	**67**	10:59	1,67	---	17:04	5,32	**71**	23:32	1,43	---
4 Di ●	5:29	5,18	**75**	11:41	1,51	---	17:32	5,46	**77**	--:--	---	---
5 Lu	0:13	1,31	---	5:56	5,30	**79**	12:19	1,41	---	18:01	5,55	**81**
6 Ma	0:49	1,27	---	6:23	5,37	**81**	12:54	1,39	---	18:30	5,58	**82**
7 Me	1:23	1,30	---	6:51	5,38	**81**	13:27	1,43	---	19:00	5,55	**80**
8 Je	1:55	1,40	---	7:19	5,33	**78**	14:00	1,54	---	19:30	5,45	**76**
9 Ve	2:26	1,56	---	7:48	5,22	**73**	14:33	1,70	---	19:59	5,29	**69**
10 Sa	2:58	1,76	---	8:17	5,05	**65**	15:07	1,90	---	20:28	5,08	**61**
11 Di	3:32	1,99	---	8:47	4,84	**57**	15:46	2,14	---	21:01	4,83	**52**
12 Lu ◐	4:11	2,23	---	9:24	4,61	**47**	16:33	2,37	---	21:42	4,56	**42**
13 Ma	4:59	2,48	---	10:23	4,38	**38**	17:30	2,57	---	22:53	4,31	**34**
14 Me	6:01	2,66	---	12:48	4,31	**32**	18:39	2,65	---	--:--	---	---
15 Je	1:19	4,25	**32**	7:19	2,69	---	14:13	4,51	**34**	19:58	2,53	---
16 Ve	2:46	4,46	**38**	8:37	2,49	---	15:11	4,82	**45**	21:08	2,21	---
17 Sa	3:43	4,77	**52**	9:39	2,12	---	15:57	5,19	**60**	22:04	1,78	---
18 Di	4:28	5,12	**68**	10:28	1,69	---	16:39	5,56	**75**	22:53	1,33	---
19 Lu ○	5:07	5,45	**83**	11:13	1,28	---	17:19	5,90	**90**	23:39	0,93	---
20 Ma	5:44	5,72	**96**	11:57	0,94	---	17:57	6,15	**101**	--:--	---	---
21 Me	0:23	0,64	---	6:19	5,88	**105**	12:40	0,72	---	18:35	6,27	**107**
22 Je	1:06	0,51	---	6:53	5,92	**108**	13:24	0,66	---	19:13	6,22	**107**
23 Ve	1:50	0,58	---	7:27	5,80	**104**	14:09	0,78	---	19:50	6,00	**100**
24 Sa	2:34	0,82	---	8:01	5,56	**94**	14:57	1,05	---	20:28	5,63	**88**
25 Di	3:20	1,20	---	8:36	5,23	**80**	15:49	1,44	---	21:09	5,17	**71**
26 Lu ◑	4:11	1,67	---	9:15	4,85	**62**	16:47	1,87	---	22:02	4,69	**54**
27 Ma	5:11	2,12	---	10:14	4,47	**46**	17:56	2,22	---	--:--	---	---
28 Me	1:03	4,39	**41**	6:22	2,43	---	13:59	4,48	**37**	19:17	2,36	---
29 Je	2:30	4,45	**37**	7:46	2,49	---	15:05	4,70	**41**	20:39	2,23	---
30 Ve	3:32	4,64	**45**	9:03	2,28	---	15:52	4,95	**52**	21:45	1,94	---
31 Sa	4:13	4,86	**57**	10:01	1,98	---	16:24	5,18	**63**	22:35	1,66	---

SEPTEMBRE 2024

Date	Heure	Haut.	Coef.	Heure	Haut.	Coef.	Heure	Haut.	Coef.	Heure	Haut.	Coef.
1 Di	4:41	5,07	**68**	10:46	1,70	---	16:47	5,38	**73**	23:15	1,44	---
2 Lu	5:03	5,27	**77**	11:24	1,49	---	17:10	5,55	**80**	23:51	1,30	---
3 Ma ●	5:27	5,43	**83**	11:57	1,36	---	17:35	5,66	**85**	--:--	---	---
4 Me	0:22	1,24	---	5:53	5,54	**86**	12:27	1,31	---	18:02	5,72	**86**
5 Je	0:52	1,26	---	6:19	5,57	**86**	12:57	1,33	---	18:29	5,70	**85**
6 Ve	1:20	1,34	---	6:46	5,53	**83**	13:26	1,42	---	18:55	5,61	**81**
7 Sa	1:48	1,48	---	7:12	5,43	**78**	13:56	1,57	---	19:21	5,44	**75**
8 Di	2:16	1,68	---	7:38	5,26	**71**	14:28	1,78	---	19:48	5,21	**66**
9 Lu	2:48	1,92	---	8:05	5,04	**61**	15:04	2,04	---	20:16	4,93	**56**
10 Ma	3:24	2,21	---	8:37	4,78	**50**	15:48	2,32	---	20:51	4,61	**44**
11 Me ◐	4:11	2,51	---	9:21	4,48	**39**	16:45	2,58	---	21:48	4,26	**33**
12 Je	5:15	2,76	---	12:22	4,30	**29**	18:00	2,72	---	--:--	---	---
13 Ve	1:16	4,22	**28**	6:41	2,82	---	13:51	4,53	**31**	19:30	2,60	---
14 Sa	2:32	4,51	**37**	8:09	2,57	---	14:51	4,90	**45**	20:46	2,18	---
15 Di	3:25	4,90	**54**	9:14	2,10	---	15:38	5,34	**64**	21:42	1,66	---
16 Lu	4:07	5,31	**74**	10:05	1,58	---	16:19	5,76	**83**	22:30	1,13	---
17 Ma	4:44	5,67	**91**	10:50	1,09	---	16:57	6,13	**99**	23:14	0,71	---
18 Me ○	5:19	5,96	**105**	11:34	0,71	---	17:34	6,38	**110**	23:57	0,45	---
19 Je	5:52	6,11	**113**	12:18	0,50	---	18:10	6,46	**115**	--:--	---	---
20 Ve	0:41	0,39	---	6:26	6,12	**114**	13:02	0,49	---	18:47	6,33	**112**
21 Sa	1:24	0,55	---	6:59	5,96	**107**	13:47	0,69	---	19:22	6,01	**102**
22 Di	2:08	0,89	---	7:31	5,67	**94**	14:35	1,06	---	19:58	5,56	**86**
23 Lu	2:54	1,36	---	8:05	5,29	**77**	15:27	1,54	---	20:36	5,03	**67**
24 Ma ◑	3:46	1,88	---	8:44	4,87	**57**	16:26	2,03	---	21:26	4,51	**48**
25 Me	4:49	2,35	---	9:41	4,47	**40**	17:38	2,40	---	--:--	---	---
26 Je	1:07	4,30	**35**	6:04	2,64	---	13:48	4,50	**33**	19:04	2,51	---
27 Ve	2:23	4,44	**34**	7:30	2,64	---	14:50	4,73	**39**	20:26	2,31	---
28 Sa	3:15	4,67	**45**	8:45	2,37	---	15:33	4,97	**51**	21:26	2,00	---
29 Di	3:48	4,90	**57**	9:40	2,04	---	16:00	5,19	**64**	22:11	1,71	---
30 Lu	4:10	5,13	**69**	10:22	1,76	---	16:20	5,39	**73**	22:48	1,50	---

Nota : sur la côte atlantique, de La Baule au Pertuis d'Antioche, il existe lors des marées de morte-eau les plus faibles, un phénomène de tenue du plein. Il s'agit d'une longue étale de pleine mer pendant laquelle le niveau de l'eau ne varie que très lentement, ce qui rend imprécise la détermination de l'instant de pleine mer. Cette imprécision n'a aucune conséquence pour la navigation car sur une plage horaire de 3 heures encadrant la pleine mer, la variation du niveau de la mer reste, en morte-eau, inférieure à 20 cm.

Avis important aux lecteurs Les horaires de marées sont exprimés en heure légale et tiennent compte des changements d'heure.

Les pleines mers sont indiquées sur fond jaune	Les basses mers sont indiquées sur fond blanc

OCTOBRE 2024

Date	Heure	Haut.	Coef.	Heure	Haut.	Coef.	Heure	Haut.	Coef.	Heure	Haut.	Coef.
1 Ma	4:31	5,34	**77**	10:57	1,55	---	16:42	5,56	**81**	23:21	1,37	---
2 Me ●	4:56	5,51	**83**	11:29	1,41	---	17:07	5,68	**85**	23:50	1,31	---
3 Je	5:21	5,61	**86**	11:58	1,35	---	17:33	5,74	**87**	--:--	---	---
4 Ve	0:18	1,31	---	5:48	5,65	**86**	12:27	1,35	---	17:59	5,72	**86**
5 Sa	0:45	1,38	---	6:14	5,63	**84**	12:56	1,42	---	18:24	5,63	**82**
6 Di	1:13	1,51	---	6:40	5,53	**80**	13:26	1,56	---	18:50	5,47	**76**
7 Lu	1:42	1,71	---	7:07	5,38	**72**	13:58	1,75	---	19:17	5,23	**68**
8 Ma	2:14	1,96	---	7:36	5,16	**63**	14:35	2,01	---	19:47	4,94	**57**
9 Me	2:52	2,25	---	8:10	4,88	**52**	15:20	2,29	---	20:24	4,60	**45**
10 Je ◐	3:41	2,55	---	8:57	4,57	**40**	16:17	2,55	---	21:27	4,25	**34**
11 Ve	4:49	2,78	---	12:00	4,42	**31**	17:35	2,68	---	--:--	---	---
12 Sa	1:00	4,33	**31**	6:16	2,79	---	13:23	4,66	**34**	19:03	2,51	---
13 Di	2:08	4,65	**41**	7:39	2,51	---	14:24	5,03	**49**	20:18	2,08	---
14 Lu	2:59	5,04	**59**	8:44	2,03	---	15:13	5,45	**68**	21:14	1,56	---
15 Ma	3:40	5,44	**78**	9:37	1,50	---	15:55	5,86	**86**	22:02	1,06	---
16 Me	4:17	5,78	**95**	10:24	1,03	---	16:33	6,18	**101**	22:48	0,70	---
17 Je ○	4:51	6,02	**107**	11:10	0,69	---	17:10	6,36	**110**	23:32	0,51	---
18 Ve	5:25	6,14	**112**	11:56	0,53	---	17:47	6,37	**112**	--:--	---	---
19 Sa	0:16	0,53	---	5:59	6,11	**111**	12:41	0,58	---	18:24	6,18	**108**
20 Di	1:00	0,75	---	6:34	5,93	**103**	13:28	0,81	---	19:00	5,83	**97**
21 Lu	1:45	1,11	---	7:09	5,64	**89**	14:17	1,19	---	19:37	5,37	**81**
22 Ma	2:33	1,57	---	7:45	5,29	**72**	15:09	1,65	---	20:17	4,89	**63**
23 Me	3:26	2,04	---	8:27	4,90	**54**	16:08	2,10	---	21:13	4,44	**47**
24 Je ●	4:27	2,45	---	9:33	4,55	**40**	17:17	2,44	---	--:--	---	---
25 Ve	0:45	4,33	**35**	5:40	2,68	---	13:13	4,54	**34**	18:37	2,54	---
26 Sa	1:53	4,46	**35**	7:00	2,67	---	14:14	4,70	**38**	19:54	2,39	---
27 Di	2:39	4,66	**43**	7:11	2,46	---	13:57	4,88	**48**	19:52	2,14	---
28 Lu	2:11	4,87	**54**	8:05	2,18	---	14:25	5,07	**59**	20:37	1,89	---
29 Ma	2:35	5,09	**64**	8:47	1,93	---	14:49	5,26	**68**	21:14	1,70	---
30 Me	2:59	5,29	**72**	9:24	1,74	---	15:13	5,42	**75**	21:47	1,56	---
31 Je	3:25	5,45	**78**	9:57	1,60	---	15:39	5,53	**80**	22:17	1,48	---

NOVEMBRE 2024

Date	Heure	Haut.	Coef.	Heure	Haut.	Coef.	Heure	Haut.	Coef.	Heure	Haut.	Coef.
1 Ve ●	3:52	5,56	**81**	10:28	1,51	---	16:06	5,59	**82**	22:46	1,46	---
2 Sa	4:20	5,61	**82**	10:59	1,48	---	16:33	5,59	**82**	23:16	1,50	---
3 Di	4:48	5,61	**81**	11:31	1,51	---	17:00	5,52	**80**	23:46	1,61	---
4 Lu	5:17	5,55	**78**	12:05	1,60	---	17:29	5,38	**75**	--:--	---	---
5 Ma	0:19	1,78	---	5:48	5,41	**72**	12:41	1,75	---	18:01	5,18	**68**
6 Me	0:55	1,99	---	6:23	5,22	**64**	13:20	1,95	---	18:37	4,92	**59**
7 Je	1:37	2,23	---	7:05	4,98	**54**	14:07	2,18	---	19:23	4,62	**49**
8 Ve	2:30	2,46	---	8:10	4,73	**45**	15:05	2,37	---	21:35	4,38	**42**
9 Sa ◐	3:36	2,61	---	10:28	4,67	**40**	16:16	2,44	---	23:30	4,50	**40**
10 Di	4:52	2,58	---	11:47	4,83	**43**	17:33	2,31	---	--:--	---	---
11 Lu	0:36	4,76	**48**	6:05	2,34	---	12:50	5,11	**54**	18:43	1,98	---
12 Ma	1:28	5,08	**61**	7:10	1,96	---	13:43	5,43	**69**	19:42	1,57	---
13 Me	2:12	5,40	**76**	8:06	1,53	---	14:29	5,73	**83**	20:34	1,20	---
14 Je	2:51	5,67	**89**	8:59	1,16	---	15:11	5,96	**94**	21:23	0,93	---
15 Ve ○	3:27	5,87	**98**	9:49	0,90	---	15:51	6,07	**101**	22:09	0,82	---
16 Sa	4:03	5,96	**102**	10:38	0,78	---	16:31	6,03	**102**	22:55	0,86	---
17 Di	4:40	5,94	**101**	11:26	0,82	---	17:10	5,86	**98**	23:41	1,04	---
18 Lu	5:18	5,80	**94**	12:14	1,01	---	17:49	5,58	**89**	--:--	---	---
19 Ma	0:28	1,32	---	5:57	5,58	**83**	13:03	1,30	---	18:29	5,23	**77**
20 Me	1:16	1,67	---	6:37	5,31	**71**	13:53	1,65	---	19:12	4,88	**64**
21 Je	2:07	2,02	---	7:23	5,02	**57**	14:47	2,01	---	20:07	4,58	**51**
22 Ve	3:02	2,33	---	8:23	4,76	**46**	15:46	2,31	---	22:16	4,39	**42**
23 Sa ◑	4:05	2,55	---	10:01	4,58	**39**	16:52	2,48	---	23:51	4,42	**38**
24 Di	5:13	2,62	---	12:05	4,59	**38**	18:01	2,49	---	--:--	---	---
25 Lu	0:44	4,54	**39**	6:18	2,55	---	13:00	4,69	**42**	19:02	2,37	---
26 Ma	1:24	4,71	**45**	7:16	2,40	---	13:40	4,83	**49**	19:52	2,19	---
27 Me	1:57	4,90	**53**	8:04	2,22	---	14:14	4,98	**57**	20:34	2,01	---
28 Je	2:28	5,09	**60**	8:46	2,04	---	14:46	5,13	**64**	21:11	1,86	---
29 Ve	2:59	5,25	**67**	9:24	1,88	---	15:16	5,25	**70**	21:46	1,74	---
30 Sa	3:29	5,39	**72**	10:01	1,74	---	15:46	5,33	**74**	22:19	1,67	---

DÉCEMBRE 2024

Date	Heure	Haut.	Coef.	Heure	Haut.	Coef.	Heure	Haut.	Coef.	Heure	Haut.	Coef.
1 Di ●	4:00	5,49	**75**	10:37	1,64	---	16:17	5,38	**76**	22:53	1,64	---
2 Lu	4:32	5,54	**77**	11:14	1,58	---	16:49	5,37	**77**	23:28	1,67	---
3 Ma	5:06	5,54	**76**	11:52	1,58	---	17:24	5,31	**75**	--:--	---	---
4 Me	0:06	1,74	---	5:43	5,48	**74**	12:32	1,63	---	18:02	5,19	**72**
5 Je	0:47	1,86	---	6:25	5,36	**69**	13:14	1,73	---	18:44	5,03	**67**
6 Ve	1:31	1,99	---	7:15	5,22	**64**	14:01	1,86	---	19:37	4,84	**61**
7 Sa	2:23	2,13	---	8:17	5,07	**58**	14:54	1,98	---	20:53	4,68	**55**
8 Di ◐	3:21	2,22	---	9:40	4,98	**54**	15:54	2,06	---	22:40	4,66	**53**
9 Lu	4:24	2,23	---	11:01	4,98	**53**	16:59	2,05	---	23:56	4,78	**54**
10 Ma	5:30	2,14	---	12:12	5,08	**56**	18:05	1,94	---	--:--	---	---
11 Me	0:57	4,97	**60**	6:35	1,95	---	13:15	5,23	**64**	19:09	1,75	---
12 Je	1:48	5,18	**68**	7:38	1,70	---	14:10	5,40	**72**	20:08	1,53	---
13 Ve	2:33	5,39	**77**	8:38	1,45	---	14:59	5,54	**80**	21:03	1,33	---
14 Sa	3:15	5,56	**84**	9:34	1,23	---	15:45	5,63	**86**	21:54	1,21	---
15 Di ○	3:55	5,68	**88**	10:26	1,10	---	16:29	5,64	**89**	22:42	1,18	---
16 Lu	4:35	5,72	**89**	11:16	1,06	---	17:10	5,57	**89**	23:29	1,24	---
17 Ma	5:15	5,69	**87**	12:04	1,13	---	17:48	5,44	**85**	--:--	---	---
18 Me	0:14	1,38	---	5:54	5,59	**82**	12:50	1,28	---	18:25	5,27	**79**
19 Je	0:59	1,58	---	6:32	5,44	**75**	13:35	1,51	---	19:01	5,07	**71**
20 Ve	1:45	1,81	---	7:12	5,25	**66**	14:21	1,79	---	19:41	4,87	**62**
21 Sa	2:32	2,05	---	7:54	5,04	**57**	15:07	2,06	---	20:26	4,68	**52**
22 Di ◑	3:21	2,28	---	8:42	4,83	**48**	15:58	2,31	---	21:23	4,51	**44**
23 Lu	4:14	2,47	---	9:41	4,63	**41**	16:53	2,49	---	22:46	4,42	**39**
24 Ma	5:11	2,58	---	10:57	4,51	**37**	17:53	2,56	---	--:--	---	---
25 Me	0:19	4,47	**37**	6:11	2,60	---	12:32	4,52	**38**	18:53	2,51	---
26 Je	1:16	4,61	**40**	7:10	2,52	---	13:35	4,62	**43**	19:48	2,38	---
27 Ve	2:00	4,79	**46**	8:04	2,36	---	14:22	4,77	**50**	20:35	2,21	---
28 Sa	2:39	4,99	**54**	8:53	2,16	---	15:02	4,93	**58**	21:18	2,02	---
29 Di	3:15	5,19	**62**	9:37	1,94	---	15:39	5,09	**66**	21:58	1,84	---
30 Lu ●	3:51	5,37	**69**	10:19	1,73	---	16:15	5,23	**72**	22:37	1,69	---
31 Ma	4:27	5,52	**75**	11:00	1,54	---	16:51	5,34	**78**	23:16	1,57	---

Prédictions de marées calculées par le SHOM (autorisation de reproduction n° 55/2011)

Avis important aux lecteurs Les horaires de marées sont exprimés en heure légale et tiennent compte des changements d'heure.

Les pleines mers sont indiquées sur fond jaune | Les basses mers sont indiquées sur fond blanc

JANVIER 2024

Date	Heure	Haut.	Coef.	Heure	Haut.	Coef.	Heure	Haut.	Coef.	Heure	Haut.	Coef.
1 Lu	1:35	1,78	---	7:32	4,74	**61**	14:06	1,79	---	19:57	4,45	**58**
2 Ma	2:15	1,95	---	8:11	4,58	**54**	14:46	1,99	---	20:40	4,29	**51**
3 Me	2:58	2,12	---	8:55	4,41	**47**	15:31	2,16	---	21:35	4,16	**44**
4 Je ◑	3:46	2,27	---	9:50	4,27	**41**	16:22	2,30	---	22:49	4,09	**39**
5 Ve	4:42	2,36	---	11:04	4,18	**38**	17:23	2,36	---	--:--	---	---
6 Sa	0:05	4,15	**38**	5:45	2,37	---	12:24	4,20	**39**	18:27	2,31	---
7 Di	1:07	4,30	**41**	6:49	2,27	---	13:30	4,33	**45**	19:28	2,15	---
8 Lu	1:59	4,51	**49**	7:49	2,06	---	14:26	4,52	**54**	20:22	1,93	---
9 Ma	2:47	4,75	**59**	8:44	1,79	---	15:16	4,73	**65**	21:11	1,67	---
10 Me	3:33	5,00	**70**	9:35	1,47	---	16:03	4,95	**76**	21:58	1,41	---
11 Je ●	4:19	5,24	**80**	10:23	1,17	---	16:48	5,13	**85**	22:44	1,18	---
12 Ve	5:04	5,44	**89**	11:11	0,92	---	17:33	5,24	**92**	23:29	1,00	---
13 Sa	5:50	5,56	**95**	11:57	0,76	---	18:17	5,26	**96**	--:--	---	---
14 Di	0:15	0,92	---	6:37	5,59	**97**	12:43	0,72	---	19:03	5,19	**96**
15 Lu	1:02	0,94	---	7:24	5,50	**94**	13:30	0,82	---	19:49	5,02	**91**
16 Ma	1:51	1,06	---	8:12	5,31	**87**	14:18	1,03	---	20:38	4,78	**82**
17 Me	2:42	1,27	---	9:04	5,04	**76**	15:09	1,32	---	21:35	4,53	**70**
18 Je ◐	3:37	1,53	---	10:05	4,73	**64**	16:06	1,64	---	22:54	4,34	**59**
19 Ve	4:38	1,78	---	11:23	4,48	**54**	17:09	1,91	---	--:--	---	---
20 Sa	0:20	4,28	**50**	5:46	1,96	---	12:47	4,37	**43**	18:21	2,05	---
21 Di	1:32	4,35	**47**	7:00	2,00	---	14:00	4,39	**43**	19:33	2,03	---
22 Lu	2:31	4,49	**51**	8:11	1,89	---	14:58	4,49	**54**	20:36	1,88	---
23 Ma	3:18	4,67	**58**	9:11	1,70	---	15:44	4,63	**62**	21:28	1,70	---
24 Me	3:58	4,84	**66**	10:01	1,51	---	16:21	4,75	**70**	22:12	1,53	---
25 Je ○	4:32	4,98	**73**	10:43	1,35	---	16:54	4,86	**75**	22:51	1,40	---
26 Ve	5:04	5,08	**78**	11:21	1,25	---	17:24	4,93	**79**	23:27	1,32	---
27 Sa	5:34	5,13	**80**	11:56	1,22	---	17:53	4,96	**81**	--:--	---	---
28 Di	0:00	1,31	---	6:03	5,13	**80**	12:29	1,25	---	18:21	4,93	**80**
29 Lu	0:34	1,35	---	6:32	5,07	**78**	13:01	1,34	---	18:49	4,85	**76**
30 Ma	1:07	1,44	---	7:01	4,97	**74**	13:32	1,49	---	19:19	4,72	**71**
31 Me	1:40	1,58	---	7:31	4,81	**67**	14:05	1,67	---	19:51	4,56	**64**

FÉVRIER 2024

Date	Heure	Haut.	Coef.	Heure	Haut.	Coef.	Heure	Haut.	Coef.	Heure	Haut.	Coef.
1 Je	2:15	1,77	---	8:04	4,62	**59**	14:40	1,88	---	20:28	4,38	**55**
2 Ve	2:55	1,97	---	8:42	4,41	**50**	15:21	2,10	---	21:18	4,18	**46**
3 Sa ◑	3:42	2,18	---	9:36	4,18	**42**	16:13	2,30	---	22:43	4,05	**38**
4 Di	4:41	2,34	---	11:10	4,03	**35**	17:21	2,43	---	--:--	---	---
5 Lu	0:22	4,10	**34**	5:55	2,37	---	12:57	4,08	**36**	18:42	2,38	---
6 Ma	1:34	4,31	**39**	7:15	2,21	---	14:10	4,31	**45**	19:55	2,13	---
7 Me	2:31	4,61	**52**	8:23	1,86	---	15:07	4,62	**59**	20:54	1,76	---
8 Je	3:22	4,97	**67**	9:20	1,43	---	15:55	4,94	**76**	21:44	1,34	---
9 Ve	4:09	5,32	**83**	10:09	0,99	---	16:39	5,23	**91**	22:30	0,96	---
10 Sa ●	4:53	5,63	**97**	10:56	0,63	---	17:21	5,44	**103**	23:15	0,66	---
11 Di	5:36	5,83	**107**	11:41	0,41	---	18:01	5,53	**109**	--:--	---	---
12 Lu	0:00	0,50	---	6:19	5,87	**110**	12:26	0,36	---	18:41	5,46	**110**
13 Ma	0:45	0,51	---	7:01	5,75	**107**	13:10	0,50	---	19:21	5,26	**103**
14 Me	1:30	0,68	---	7:43	5,46	**97**	13:54	0,80	---	19:59	4,96	**90**
15 Je	2:17	0,99	---	8:26	5,06	**83**	14:41	1,21	---	20:40	4,61	**74**
16 Ve ◐	3:08	1,39	---	9:16	4,62	**65**	15:32	1,67	---	21:36	4,27	**56**
17 Sa	4:07	1,81	---	10:39	4,22	**48**	16:34	2,08	---	23:50	4,07	**42**
18 Di	5:17	2,13	---	12:36	4,06	**37**	17:50	2,33	---	--:--	---	---
19 Lu	1:22	4,14	**35**	6:42	2,23	---	13:58	4,13	**37**	19:16	2,31	---
20 Ma	2:27	4,33	**41**	8:05	2,08	---	14:56	4,31	**46**	20:27	2,08	---
21 Me	3:13	4,56	**52**	9:04	1,80	---	15:36	4,51	**58**	21:18	1,80	---
22 Je	3:48	4,77	**63**	9:49	1,54	---	16:07	4,70	**68**	21:59	1,54	---
23 Ve	4:18	4,95	**73**	10:27	1,32	---	16:35	4,87	**77**	22:35	1,34	---
24 Sa ○	4:45	5,09	**80**	11:00	1,18	---	17:01	5,00	**82**	23:07	1,21	---
25 Di	5:11	5,18	**84**	11:31	1,11	---	17:26	5,07	**86**	23:37	1,14	---
26 Lu	5:37	5,22	**86**	12:01	1,10	---	17:52	5,09	**86**	--:--	---	---
27 Ma	0:08	1,14	---	6:03	5,20	**86**	12:29	1,17	---	18:18	5,04	**84**
28 Me	0:37	1,20	---	6:29	5,11	**82**	12:58	1,29	---	18:45	4,94	**79**
29 Je	1:07	1,33	---	6:57	4,96	**76**	13:27	1,47	---	19:14	4,78	**72**

MARS 2024

Date	Heure	Haut.	Coef.	Heure	Haut.	Coef.	Heure	Haut.	Coef.	Heure	Haut.	Coef.
1 Ve	1:40	1,52	---	7:26	4,75	**67**	13:59	1,69	---	19:46	4,57	**62**
2 Sa	2:16	1,75	---	7:59	4,49	**57**	14:36	1,96	---	20:27	4,32	**51**
3 Di ◑	3:00	2,01	---	8:45	4,20	**45**	15:24	2,24	---	21:38	4,08	**40**
4 Lu	3:56	2,26	---	10:19	3,94	**35**	16:31	2,47	---	23:45	4,02	**31**
5 Ma	5:14	2,38	---	12:38	3,97	**31**	18:05	2,49	---	--:--	---	---
6 Me	1:11	4,24	**35**	6:50	2,23	---	13:56	4,26	**42**	19:34	2,20	---
7 Je	2:14	4,61	**50**	8:06	1,81	---	14:53	4,64	**60**	20:36	1,72	---
8 Ve	3:06	5,03	**70**	9:02	1,29	---	15:39	5,03	**80**	21:26	1,22	---
9 Sa	3:51	5,44	**89**	9:50	0,80	---	16:20	5,36	**97**	22:11	0,76	---
10 Di ●	4:34	5,77	**104**	10:36	0,43	---	16:59	5,59	**110**	22:56	0,43	---
11 Lu	5:15	5,96	**114**	11:19	0,23	---	17:37	5,68	**116**	23:39	0,27	---
12 Ma	5:55	5,97	**117**	12:02	0,24	---	18:15	5,60	**115**	--:--	---	---
13 Me	0:23	0,32	---	6:35	5,78	**111**	12:45	0,45	---	18:51	5,37	**106**
14 Je	1:07	0,55	---	7:14	5,42	**99**	13:27	0,83	---	19:25	5,04	**90**
15 Ve	1:52	0,94	---	7:53	4,95	**82**	14:13	1,30	---	19:58	4,66	**72**
16 Sa	2:42	1,42	---	8:35	4,46	**62**	15:03	1,80	---	20:39	4,28	**52**
17 Di ◐	3:39	1,90	---	9:57	4,02	**44**	16:02	2,24	---	23:20	3,99	**36**
18 Lu	4:52	2,26	---	12:25	3,90	**31**	17:22	2,50	---	--:--	---	---
19 Ma	1:03	4,07	**30**	6:24	2,35	---	13:43	4,03	**32**	18:56	2,45	---
20 Me	2:08	4,27	**37**	7:49	2,14	---	14:36	4,25	**43**	20:08	2,17	---
21 Je	2:53	4,50	**50**	8:44	1,84	---	15:13	4,48	**56**	20:57	1,86	---
22 Ve	3:25	4,71	**62**	9:25	1,57	---	15:41	4,69	**67**	21:35	1,58	---
23 Sa	3:52	4,90	**72**	10:00	1,35	---	16:06	4,88	**76**	22:09	1,36	---
24 Di	4:18	5,06	**80**	10:31	1,20	---	16:31	5,03	**83**	22:40	1,20	---
25 Lu ○	4:43	5,17	**85**	11:01	1,11	---	16:56	5,12	**87**	23:09	1,11	---
26 Ma	5:08	5,23	**88**	11:29	1,09	---	17:22	5,17	**88**	23:39	1,09	---
27 Me	5:33	5,21	**87**	11:57	1,13	---	17:48	5,14	**86**	--:--	---	---
28 Je	0:08	1,13	---	6:00	5,13	**85**	12:25	1,25	---	18:16	5,06	**82**
29 Ve	0:39	1,24	---	6:27	4,98	**79**	12:55	1,42	---	18:45	4,90	**75**
30 Sa	1:12	1,42	---	6:58	4,76	**70**	13:28	1,65	---	19:19	4,68	**65**
31 Di	1:49	1,65	---	8:34	4,48	**59**	15:07	1,93	---	21:04	4,42	**53**

Nota : sur la côte atlantique, de La Baule au Pertuis d'Antioche, il existe lors des marées de morte-eau les plus faibles, un phénomène de tenue du plein. Il s'agit d'une longue étale de pleine mer pendant laquelle le niveau de l'eau ne varie que très lentement, ce qui rend imprécise la détermination de l'instant de pleine mer. Cette imprécision n'a aucune conséquence pour la navigation car sur une plage horaire de 3 heures encadrant la pleine mer, la variation du niveau de la mer reste, en morte-eau, inférieure à 20 cm.

Avis important aux lecteurs Les horaires de marées sont exprimés en heure légale et tiennent compte des changements d'heure.

Les pleines mers sont indiquées sur fond jaune | Les basses mers sont indiquées sur fond blanc

AVRIL 2024

Date	Heure	Haut.	Coef.	Heure	Haut.	Coef.	Heure	Haut.	Coef.	Heure	Haut.	Coef.
1 Lu	3:34	1,92	---	9:26	4,16	**47**	15:56	2,23	---	22:20	4,16	**41**
2 Ma ◑	4:32	2,18	---	11:18	3,92	**36**	17:06	2,46	---	--:--	---	---
3 Me	0:20	4,11	**33**	5:53	2,30	---	13:24	4,02	**33**	18:43	2,45	---
4 Je	1:47	4,33	**38**	7:30	2,11	---	14:36	4,33	**45**	20:10	2,12	---
5 Ve	2:51	4,70	**54**	8:43	1,67	---	15:30	4,72	**64**	21:11	1,63	---
6 Sa	3:43	5,10	**73**	9:38	1,18	---	16:15	5,09	**83**	22:01	1,13	---
7 Di	4:28	5,48	**91**	10:26	0,74	---	16:55	5,39	**99**	22:48	0,71	---
8 Lu ●	5:11	5,75	**105**	11:11	0,45	---	17:34	5,58	**109**	23:33	0,42	---
9 Ma	5:52	5,87	**112**	11:54	0,33	---	18:11	5,64	**113**	--:--	---	---
10 Me	0:17	0,32	---	6:31	5,81	**112**	12:37	0,41	---	18:48	5,54	**109**
11 Je	1:01	0,42	---	7:11	5,58	**105**	13:20	0,66	---	19:24	5,32	**99**
12 Ve	1:45	0,69	---	7:49	5,21	**93**	14:02	1,04	---	19:58	5,01	**85**
13 Sa	2:31	1,08	---	8:28	4,77	**76**	14:47	1,48	---	20:33	4,66	**67**
14 Di	3:20	1,53	---	9:12	4,32	**58**	15:37	1,93	---	21:18	4,32	**49**
15 Lu ◐	4:16	1,96	---	10:39	3,96	**42**	16:36	2,30	---	23:28	4,05	**35**
16 Ma	5:26	2,28	---	12:53	3,88	**31**	17:51	2,52	---	--:--	---	---
17 Me	1:20	4,07	**30**	6:53	2,36	---	14:06	4,00	**32**	19:19	2,48	---
18 Je	2:27	4,21	**36**	8:13	2,20	---	14:58	4,21	**41**	20:30	2,25	---
19 Ve	3:15	4,40	**47**	9:08	1,94	---	15:34	4,42	**52**	21:20	1,97	---
20 Sa	3:50	4,60	**58**	9:49	1,70	---	16:04	4,63	**62**	22:00	1,72	---
21 Di	4:19	4,78	**67**	10:24	1,49	---	16:31	4,81	**71**	22:34	1,50	---
22 Lu	4:45	4,93	**75**	10:56	1,34	---	16:57	4,97	**78**	23:07	1,34	---
23 Ma	5:12	5,05	**80**	11:26	1,24	---	17:25	5,08	**82**	23:38	1,23	---
24 Me ○	5:39	5,11	**83**	11:56	1,20	---	17:53	5,14	**84**	--:--	---	---
25 Je	0:10	1,17	---	6:07	5,11	**84**	12:26	1,23	---	18:22	5,14	**84**
26 Ve	0:42	1,18	---	6:36	5,04	**82**	12:57	1,32	---	18:53	5,07	**80**
27 Sa	1:16	1,26	---	7:08	4,89	**77**	13:31	1,47	---	19:28	4,93	**74**
28 Di	1:53	1,40	---	7:43	4,69	**70**	14:08	1,68	---	20:09	4,73	**65**
29 Lu	2:34	1,60	---	8:28	4,43	**60**	14:52	1,93	---	21:04	4,51	**55**
30 Ma	3:23	1,83	---	9:34	4,17	**49**	15:47	2,17	---	22:24	4,33	**45**

MAI 2024

Date	Heure	Haut.	Coef.	Heure	Haut.	Coef.	Heure	Haut.	Coef.	Heure	Haut.	Coef.
1 Me ◑	4:24	2,02	---	11:24	4,04	**42**	16:59	2,31	---	23:59	4,33	**40**
2 Je	5:41	2,08	---	13:01	4,17	**42**	18:23	2,24	---	--:--	---	---
3 Ve	1:17	4,50	**46**	7:05	1,90	---	14:08	4,44	**52**	19:39	1,95	---
4 Sa	2:21	4,78	**59**	8:13	1,56	---	15:02	4,75	**67**	20:40	1,55	---
5 Di	3:16	5,08	**74**	9:09	1,19	---	15:47	5,04	**81**	21:33	1,16	---
6 Lu	4:04	5,34	**87**	9:59	0,89	---	16:29	5,26	**93**	22:23	0,85	---
7 Ma	4:48	5,50	**97**	10:45	0,70	---	17:09	5,40	**99**	23:10	0,65	---
8 Me ●	5:30	5,55	**101**	11:30	0,66	---	17:48	5,42	**101**	23:56	0,61	---
9 Je	6:12	5,46	**100**	12:13	0,76	---	18:26	5,35	**97**	--:--	---	---
10 Ve	0:42	0,71	---	6:52	5,24	**93**	12:57	0,98	---	19:04	5,17	**89**
11 Sa	1:27	0,94	---	7:32	4,95	**84**	13:41	1,28	---	19:43	4,94	**77**
12 Di	2:13	1,25	---	8:14	4,62	**71**	14:25	1,61	---	20:23	4,68	**64**
13 Lu	3:01	1,59	---	9:01	4,30	**58**	15:14	1,94	---	21:14	4,42	**51**
14 Ma	3:54	1,91	---	10:09	4,05	**45**	16:10	2,22	---	22:30	4,20	**40**
15 Me ◐	4:54	2,16	---	11:48	3,94	**37**	17:15	2,39	---	--:--	---	---
16 Je	0:07	4,12	**35**	6:03	2,28	---	13:03	3,99	**34**	18:26	2,42	---
17 Ve	1:19	4,16	**36**	7:14	2,24	---	13:59	4,13	**38**	19:32	2,31	---
18 Sa	2:16	4,27	**42**	8:14	2,10	---	14:43	4,30	**46**	20:28	2,13	---
19 Di	3:00	4,41	**50**	9:01	1,91	---	15:20	4,48	**54**	21:13	1,92	---
20 Lu	3:37	4,57	**58**	9:41	1,73	---	15:52	4,66	**62**	21:53	1,73	---
21 Ma	4:10	4,71	**66**	10:17	1,57	---	16:24	4,83	**69**	22:31	1,55	---
22 Me	4:42	4,83	**72**	10:51	1,45	---	16:56	4,96	**74**	23:07	1,41	---
23 Je ○	5:14	4,91	**76**	11:25	1,38	---	17:29	5,04	**77**	23:44	1,31	---
24 Ve	5:48	4,93	**78**	12:00	1,36	---	18:04	5,07	**79**	--:--	---	---
25 Sa	0:21	1,26	---	6:23	4,90	**78**	12:36	1,39	---	18:41	5,05	**78**
26 Di	1:01	1,27	---	7:02	4,81	**76**	13:16	1,48	---	19:24	4,97	**74**
27 Lu	1:42	1,33	---	7:45	4,67	**71**	13:59	1,61	---	20:13	4,85	**69**
28 Ma	2:28	1,45	---	8:37	4,49	**65**	14:47	1,77	---	21:11	4,71	**62**
29 Me	3:19	1,59	---	9:44	4,33	**59**	15:43	1,91	---	22:18	4,61	**56**
30 Je ◑	4:17	1,71	---	11:06	4,26	**54**	16:48	1,98	---	23:32	4,58	**53**
31 Ve	5:23	1,77	---	12:27	4,31	**53**	17:58	1,94	---	--:--	---	---

JUIN 2024

Date	Heure	Haut.	Coef.	Heure	Haut.	Coef.	Heure	Haut.	Coef.	Heure	Haut.	Coef.
1 Sa	0:43	4,64	**55**	6:33	1,71	---	13:34	4,47	**57**	19:06	1,79	---
2 Di	1:49	4,76	**61**	7:39	1,56	---	14:31	4,66	**65**	20:09	1,56	---
3 Lu	2:48	4,90	**69**	8:39	1,38	---	15:22	4,85	**73**	21:07	1,33	---
4 Ma	3:42	5,02	**77**	9:33	1,21	---	16:07	5,00	**80**	22:01	1,14	---
5 Me	4:31	5,10	**82**	10:23	1,10	---	16:51	5,11	**84**	22:52	1,01	---
6 Je ●	5:17	5,12	**85**	11:11	1,07	---	17:32	5,15	**86**	23:41	0,97	---
7 Ve	6:00	5,07	**85**	11:56	1,12	---	18:13	5,13	**84**	--:--	---	---
8 Sa	0:28	1,01	---	6:42	4,95	**82**	12:39	1,23	---	18:53	5,05	**80**
9 Di	1:13	1,13	---	7:22	4,79	**77**	13:23	1,40	---	19:33	4,92	**74**
10 Lu	1:58	1,31	---	8:02	4,60	**70**	14:07	1,60	---	20:13	4,75	**66**
11 Ma	2:42	1,52	---	8:42	4,42	**62**	14:52	1,81	---	20:56	4,58	**58**
12 Me	3:27	1,75	---	9:27	4,25	**54**	15:39	2,01	---	21:44	4,40	**50**
13 Je	4:15	1,96	---	10:23	4,11	**46**	16:30	2,17	---	22:41	4,26	**43**
14 Ve ◐	5:08	2,13	---	11:32	4,03	**41**	17:27	2,28	---	23:48	4,16	**39**
15 Sa	6:06	2,23	---	12:42	4,05	**38**	18:27	2,31	---	--:--	---	---
16 Di	0:56	4,15	**39**	7:06	2,22	---	13:42	4,15	**40**	19:25	2,26	---
17 Lu	1:57	4,21	**42**	8:02	2,14	---	14:31	4,29	**45**	20:20	2,13	---
18 Ma	2:49	4,31	**48**	8:52	2,00	---	15:14	4,47	**51**	21:10	1,96	---
19 Me	3:34	4,45	**55**	9:37	1,84	---	15:54	4,64	**59**	21:56	1,77	---
20 Je	4:17	4,59	**62**	10:19	1,68	---	16:33	4,81	**66**	22:40	1,57	---
21 Ve	4:58	4,71	**69**	11:00	1,54	---	17:13	4,96	**72**	23:23	1,39	---
22 Sa ○	5:38	4,81	**74**	11:41	1,42	---	17:54	5,06	**76**	--:--	---	---
23 Di	0:06	1,24	---	6:20	4,87	**78**	12:23	1,34	---	18:37	5,13	**80**
24 Lu	0:49	1,13	---	7:03	4,88	**80**	13:06	1,31	---	19:23	5,15	**81**
25 Ma	1:34	1,09	---	7:48	4,83	**80**	13:51	1,33	---	20:12	5,11	**79**
26 Me	2:20	1,12	---	8:37	4,73	**78**	14:39	1,40	---	21:03	5,03	**76**
27 Je	3:09	1,21	---	9:31	4,60	**73**	15:31	1,50	---	21:58	4,91	**70**
28 Ve ◑	4:01	1,34	---	10:32	4,48	**67**	16:28	1,60	---	22:59	4,77	**65**
29 Sa	4:57	1,50	---	11:44	4,39	**62**	17:29	1,69	---	--:--	---	---
30 Di	0:07	4,65	**60**	5:59	1,64	---	12:58	4,39	**58**	18:34	1,73	---

Prédictions de marées calculées par le SHOM (autorisation de reproduction n° 55/2011)

Marées des Sables-d'Olonnes • 3e trim. 2024

Avis important aux lecteurs Les horaires de marées sont exprimés en heure légale et tiennent compte des changements d'heure.

Les pleines mers sont indiquées sur fond jaune — Les basses mers sont indiquées sur fond blanc

JUILLET 2024

Date	Heure	Haut.	Coef.	Heure	Haut.	Coef.	Heure	Haut.	Coef.	Heure	Haut.	Coef.
1 Lu	1:19	4,59	58	7:05	1,70	---	14:05	4,47	58	19:40	1,70	---
2 Ma	2:28	4,59	59	8:11	1,69	---	15:05	4,59	60	20:46	1,61	---
3 Me	3:30	4,65	63	9:13	1,60	---	15:57	4,73	65	21:47	1,47	---
4 Je	4:25	4,72	68	10:09	1,49	---	16:44	4,87	70	22:43	1,33	---
5 Ve	5:12	4,79	72	10:59	1,39	---	17:26	4,97	74	23:33	1,22	---
6 Sa ●	5:54	4,83	76	11:45	1,33	---	18:06	5,02	77	--:--	---	---
7 Di	0:18	1,16	---	6:32	4,83	78	12:27	1,32	---	18:42	5,03	78
8 Lu	1:00	1,17	---	7:07	4,80	77	13:07	1,36	---	19:17	4,99	76
9 Ma	1:40	1,24	---	7:39	4,72	75	13:46	1,45	---	19:50	4,90	72
10 Me	2:18	1,37	---	8:11	4,62	70	14:25	1,58	---	20:24	4,77	67
11 Je	2:55	1,55	---	8:45	4,49	64	15:03	1,75	---	21:00	4,61	60
12 Ve	3:33	1,75	---	9:22	4,34	56	15:44	1,93	---	21:38	4,44	53
13 Sa	4:13	1,95	---	10:06	4,19	49	16:29	2,11	---	22:24	4,26	45
14 Di ◐	4:59	2,14	---	11:06	4,06	42	17:21	2,26	---	23:24	4,11	39
15 Lu	5:53	2,28	---	12:27	4,03	37	18:20	2,34	---	--:--	---	---
16 Ma	0:44	4,04	36	6:56	2,33	---	13:41	4,11	37	19:25	2,31	---
17 Me	2:02	4,09	38	8:02	2,26	---	14:40	4,28	41	20:29	2,17	---
18 Je	3:06	4,23	45	9:02	2,09	---	15:30	4,50	50	21:27	1,94	---
19 Ve	3:59	4,42	55	9:54	1,86	---	16:17	4,74	60	22:18	1,65	---
20 Sa	4:47	4,64	65	10:41	1,60	---	17:01	4,98	71	23:06	1,34	---
21 Di ○	5:31	4,85	76	11:26	1,34	---	17:45	5,21	81	23:52	1,06	---
22 Lu	6:13	5,02	85	12:09	1,12	---	18:28	5,38	89	--:--	---	---
23 Ma	0:36	0,84	---	6:55	5,12	92	12:53	0,97	---	19:12	5,48	94
24 Me	1:20	0,72	---	7:37	5,14	95	13:37	0,91	---	19:57	5,47	94
25 Je	2:04	0,72	---	8:19	5,05	93	14:23	0,96	---	20:42	5,34	91
26 Ve	2:50	0,85	---	9:03	4,88	87	15:11	1,11	---	21:30	5,12	82
27 Sa	3:38	1,09	---	9:52	4,65	77	16:02	1,34	---	22:23	4,83	71
28 Di ◑	4:29	1,40	---	10:54	4,41	65	17:00	1,61	---	23:31	4,53	59
29 Lu	5:27	1,72	---	12:24	4,26	54	18:06	1,84	---	--:--	---	---
30 Ma	0:58	4,33	50	6:35	1,96	---	13:52	4,27	47	19:19	1,95	---
31 Me	2:21	4,28	47	7:51	2,04	---	15:01	4,41	48	20:36	1,89	---

AOÛT 2024

Date	Heure	Haut.	Coef.	Heure	Haut.	Coef.	Heure	Haut.	Coef.	Heure	Haut.	Coef.
1 Je	3:31	4,37	51	9:03	1,93	---	15:57	4,60	55	21:44	1,70	---
2 Ve	4:25	4,51	59	10:03	1,73	---	16:42	4,78	63	22:38	1,48	---
3 Sa	5:07	4,66	67	10:52	1,53	---	17:19	4,94	71	23:24	1,29	---
4 Di ●	5:42	4,79	75	11:34	1,37	---	17:52	5,05	77	--:--	---	---
5 Lu	0:05	1,16	---	6:13	4,87	79	12:12	1,27	---	18:22	5,11	81
6 Ma	0:41	1,11	---	6:41	4,92	81	12:47	1,24	---	18:51	5,12	82
7 Me	1:15	1,14	---	7:09	4,91	81	13:21	1,27	---	19:19	5,07	80
8 Je	1:48	1,24	---	7:36	4,85	78	13:53	1,38	---	19:47	4,96	76
9 Ve	2:19	1,39	---	8:04	4,74	73	14:26	1,53	---	20:16	4,81	69
10 Sa	2:50	1,58	---	8:34	4,58	65	15:00	1,73	---	20:47	4,61	61
11 Di	3:23	1,81	---	9:08	4,40	57	15:38	1,95	---	21:23	4,38	52
12 Lu ◐	4:01	2,04	---	9:51	4,20	47	16:22	2,18	---	22:09	4,14	42
13 Ma	4:48	2,28	---	11:00	4,02	38	17:19	2,37	---	23:29	3,95	34
14 Me	5:51	2,46	---	12:53	4,00	32	18:32	2,45	---	--:--	---	---
15 Je	1:27	3,94	32	7:14	2,48	---	14:12	4,18	34	19:55	2,33	---
16 Ve	2:46	4,12	38	8:34	2,28	---	15:11	4,46	45	21:05	2,01	---
17 Sa	3:45	4,41	52	9:34	1,94	---	16:01	4,80	60	22:00	1,60	---
18 Di	4:33	4,73	68	10:23	1,54	---	16:46	5,15	75	22:48	1,17	---
19 Lu ○	5:15	5,03	83	11:08	1,15	---	17:28	5,47	90	23:33	0,79	---
20 Ma	5:55	5,28	96	11:51	0,82	---	18:10	5,71	101	--:--	---	---
21 Me	0:16	0,52	---	6:35	5,43	105	12:34	0,61	---	18:51	5,81	107
22 Je	0:59	0,40	---	7:14	5,45	108	13:17	0,54	---	19:33	5,76	107
23 Ve	1:42	0,46	---	7:53	5,33	104	14:01	0,65	---	20:15	5,54	100
24 Sa	2:25	0,69	---	8:32	5,09	94	14:47	0,91	---	20:59	5,18	88
25 Di	3:11	1,06	---	9:12	4,76	80	15:37	1,28	---	21:47	4,75	71
26 Lu ◑	4:01	1,50	---	10:03	4,41	62	16:34	1,70	---	22:59	4,32	54
27 Ma	4:58	1,93	---	12:00	4,15	46	17:42	2,05	---	--:--	---	---
28 Me	0:56	4,09	41	6:10	2,25	---	13:49	4,18	37	19:07	2,20	---
29 Je	2:25	4,12	37	7:37	2,31	---	15:01	4,37	41	20:34	2,07	---
30 Ve	3:30	4,29	45	8:57	2,11	---	15:53	4,61	52	21:39	1,78	---
31 Sa	4:16	4,50	57	9:54	1,82	---	16:31	4,82	63	22:27	1,50	---

SEPTEMBRE 2024

Date	Heure	Haut.	Coef.	Heure	Haut.	Coef.	Heure	Haut.	Coef.	Heure	Haut.	Coef.
1 Di	4:50	4,69	68	10:38	1,55	---	17:01	4,99	73	23:07	1,28	---
2 Lu	5:18	4,86	77	11:16	1,34	---	17:28	5,13	80	23:43	1,15	---
3 Ma ●	5:44	4,99	83	11:50	1,21	---	17:54	5,21	85	--:--	---	---
4 Me	0:15	1,09	---	6:09	5,06	86	12:22	1,16	---	18:19	5,24	86
5 Je	0:45	1,11	---	6:35	5,08	86	12:52	1,19	---	18:45	5,20	85
6 Ve	1:14	1,19	---	7:00	5,04	83	13:21	1,28	---	19:11	5,10	81
7 Sa	1:42	1,33	---	7:27	4,94	78	13:51	1,42	---	19:37	4,94	75
8 Di	2:10	1,52	---	7:54	4,79	71	14:22	1,62	---	20:05	4,72	66
9 Lu	2:41	1,75	---	8:24	4,59	61	14:57	1,86	---	20:36	4,46	56
10 Ma	3:16	2,02	---	9:02	4,35	50	15:39	2,13	---	21:19	4,18	44
11 Me ◐	4:00	2,30	---	10:04	4,10	39	16:33	2,38	---	22:43	3,91	33
12 Je	5:02	2,55	---	12:14	4,01	29	17:51	2,52	---	--:--	---	---
13 Ve	1:09	3,91	28	6:35	2,61	---	13:47	4,20	31	19:29	2,39	---
14 Sa	2:28	4,16	37	8:09	2,36	---	14:50	4,55	45	20:44	1,99	---
15 Di	3:25	4,52	54	9:11	1,92	---	15:40	4,95	64	21:38	1,49	---
16 Lu	4:11	4,90	74	10:00	1,44	---	16:24	5,36	83	22:24	1,00	---
17 Ma	4:52	5,25	91	10:44	0,98	---	17:06	5,71	99	23:08	0,60	---
18 Me ○	5:31	5,52	105	11:27	0,61	---	17:46	5,93	110	23:51	0,36	---
19 Je	6:09	5,66	113	12:10	0,41	---	18:27	5,99	115	--:--	---	---
20 Ve	0:34	0,30	---	6:47	5,65	114	12:54	0,39	---	19:07	5,86	112
21 Sa	1:16	0,45	---	7:25	5,49	107	13:38	0,57	---	19:48	5,55	102
22 Di	1:59	0,77	---	8:02	5,19	94	14:24	0,92	---	20:30	5,10	86
23 Lu	2:45	1,21	---	8:40	4,82	77	15:14	1,38	---	21:18	4,60	67
24 Ma ◑	3:35	1,71	---	9:26	4,43	57	16:12	1,86	---	22:44	4,15	48
25 Me	4:33	2,16	---	11:54	4,14	40	17:24	2,23	---	--:--	---	---
26 Je	0:57	4,01	35	5:49	2,45	---	13:38	4,21	33	18:56	2,34	---
27 Ve	2:16	4,12	34	7:22	2,46	---	14:46	4,41	39	20:22	2,14	---
28 Sa	3:13	4,32	45	8:40	2,20	---	15:34	4,63	51	21:20	1,84	---
29 Di	3:53	4,54	57	9:33	1,89	---	16:08	4,83	64	22:04	1,56	---
30 Lu	4:21	4,74	69	10:15	1,61	---	16:35	5,00	73	22:40	1,36	---

Nota : sur la côte atlantique, de La Baule au Pertuis d'Antioche, il existe lors des marées de morte-eau les plus faibles, un phénomène de tenue du plein. Il s'agit d'une longue étale de pleine mer pendant laquelle le niveau de l'eau ne varie que très lentement, ce qui rend imprécise la détermination de l'instant de pleine mer. Cette imprécision n'a aucune conséquence pour la navigation car sur une plage horaire de 3 heures encadrant la pleine mer, la variation du niveau de la mer reste, en morte-eau, inférieure à 20 cm.

Avis important aux lecteurs Les horaires de marées sont exprimés en heure légale et tiennent compte des changements d'heure.

Les pleines mers sont indiquées sur fond jaune — Les basses mers sont indiquées sur fond blanc

OCTOBRE 2024

Date	Heure	Haut.	Coef.	Heure	Haut.	Coef.	Heure	Haut.	Coef.	Heure	Haut.	Coef.
1 Ma	4:46	4,92	**77**	10:50	1,40	---	16:59	5,14	**81**	23:13	1,22	---
2 Me ●	5:11	5,06	**83**	11:23	1,27	---	17:24	5,24	**85**	23:44	1,17	---
3 Je	5:36	5,15	**86**	11:52	1,22	---	17:48	5,27	**87**	--:--	---	---
4 Ve	0:12	1,18	---	6:02	5,19	**86**	12:22	1,22	---	18:14	5,24	**86**
5 Sa	0:40	1,25	---	6:28	5,16	**84**	12:51	1,29	---	18:39	5,14	**82**
6 Di	1:08	1,38	---	6:55	5,07	**80**	13:21	1,42	---	19:06	4,97	**76**
7 Lu	1:37	1,56	---	7:24	4,92	**72**	13:53	1,60	---	19:34	4,76	**68**
8 Ma	2:09	1,79	---	7:56	4,71	**63**	14:29	1,83	---	20:07	4,49	**57**
9 Me	2:46	2,06	---	8:37	4,47	**52**	15:12	2,10	---	20:55	4,19	**45**
10 Je ◐	3:32	2,34	---	9:46	4,22	**40**	16:07	2,35	---	22:37	3,95	**34**
11 Ve	4:37	2,56	---	11:46	4,14	**31**	17:25	2,48	---	--:--	---	---
12 Sa	0:51	4,01	**31**	6:09	2,60	---	13:18	4,33	**34**	19:03	2,32	---
13 Di	2:04	4,30	**41**	7:38	2,32	---	14:21	4,68	**49**	20:16	1,90	---
14 Lu	2:58	4,66	**59**	8:41	1,86	---	15:13	5,08	**68**	21:10	1,41	---
15 Ma	3:43	5,03	**78**	9:31	1,37	---	15:59	5,46	**86**	21:57	0,95	---
16 Me	4:24	5,36	**95**	10:17	0,93	---	16:41	5,76	**101**	22:41	0,61	---
17 Je ○	5:04	5,60	**107**	11:03	0,60	---	17:23	5,93	**110**	23:25	0,44	---
18 Ve	5:43	5,71	**112**	11:47	0,45	---	18:04	5,92	**112**	--:--	---	---
19 Sa	0:09	0,46	---	6:22	5,67	**111**	12:32	0,48	---	18:46	5,73	**108**
20 Di	0:52	0,65	---	7:01	5,49	**103**	13:18	0,70	---	19:28	5,39	**97**
21 Lu	1:36	1,00	---	7:40	5,20	**89**	14:05	1,07	---	20:11	4,95	**81**
22 Ma	2:23	1,42	---	8:21	4,84	**72**	14:56	1,51	---	21:03	4,49	**63**
23 Me	3:13	1,87	---	9:14	4,49	**54**	15:54	1,94	---	22:40	4,12	**47**
24 Je ●	4:13	2,26	---	11:25	4,24	**40**	17:03	2,27	---	--:--	---	---
25 Ve	0:33	4,03	**35**	5:26	2,49	---	13:03	4,25	**34**	18:28	2,37	---
26 Sa	1:44	4,14	**35**	6:50	2,49	---	14:10	4,39	**38**	19:48	2,22	---
27 Di	2:37	4,31	**43**	7:03	2,29	---	13:58	4,56	**48**	19:46	1,98	---
28 Lu	2:15	4,51	**54**	7:58	2,03	---	14:33	4,73	**59**	20:29	1,75	---
29 Ma	2:45	4,70	**64**	8:41	1,79	---	15:02	4,89	**68**	21:06	1,56	---
30 Me	3:12	4,88	**72**	9:17	1,60	---	15:28	5,02	**75**	21:39	1,43	---
31 Je	3:39	5,03	**78**	9:51	1,46	---	15:55	5,12	**80**	22:10	1,35	---

NOVEMBRE 2024

Date	Heure	Haut.	Coef.	Heure	Haut.	Coef.	Heure	Haut.	Coef.	Heure	Haut.	Coef.
1 Ve ●	4:06	5,13	**81**	10:22	1,38	---	16:22	5,16	**82**	22:40	1,34	---
2 Sa	4:34	5,18	**82**	10:54	1,35	---	16:49	5,14	**82**	23:10	1,38	---
3 Di	5:03	5,17	**81**	11:26	1,38	---	17:17	5,06	**80**	23:41	1,48	---
4 Lu	5:33	5,10	**78**	11:59	1,46	---	17:47	4,92	**75**	--:--	---	---
5 Ma	0:13	1,63	---	6:06	4,98	**72**	12:35	1,60	---	18:19	4,73	**68**
6 Me	0:49	1,82	---	6:45	4,80	**64**	13:14	1,78	---	19:00	4,50	**59**
7 Je	1:30	2,04	---	7:35	4,60	**54**	14:00	1,99	---	19:59	4,26	**49**
8 Ve	2:21	2,26	---	8:47	4,42	**45**	14:56	2,17	---	21:37	4,10	**42**
9 Sa ◐	3:25	2,41	---	10:19	4,38	**40**	16:07	2,25	---	23:21	4,17	**40**
10 Di	4:44	2,39	---	11:42	4,52	**43**	17:29	2,13	---	--:--	---	---
11 Lu	0:31	4,41	**48**	6:01	2,17	---	12:47	4,77	**54**	18:40	1,82	---
12 Ma	1:27	4,72	**61**	7:05	1,81	---	13:43	5,07	**69**	19:37	1,44	---
13 Me	2:15	5,02	**76**	8:00	1,41	---	14:33	5,36	**83**	20:27	1,10	---
14 Je	2:59	5,28	**89**	8:51	1,06	---	15:20	5,57	**94**	21:15	0,85	---
15 Ve ○	3:41	5,47	**98**	9:40	0,81	---	16:04	5,67	**101**	22:01	0,74	---
16 Sa	4:22	5,56	**102**	10:28	0,69	---	16:48	5,63	**102**	22:47	0,77	---
17 Di	5:04	5,53	**101**	11:16	0,73	---	17:32	5,46	**98**	23:33	0,94	---
18 Lu	5:46	5,39	**94**	12:03	0,91	---	18:16	5,18	**89**	--:--	---	---
19 Ma	0:18	1,21	---	6:29	5,17	**83**	12:51	1,19	---	19:02	4,84	**77**
20 Me	1:05	1,53	---	7:15	4,90	**71**	13:41	1,52	---	19:53	4,51	**64**
21 Je	1:55	1,85	---	8:07	4,63	**57**	14:34	1,86	---	20:59	4,24	**51**
22 Ve	2:50	2,15	---	9:19	4,41	**46**	15:34	2,13	---	22:29	4,10	**42**
23 Sa ◑	3:52	2,35	---	10:51	4,29	**39**	16:41	2,30	---	23:43	4,11	**38**
24 Di	5:00	2,43	---	12:04	4,29	**38**	17:51	2,31	---	--:--	---	---
25 Lu	0:40	4,21	**39**	6:08	2,38	---	13:01	4,37	**42**	18:54	2,20	---
26 Ma	1:25	4,36	**45**	7:07	2,24	---	13:47	4,49	**49**	19:44	2,04	---
27 Me	2:03	4,53	**53**	7:57	2,06	---	14:24	4,63	**57**	20:26	1,87	---
28 Je	2:37	4,71	**60**	8:39	1,89	---	14:58	4,76	**64**	21:03	1,72	---
29 Ve	3:10	4,86	**67**	9:18	1,73	---	15:30	4,87	**70**	21:38	1,61	---
30 Sa	3:42	4,99	**72**	9:54	1,59	---	16:02	4,94	**74**	22:12	1,54	---

DÉCEMBRE 2024

Date	Heure	Haut.	Coef.	Heure	Haut.	Coef.	Heure	Haut.	Coef.	Heure	Haut.	Coef.
1 Di ●	4:14	5,08	**75**	10:31	1,49	---	16:34	4,97	**76**	22:47	1,51	---
2 Lu	4:48	5,12	**77**	11:07	1,44	---	17:07	4,95	**77**	23:22	1,52	---
3 Ma	5:24	5,12	**76**	11:45	1,43	---	17:43	4,89	**75**	--:--	---	---
4 Me	0:00	1,59	---	6:03	5,06	**74**	12:25	1,47	---	18:22	4,77	**72**
5 Je	0:40	1,69	---	6:47	4,97	**69**	13:07	1,56	---	19:08	4,63	**67**
6 Ve	1:24	1,81	---	7:39	4,85	**64**	13:53	1,68	---	20:04	4,47	**61**
7 Sa	2:14	1,94	---	8:39	4,73	**58**	14:45	1,80	---	21:16	4,35	**55**
8 Di ◐	3:11	2,04	---	9:47	4,66	**54**	15:45	1,89	---	22:37	4,34	**53**
9 Lu	4:15	2,06	---	11:00	4,66	**53**	16:51	1,89	---	23:51	4,45	**54**
10 Ma	5:23	1,98	---	12:10	4,75	**56**	17:59	1,79	---	--:--	---	---
11 Me	0:54	4,63	**60**	6:29	1,80	---	13:15	4,89	**64**	19:03	1,61	---
12 Je	1:49	4,83	**68**	7:31	1,57	---	14:13	5,05	**72**	20:01	1,41	---
13 Ve	2:39	5,03	**77**	8:29	1,34	---	15:06	5,18	**80**	20:54	1,24	---
14 Sa	3:27	5,20	**84**	9:24	1,14	---	15:55	5,26	**86**	21:45	1,13	---
15 Di ○	4:12	5,30	**88**	10:16	1,01	---	16:42	5,27	**89**	22:33	1,10	---
16 Lu	4:57	5,34	**89**	11:06	0,97	---	17:26	5,20	**89**	23:19	1,14	---
17 Ma	5:40	5,30	**87**	11:53	1,03	---	18:09	5,06	**85**	--:--	---	---
18 Me	0:05	1,26	---	6:22	5,19	**82**	12:39	1,17	---	18:50	4,87	**79**
19 Je	0:50	1,43	---	7:02	5,03	**75**	13:24	1,38	---	19:29	4,67	**71**
20 Ve	1:35	1,64	---	7:42	4,83	**66**	14:10	1,63	---	20:10	4,46	**62**
21 Sa	2:21	1,87	---	8:24	4,62	**57**	14:56	1,89	---	20:56	4,28	**52**
22 Di ◑	3:10	2,08	---	9:13	4,42	**48**	15:47	2,12	---	21:58	4,15	**44**
23 Lu	4:03	2,27	---	10:16	4,26	**41**	16:43	2,29	---	23:13	4,09	**39**
24 Ma	5:01	2,38	---	11:34	4,18	**37**	17:44	2,37	---	--:--	---	---
25 Me	0:21	4,15	**37**	6:02	2,41	---	12:44	4,20	**38**	18:45	2,33	---
26 Je	1:17	4,27	**40**	7:03	2,34	---	13:42	4,29	**43**	19:40	2,21	---
27 Ve	2:04	4,44	**46**	7:58	2,19	---	14:30	4,43	**50**	20:28	2,04	---
28 Sa	2:45	4,62	**54**	8:46	1,99	---	15:12	4,58	**58**	21:11	1,87	---
29 Di	3:24	4,81	**62**	9:31	1,77	---	15:50	4,72	**66**	21:51	1,69	---
30 Lu ●	4:02	4,97	**69**	10:12	1,56	---	16:28	4,85	**72**	22:30	1,54	---
31 Ma	4:41	5,11	**75**	10:54	1,38	---	17:05	4,94	**78**	23:10	1,42	---

Prédictions de marées calculées par le SHOM (autorisation de reproduction n° 55/2011)

Marées de La Rochelle • 1er trim. 2024

Avis important aux lecteurs Les horaires de marées sont exprimés en heure légale et tiennent compte des changements d'heure.

Les pleines mers sont indiquées sur fond jaune | Les basses mers sont indiquées sur fond blanc

JANVIER 2024

Date	Heure	Haut.	Coef.	Heure	Haut.	Coef.	Heure	Haut.	Coef.	Heure	Haut.	Coef.
1 Lu	1:42	2,05	---	7:27	5,44	61	14:12	2,08	---	19:54	5,12	58
2 Ma	2:23	2,24	---	8:04	5,25	54	14:52	2,30	---	20:36	4,94	51
3 Me	3:05	2,43	---	8:45	5,06	47	15:36	2,50	---	21:33	4,78	44
4 Je ◑	3:52	2,60	---	9:41	4,89	41	16:26	2,65	---	22:56	4,71	39
5 Ve	4:46	2,71	---	11:11	4,79	38	17:25	2,72	---	--:--	---	---
6 Sa	0:13	4,77	38	5:46	2,73	---	12:35	4,83	39	18:28	2,67	---
7 Di	1:13	4,94	41	6:50	2,62	---	13:38	4,98	45	19:29	2,50	---
8 Lu	2:04	5,18	49	7:51	2,38	---	14:32	5,20	54	20:24	2,24	---
9 Ma	2:52	5,45	59	8:46	2,07	---	15:21	5,44	65	21:14	1,93	---
10 Me	3:37	5,72	70	9:37	1,71	---	16:07	5,67	75	22:02	1,63	---
11 Je ●	4:23	5,98	80	10:26	1,37	---	16:52	5,87	85	22:49	1,37	---
12 Ve	5:08	6,19	89	11:14	1,08	---	17:36	5,99	92	23:35	1,17	---
13 Sa	5:54	6,32	95	12:02	0,90	---	18:21	6,00	96	--:--	---	---
14 Di	0:22	1,06	---	6:41	6,34	97	12:49	0,86	---	19:07	5,91	96
15 Lu	1:09	1,08	---	7:28	6,24	94	13:36	0,95	---	19:54	5,71	91
16 Ma	1:58	1,20	---	8:18	6,01	87	14:24	1,18	---	20:47	5,44	82
17 Me	2:48	1,43	---	9:14	5,71	76	15:15	1,51	---	21:58	5,17	70
18 Je ◐	3:42	1,73	---	10:27	5,39	64	16:11	1,87	---	23:22	5,00	59
19 Ve	4:41	2,03	---	11:49	5,17	54	17:12	2,19	---	--:--	---	---
20 Sa	0:38	4,96	50	5:48	2,26	---	13:05	5,08	48	18:22	2,37	---
21 Di	1:44	5,04	47	7:01	2,33	---	14:11	5,12	48	19:34	2,36	---
22 Lu	2:40	5,19	51	8:12	2,22	---	15:06	5,23	54	20:38	2,21	---
23 Ma	3:27	5,37	58	9:14	2,01	---	15:49	5,37	62	21:32	2,00	---
24 Me	4:05	5,55	66	10:04	1,78	---	16:25	5,50	70	22:18	1,81	---
25 Je ○	4:37	5,70	73	10:47	1,61	---	16:55	5,62	76	22:58	1,66	---
26 Ve	5:06	5,81	78	11:26	1,49	---	17:24	5,69	79	23:34	1,57	---
27 Sa	5:34	5,88	80	12:01	1,44	---	17:51	5,72	81	--:--	---	---
28 Di	0:08	1,53	---	6:01	5,89	80	12:34	1,47	---	18:18	5,68	80
29 Lu	0:43	1,57	---	6:29	5,84	78	13:07	1,56	---	18:46	5,59	76
30 Ma	1:16	1,68	---	6:56	5,72	74	13:40	1,73	---	19:14	5,44	71
31 Me	1:50	1,83	---	7:24	5,55	67	14:12	1,94	---	19:43	5,26	64

FÉVRIER 2024

Date	Heure	Haut.	Coef.	Heure	Haut.	Coef.	Heure	Haut.	Coef.	Heure	Haut.	Coef.
1 Je	2:25	2,03	---	7:53	5,33	59	14:48	2,18	---	20:17	5,04	55
2 Ve	3:03	2,26	---	8:27	5,08	50	15:28	2,44	---	21:05	4,81	46
3 Sa ◑	3:48	2,49	---	9:15	4,81	42	16:17	2,67	---	22:54	4,65	38
4 Di	4:43	2,68	---	11:27	4,62	35	17:21	2,82	---	--:--	---	---
5 Lu	0:32	4,74	34	5:52	2,75	---	13:10	4,73	36	18:40	2,78	---
6 Ma	1:40	4,98	39	7:12	2,59	---	14:18	5,00	45	19:53	2,50	---
7 Me	2:37	5,32	52	8:22	2,21	---	15:13	5,35	59	20:54	2,07	---
8 Je	3:28	5,71	67	9:20	1,70	---	16:01	5,72	76	21:46	1,59	---
9 Ve	4:15	6,10	83	10:12	1,20	---	16:44	6,03	91	22:35	1,15	---
10 Sa ●	4:59	6,43	97	11:00	0,77	---	17:26	6,24	103	23:21	0,80	---
11 Di	5:41	6,63	107	11:46	0,50	---	18:05	6,31	109	--:--	---	---
12 Lu	0:07	0,60	---	6:22	6,67	110	12:31	0,43	---	18:42	6,22	110
13 Ma	0:52	0,59	---	7:02	6,52	107	13:16	0,58	---	19:17	5,98	103
14 Me	1:37	0,77	---	7:40	6,20	97	14:01	0,91	---	19:50	5,64	90
15 Je	2:24	1,11	---	8:19	5,75	83	14:47	1,38	---	20:18	5,25	74
16 Ve ◐	3:14	1,57	---	9:05	5,25	65	15:38	1,91	---	20:52	4,87	56
17 Sa	4:10	2,07	---	11:19	4,85	48	16:39	2,40	---	--:--	---	---
18 Di	0:17	4,73	42	5:18	2,47	---	12:55	4,74	37	17:52	2,71	---
19 Lu	1:34	4,83	35	6:41	2,63	---	14:08	4,85	37	19:17	2,71	---
20 Ma	2:35	5,04	41	8:04	2,47	---	15:02	5,05	46	20:29	2,45	---
21 Me	3:21	5,27	52	9:06	2,14	---	15:41	5,27	58	21:23	2,12	---
22 Je	3:56	5,50	63	9:53	1,82	---	16:11	5,47	68	22:05	1,82	---
23 Ve	4:23	5,69	73	10:32	1,58	---	16:36	5,64	77	22:42	1,60	---
24 Sa ○	4:46	5,85	80	11:06	1,41	---	16:59	5,78	82	23:14	1,44	---
25 Di	5:09	5,96	84	11:38	1,31	---	17:23	5,87	86	23:46	1,35	---
26 Lu	5:34	6,02	86	12:08	1,29	---	17:48	5,89	86	--:--	---	---
27 Ma	0:17	1,34	---	5:59	6,00	86	12:37	1,36	---	18:13	5,83	84
28 Me	0:47	1,42	---	6:24	5,91	82	13:06	1,51	---	18:39	5,71	79
29 Je	1:17	1,56	---	6:49	5,74	76	13:35	1,72	---	19:06	5,52	72

MARS 2024

Date	Heure	Haut.	Coef.	Heure	Haut.	Coef.	Heure	Haut.	Coef.	Heure	Haut.	Coef.
1 Ve	1:49	1,76	---	7:17	5,50	67	14:07	1,98	---	19:36	5,28	62
2 Sa	2:25	2,01	---	7:48	5,20	57	14:44	2,28	---	20:14	4,98	51
3 Di ◑	3:07	2,29	---	8:26	4,85	45	15:30	2,60	---	21:35	4,68	40
4 Lu	3:59	2,58	---	10:37	4,52	35	16:32	2,88	---	--:--	---	---
5 Ma	0:01	4,68	31	5:09	2,77	---	12:52	4,64	31	18:00	2,95	---
6 Me	1:18	4,95	35	6:43	2,66	---	14:04	4,99	42	19:30	2,62	---
7 Je	2:19	5,35	50	8:03	2,19	---	14:58	5,42	60	20:35	2,06	---
8 Ve	3:11	5,82	70	9:03	1,58	---	15:44	5,85	80	21:28	1,46	---
9 Sa	3:58	6,26	89	9:54	1,00	---	16:25	6,21	97	22:16	0,93	---
10 Di ●	4:40	6,61	104	10:41	0,55	---	17:03	6,43	110	23:02	0,54	---
11 Lu	5:19	6,80	114	11:25	0,30	---	17:39	6,49	116	23:46	0,35	---
12 Ma	5:56	6,79	117	12:08	0,29	---	18:11	6,37	115	--:--	---	---
13 Me	0:30	0,39	---	6:31	6,57	111	12:52	0,52	---	18:40	6,11	106
14 Je	1:14	0,64	---	7:04	6,17	99	13:35	0,94	---	19:06	5,75	90
15 Ve	1:59	1,08	---	7:36	5,66	82	14:19	1,49	---	19:30	5,34	72
16 Sa	2:48	1,63	---	8:08	5,12	62	15:08	2,08	---	19:59	4,93	52
17 Di ◐	3:43	2,19	---	10:56	4,63	44	16:07	2,61	---	23:54	4,64	36
18 Lu	4:51	2,64	---	12:42	4,58	31	17:24	2,94	---	--:--	---	---
19 Ma	1:15	4,76	30	6:21	2,79	---	13:52	4,75	32	18:57	2,89	---
20 Me	2:15	4,98	37	7:47	2,56	---	14:42	4,99	43	20:10	2,56	---
21 Je	2:59	5,23	50	8:46	2,20	---	15:18	5,24	56	21:01	2,18	---
22 Ve	3:32	5,45	62	9:29	1,86	---	15:45	5,46	67	21:41	1,86	---
23 Sa	3:56	5,64	72	10:05	1,60	---	16:06	5,65	76	22:15	1,61	---
24 Di	4:17	5,81	80	10:37	1,41	---	16:28	5,82	83	22:47	1,43	---
25 Lu ○	4:39	5,95	85	11:07	1,30	---	16:51	5,93	87	23:17	1,32	---
26 Ma	5:03	6,03	88	11:37	1,27	---	17:16	5,98	88	23:48	1,28	---
27 Me	5:28	6,03	87	12:05	1,33	---	17:41	5,95	86	--:--	---	---
28 Je	0:17	1,34	---	5:53	5,94	85	12:34	1,46	---	18:08	5,85	82
29 Ve	0:47	1,45	---	6:20	5,78	79	13:03	1,66	---	18:37	5,67	75
30 Sa	1:20	1,64	---	6:50	5,53	70	13:36	1,92	---	19:09	5,41	65
31 Di	1:57	1,89	---	8:23	5,20	59	15:14	2,24	---	20:51	5,08	53

Nota : sur la côte atlantique, de La Baule au Pertuis d'Antioche, il existe lors des marées de morte-eau les plus faibles, un phénomène de tenue du plein. Il s'agit d'une longue étale de pleine mer pendant laquelle le niveau de l'eau ne varie que très lentement, ce qui rend imprécise la détermination de l'instant de pleine mer. Cette imprécision n'a aucune conséquence pour la navigation car sur une plage horaire de 3 heures encadrant la pleine mer, la variation du niveau de la mer reste, en morte-eau, inférieure à 20 cm.

Avis important aux lecteurs Les horaires de marées sont exprimés en heure légale et tiennent compte des changements d'heure.

Les pleines mers sont indiquées sur fond jaune — Les basses mers sont indiquées sur fond blanc

AVRIL 2024

Date	Heure	Haut.	Coef.	Heure	Haut.	Coef.	Heure	Haut.	Coef.	Heure	Haut.	Coef.
1 Lu	3:40	2,20	---	9:06	4,82	47	16:02	2,59	---	22:31	4,77	41
2 Ma ◑	4:34	2,50	---	11:50	4,55	36	17:06	2,88	---	--:--	---	---
3 Me	0:38	4,80	33	5:47	2,70	---	13:34	4,73	33	18:37	2,92	---
4 Je	1:54	5,07	38	7:23	2,55	---	14:42	5,10	45	20:07	2,54	---
5 Ve	2:56	5,48	54	8:41	2,05	---	15:35	5,54	64	21:12	1,95	---
6 Sa	3:48	5,92	73	9:40	1,46	---	16:20	5,94	83	22:05	1,36	---
7 Di	4:34	6,32	91	10:30	0,93	---	17:00	6,25	99	22:53	0,86	---
8 Lu ●	5:16	6,60	105	11:17	0,56	---	17:37	6,43	109	23:39	0,53	---
9 Ma	5:54	6,71	112	12:01	0,41	---	18:10	6,45	113	--:--	---	---
10 Me	0:23	0,41	---	6:30	6,62	112	12:43	0,48	---	18:41	6,32	109
11 Je	1:07	0,51	---	7:04	6,36	105	13:26	0,75	---	19:09	6,07	99
12 Ve	1:51	0,81	---	7:37	5,96	93	14:09	1,19	---	19:36	5,74	85
13 Sa	2:37	1,25	---	8:10	5,48	76	14:53	1,70	---	20:05	5,36	67
14 Di	3:25	1,76	---	8:46	4,99	58	15:41	2,23	---	20:41	4,97	49
15 Lu ◐	4:19	2,28	---	11:23	4,58	42	16:40	2,69	---	--:--	---	---
16 Ma	0:14	4,69	35	5:25	2,67	---	13:09	4,56	31	17:53	2,96	---
17 Me	1:36	4,76	30	6:49	2,80	---	14:15	4,71	32	19:20	2,93	---
18 Je	2:36	4,92	36	8:10	2,62	---	15:04	4,93	41	20:32	2,65	---
19 Ve	3:21	5,12	47	9:08	2,31	---	15:40	5,16	52	21:23	2,31	---
20 Sa	3:54	5,32	58	9:51	2,01	---	16:07	5,37	62	22:04	2,00	---
21 Di	4:19	5,50	67	10:28	1,75	---	16:31	5,57	71	22:40	1,75	---
22 Lu	4:43	5,67	75	11:01	1,57	---	16:55	5,75	78	23:13	1,56	---
23 Ma	5:07	5,81	80	11:33	1,44	---	17:20	5,88	82	23:45	1,43	---
24 Me ○	5:33	5,89	83	12:03	1,40	---	17:47	5,95	84	--:--	---	---
25 Je	0:18	1,37	---	6:00	5,90	84	12:34	1,43	---	18:14	5,94	84
26 Ve	0:49	1,38	---	6:28	5,83	82	13:05	1,53	---	18:44	5,86	80
27 Sa	1:23	1,46	---	6:59	5,68	77	13:38	1,70	---	19:18	5,70	74
28 Di	1:59	1,62	---	7:33	5,44	70	14:15	1,94	---	19:57	5,46	65
29 Lu	2:39	1,84	---	8:15	5,14	60	14:58	2,23	---	20:54	5,17	55
30 Ma	3:26	2,11	---	9:27	4,82	49	15:50	2,52	---	22:45	4,99	45

MAI 2024

Date	Heure	Haut.	Coef.	Heure	Haut.	Coef.	Heure	Haut.	Coef.	Heure	Haut.	Coef.
1 Me ◑	4:23	2,35	---	11:47	4,73	42	16:57	2,72	---	--:--	---	---
2 Je	0:16	5,05	40	5:37	2,46	---	13:10	4,91	42	18:21	2,67	---
3 Ve	1:27	5,27	46	7:01	2,29	---	14:14	5,22	52	19:39	2,32	---
4 Sa	2:29	5,58	59	8:12	1,89	---	15:07	5,57	67	20:42	1,84	---
5 Di	3:22	5,91	74	9:11	1,45	---	15:53	5,87	81	21:37	1,37	---
6 Lu	4:09	6,17	87	10:03	1,07	---	16:34	6,10	93	22:27	1,00	---
7 Ma	4:52	6,34	97	10:51	0,84	---	17:11	6,21	99	23:15	0,78	---
8 Me ●	5:32	6,36	101	11:36	0,78	---	17:46	6,22	101	--:--	---	---
9 Je	0:02	0,73	---	6:10	6,24	100	12:19	0,89	---	18:18	6,11	97
10 Ve	0:47	0,84	---	6:46	6,00	93	13:03	1,13	---	18:50	5,91	89
11 Sa	1:32	1,09	---	7:23	5,68	84	13:47	1,47	---	19:23	5,65	77
12 Di	2:17	1,44	---	8:01	5,32	71	14:32	1,86	---	20:00	5,36	64
13 Lu	3:05	1,84	---	8:48	4,97	58	15:19	2,25	---	20:50	5,06	51
14 Ma	3:56	2,22	---	10:15	4,70	45	16:13	2,58	---	22:43	4,84	40
15 Me ◐	4:55	2,52	---	12:02	4,60	37	17:16	2,80	---	--:--	---	---
16 Je	0:24	4,79	35	6:01	2,68	---	13:13	4,67	34	18:26	2,83	---
17 Ve	1:31	4,84	36	7:11	2,64	---	14:07	4,81	38	19:33	2,70	---
18 Sa	2:22	4,96	42	8:12	2,46	---	14:48	5,00	46	20:29	2,47	---
19 Di	3:03	5,11	50	9:01	2,23	---	15:22	5,20	54	21:16	2,22	---
20 Lu	3:37	5,27	58	9:43	2,01	---	15:53	5,40	62	21:57	1,99	---
21 Ma	4:08	5,43	66	10:21	1,82	---	16:23	5,58	69	22:35	1,79	---
22 Me	4:38	5,56	72	10:56	1,68	---	16:53	5,72	74	23:12	1,62	---
23 Je ○	5:09	5,65	76	11:31	1,60	---	17:24	5,82	77	23:49	1,51	---
24 Ve	5:41	5,69	78	12:07	1,57	---	17:57	5,85	79	--:--	---	---
25 Sa	0:26	1,46	---	6:15	5,66	78	12:43	1,61	---	18:33	5,82	78
26 Di	1:05	1,47	---	6:53	5,56	76	13:22	1,71	---	19:15	5,72	74
27 Lu	1:46	1,55	---	7:37	5,39	71	14:04	1,86	---	20:06	5,56	69
28 Ma	2:31	1,68	---	8:34	5,19	65	14:52	2,05	---	21:15	5,40	62
29 Me	3:21	1,85	---	9:57	5,02	59	15:46	2,22	---	22:35	5,31	56
30 Je ◑	4:18	2,01	---	11:25	4,98	54	16:49	2,32	---	23:49	5,32	53
31 Ve	5:24	2,08	---	12:39	5,07	53	17:58	2,28	---	--:--	---	---

JUIN 2024

Date	Heure	Haut.	Coef.	Heure	Haut.	Coef.	Heure	Haut.	Coef.	Heure	Haut.	Coef.
1 Sa	0:57	5,41	55	6:33	2,02	---	13:44	5,25	57	19:07	2,10	---
2 Di	2:00	5,55	61	7:39	1,84	---	14:39	5,45	65	20:11	1,83	---
3 Lu	2:57	5,71	69	8:41	1,62	---	15:29	5,65	73	21:10	1,56	---
4 Ma	3:48	5,83	77	9:36	1,42	---	16:13	5,80	80	22:04	1,33	---
5 Me	4:35	5,91	82	10:28	1,29	---	16:54	5,89	84	22:56	1,19	---
6 Je ●	5:19	5,91	85	11:16	1,26	---	17:33	5,92	86	23:45	1,14	---
7 Ve	6:01	5,83	85	12:02	1,31	---	18:10	5,88	84	--:--	---	---
8 Sa	0:31	1,19	---	6:41	5,70	82	12:45	1,44	---	18:47	5,78	80
9 Di	1:17	1,32	---	7:19	5,52	77	13:28	1,62	---	19:24	5,63	74
10 Lu	2:01	1,52	---	7:57	5,32	70	14:13	1,85	---	20:03	5,46	66
11 Ma	2:45	1,77	---	8:38	5,12	62	14:58	2,09	---	20:46	5,27	58
12 Me	3:31	2,03	---	9:24	4,94	54	15:44	2,32	---	21:37	5,09	50
13 Je	4:18	2,27	---	10:21	4,78	46	16:34	2,51	---	22:38	4,93	43
14 Ve ◐	5:09	2,46	---	11:33	4,70	41	17:29	2,64	---	23:50	4,83	39
15 Sa	6:05	2,57	---	12:46	4,72	38	18:28	2,67	---	--:--	---	---
16 Di	1:01	4,81	39	7:04	2,57	---	13:46	4,82	40	19:26	2,61	---
17 Lu	2:02	4,88	42	8:02	2,47	---	14:35	4,98	45	20:22	2,45	---
18 Ma	2:52	4,99	48	8:53	2,31	---	15:17	5,17	51	21:12	2,25	---
19 Me	3:36	5,14	55	9:40	2,13	---	15:56	5,37	59	21:58	2,03	---
20 Je	4:17	5,29	62	10:23	1,95	---	16:34	5,55	66	22:43	1,81	---
21 Ve	4:57	5,43	69	11:05	1,78	---	17:12	5,71	72	23:26	1,60	---
22 Sa ○	5:37	5,54	74	11:46	1,65	---	17:53	5,83	76	--:--	---	---
23 Di	0:09	1,43	---	6:18	5,61	78	12:28	1,56	---	18:36	5,90	80
24 Lu	0:53	1,32	---	7:02	5,62	80	13:12	1,53	---	19:23	5,92	81
25 Ma	1:38	1,28	---	7:49	5,57	80	13:57	1,55	---	20:13	5,87	79
26 Me	2:24	1,31	---	8:41	5,46	78	14:45	1,62	---	21:09	5,77	76
27 Je	3:13	1,41	---	9:40	5,33	73	15:36	1,73	---	22:09	5,63	70
28 Ve ◑	4:05	1,56	---	10:49	5,20	67	16:32	1,85	---	23:15	5,50	65
29 Sa	5:01	1,74	---	12:03	5,12	62	17:32	1,96	---	--:--	---	---
30 Di	0:25	5,39	60	6:02	1,89	---	13:13	5,14	58	18:36	2,01	---

Prédictions de marées calculées par le SHOM (autorisation de reproduction n° 55/2011)

Marées de La Rochelle • 3e trim. 2024

Avis important aux lecteurs Les horaires de marées sont exprimés en heure légale et tiennent compte des changements d'heure.

Les pleines mers sont indiquées sur fond jaune	Les basses mers sont indiquées sur fond blanc

JUILLET 2024

Date	Heure	Haut.	Coef.	Heure	Haut.	Coef.	Heure	Haut.	Coef.	Heure	Haut.	Coef.
1 Lu	1:34	5,35	58	7:07	1,97	---	14:16	5,23	58	19:42	1,98	---
2 Ma	2:38	5,36	59	8:13	1,96	---	15:13	5,36	60	20:48	1,88	---
3 Me	3:37	5,42	63	9:15	1,87	---	16:04	5,50	65	21:49	1,72	---
4 Je	4:30	5,50	68	10:12	1,75	---	16:50	5,63	70	22:45	1,56	---
5 Ve	5:16	5,56	72	11:03	1,65	---	17:31	5,73	74	23:35	1,44	---
6 Sa ●	5:57	5,60	76	11:50	1,58	---	18:09	5,78	77	--:--	---	---
7 Di	0:21	1,37	---	6:34	5,60	78	12:33	1,56	---	18:43	5,79	78
8 Lu	1:04	1,38	---	7:07	5,56	77	13:14	1,60	---	19:14	5,75	76
9 Ma	1:44	1,45	---	7:37	5,48	75	13:52	1,69	---	19:45	5,66	72
10 Me	2:22	1,59	---	8:07	5,37	70	14:33	1,83	---	20:17	5,53	67
11 Je	3:00	1,79	---	8:40	5,23	64	15:11	2,02	---	20:52	5,35	60
12 Ve	3:38	2,01	---	9:17	5,05	56	15:52	2,22	---	21:29	5,15	53
13 Sa	4:19	2,24	---	10:01	4,87	49	16:35	2,42	---	22:13	4,93	45
14 Di ◐	5:04	2,46	---	11:04	4,72	42	17:25	2,59	---	23:17	4,75	39
15 Lu	5:56	2,62	---	12:36	4,68	37	18:22	2,69	---	--:--	---	---
16 Ma	0:54	4,67	36	6:57	2,69	---	13:49	4,78	37	19:26	2,67	---
17 Me	2:12	4,74	38	8:02	2,63	---	14:46	4,98	41	20:30	2,52	---
18 Je	3:13	4,91	45	9:03	2,44	---	15:35	5,22	50	21:27	2,25	---
19 Ve	4:05	5,13	55	9:56	2,17	---	16:21	5,49	60	22:19	1,92	---
20 Sa	4:52	5,38	65	10:44	1,87	---	17:06	5,76	71	23:08	1,57	---
21 Di ○	5:35	5,61	76	11:30	1,58	---	17:49	6,00	81	23:55	1,24	---
22 Lu	6:17	5,80	85	12:15	1,32	---	18:32	6,19	89	--:--	---	---
23 Ma	0:41	0,99	---	6:58	5,91	92	13:00	1,14	---	19:15	6,29	94
24 Me	1:26	0,85	---	7:39	5,92	95	13:44	1,06	---	19:58	6,27	94
25 Je	2:10	0,84	---	8:21	5,81	93	14:30	1,11	---	20:44	6,12	91
26 Ve	2:55	0,98	---	9:05	5,61	87	15:18	1,27	---	21:32	5,85	82
27 Sa	3:43	1,25	---	9:57	5,34	77	16:08	1,53	---	22:32	5,52	71
28 Di ◑	4:34	1,60	---	11:16	5,09	65	17:04	1,84	---	23:53	5,22	59
29 Lu	5:31	1,97	---	12:48	4,97	54	18:08	2,12	---	--:--	---	---
30 Ma	1:18	5,04	50	6:38	2,26	---	14:05	5,01	47	19:20	2,27	---
31 Me	2:34	5,03	47	7:52	2,37	---	15:10	5,16	48	20:36	2,22	---

AOÛT 2024

Date	Heure	Haut.	Coef.	Heure	Haut.	Coef.	Heure	Haut.	Coef.	Heure	Haut.	Coef.
1 Je	3:39	5,14	51	9:04	2,27	---	16:05	5,36	55	21:45	2,00	---
2 Ve	4:31	5,29	59	10:06	2,05	---	16:49	5,55	63	22:41	1,74	---
3 Sa	5:12	5,45	67	10:57	1,81	---	17:26	5,72	71	23:28	1,52	---
4 Di ●	5:46	5,58	75	11:40	1,63	---	17:56	5,84	77	--:--	---	---
5 Lu	0:10	1,37	---	6:14	5,67	79	12:19	1,51	---	18:23	5,90	81
6 Ma	0:47	1,31	---	6:40	5,71	81	12:55	1,47	---	18:48	5,92	82
7 Me	1:21	1,33	---	7:05	5,70	81	13:28	1,50	---	19:14	5,88	80
8 Je	1:54	1,43	---	7:32	5,64	78	14:03	1,61	---	19:42	5,76	76
9 Ve	2:26	1,60	---	7:59	5,51	73	14:36	1,78	---	20:10	5,58	69
10 Sa	2:58	1,83	---	8:28	5,32	65	15:10	2,00	---	20:38	5,35	61
11 Di	3:31	2,09	---	9:00	5,10	57	15:47	2,24	---	21:10	5,08	52
12 Lu ◐	4:09	2,37	---	9:39	4,86	47	16:29	2,50	---	21:52	4,79	42
13 Ma	4:54	2,64	---	11:02	4,65	38	17:22	2,72	---	23:30	4,55	34
14 Me	5:53	2,86	---	13:08	4,67	32	18:29	2,84	---	--:--	---	---
15 Je	1:43	4,58	32	7:11	2,91	---	14:20	4,88	34	19:51	2,74	---
16 Ve	2:56	4,81	38	8:32	2,70	---	15:17	5,20	45	21:04	2,39	---
17 Sa	3:52	5,14	52	9:34	2,30	---	16:06	5,57	60	22:01	1,90	---
18 Di	4:39	5,51	68	10:26	1,83	---	16:52	5,95	75	22:51	1,40	---
19 Lu ○	5:21	5,85	83	11:13	1,37	---	17:34	6,30	90	23:37	0,95	---
20 Ma	6:00	6,11	96	11:58	0,99	---	18:14	6,55	101	--:--	---	---
21 Me	0:22	0,62	---	6:38	6,25	105	12:41	0,73	---	18:54	6,65	107
22 Je	1:06	0,47	---	7:14	6,25	108	13:25	0,65	---	19:33	6,58	107
23 Ve	1:49	0,53	---	7:49	6,10	104	14:09	0,75	---	20:12	6,32	100
24 Sa	2:32	0,78	---	8:24	5,82	94	14:54	1,03	---	20:52	5,91	88
25 Di	3:17	1,19	---	8:58	5,45	80	15:43	1,45	---	21:40	5,42	71
26 Lu ◑	4:06	1,71	---	9:37	5,05	62	16:39	1,93	---	23:29	4,96	54
27 Ma	5:02	2,23	---	12:37	4,83	46	17:44	2,36	---	--:--	---	---
28 Me	1:16	4,79	41	6:13	2,62	---	14:02	4,91	37	19:05	2,57	---
29 Je	2:35	4,86	37	7:39	2,71	---	15:08	5,12	41	20:32	2,44	---
30 Ve	3:37	5,06	45	8:59	2,48	---	15:59	5,37	52	21:40	2,10	---
31 Sa	4:22	5,29	57	9:58	2,13	---	16:39	5,60	63	22:31	1,76	---

SEPTEMBRE 2024

Date	Heure	Haut.	Coef.	Heure	Haut.	Coef.	Heure	Haut.	Coef.	Heure	Haut.	Coef.
1 Di	4:56	5,49	68	10:45	1,81	---	17:08	5,78	73	23:13	1,50	---
2 Lu	5:22	5,66	77	11:24	1,58	---	17:32	5,92	80	23:49	1,33	---
3 Ma ●	5:44	5,79	83	11:59	1,44	---	17:53	6,01	85	--:--	---	---
4 Me	0:22	1,26	---	6:06	5,87	86	12:30	1,38	---	18:16	6,06	86
5 Je	0:52	1,27	---	6:31	5,90	86	13:00	1,40	---	18:41	6,03	85
6 Ve	1:22	1,37	---	6:56	5,85	83	13:32	1,50	---	19:06	5,91	81
7 Sa	1:51	1,54	---	7:22	5,72	78	14:02	1,66	---	19:32	5,72	75
8 Di	2:19	1,76	---	7:48	5,54	71	14:32	1,88	---	19:57	5,47	66
9 Lu	2:50	2,03	---	8:16	5,30	61	15:07	2,14	---	20:26	5,17	56
10 Ma	3:25	2,34	---	8:50	5,01	50	15:47	2,43	---	21:03	4,83	44
11 Me ◐	4:07	2,66	---	9:53	4,71	39	16:37	2,73	---	22:37	4,49	33
12 Je	5:04	2,96	---	12:37	4,67	29	17:45	2,93	---	--:--	---	---
13 Ve	1:25	4,57	28	6:28	3,09	---	13:55	4,92	31	19:20	2,85	---
14 Sa	2:37	4,88	37	8:06	2,82	---	14:54	5,30	45	20:42	2,39	---
15 Di	3:31	5,29	54	9:12	2,29	---	15:45	5,75	64	21:40	1,80	---
16 Lu	4:17	5,72	74	10:04	1,71	---	16:30	6,19	83	22:29	1,21	---
17 Ma	4:57	6,09	91	10:50	1,16	---	17:12	6,55	99	23:14	0,73	---
18 Me ○	5:35	6,37	105	11:35	0,74	---	17:51	6,79	110	23:57	0,43	---
19 Je	6:10	6,49	113	12:18	0,50	---	18:28	6,83	115	--:--	---	---
20 Ve	0:41	0,35	---	6:44	6,45	114	13:02	0,47	---	19:05	6,67	112
21 Sa	1:24	0,50	---	7:16	6,25	107	13:46	0,66	---	19:41	6,32	102
22 Di	2:07	0,86	---	7:47	5,92	94	14:32	1,05	---	20:17	5,82	86
23 Lu	2:52	1,37	---	8:15	5,50	77	15:21	1,57	---	20:58	5,25	67
24 Ma ◑	3:41	1,95	---	8:44	5,07	57	16:16	2,12	---	23:31	4,78	48
25 Me	4:38	2,50	---	12:29	4,82	40	17:25	2,58	---	--:--	---	---
26 Je	1:12	4,71	35	5:52	2,87	---	13:50	4,93	33	18:52	2,75	---
27 Ve	2:25	4,85	34	7:23	2,88	---	14:53	5,16	39	20:19	2,54	---
28 Sa	3:19	5,08	45	8:42	2,57	---	15:40	5,40	51	21:21	2,16	---
29 Di	3:59	5,31	57	9:37	2,18	---	16:15	5,60	64	22:07	1,82	---
30 Lu	4:28	5,52	69	10:21	1,86	---	16:41	5,77	73	22:46	1,57	---

Nota : sur la côte atlantique, de La Baule au Pertuis d'Antioche, il existe lors des marées de morte-eau les plus faibles, un phénomène de tenue du plein. Il s'agit d'une longue étale de pleine mer pendant laquelle le niveau de l'eau ne varie que très lentement, ce qui rend imprécise la détermination de l'instant de pleine mer. Cette imprécision n'a aucune conséquence pour la navigation car sur une plage horaire de 3 heures encadrant la pleine mer, la variation du niveau de la mer reste, en morte-eau, inférieure à 20 cm.

Avis important aux lecteurs Les horaires de marées sont exprimés en heure légale et tiennent compte des changements d'heure.

Les pleines mers sont indiquées sur fond jaune	Les basses mers sont indiquées sur fond blanc

OCTOBRE 2024

Date	Heure	Haut.	Coef.	Heure	Haut.	Coef.	Heure	Haut.	Coef.	Heure	Haut.	Coef.
1 Ma	4:50	5,69	77	10:58	1,63	---	17:01	5,91	81	23:20	1,41	---
2 Me ●	5:10	5,85	83	11:30	1,49	---	17:21	6,02	85	23:51	1,34	---
3 Je	5:33	5,95	86	12:01	1,42	---	17:45	6,07	87	--:--	---	---
4 Ve	0:20	1,35	---	5:58	5,99	86	12:30	1,43	---	18:10	6,04	86
5 Sa	0:49	1,43	---	6:24	5,95	84	13:01	1,51	---	18:35	5,93	82
6 Di	1:17	1,59	---	6:49	5,84	80	13:31	1,65	---	18:59	5,75	76
7 Lu	1:46	1,80	---	7:16	5,66	72	14:02	1,85	---	19:26	5,50	68
8 Ma	2:18	2,06	---	7:45	5,42	63	14:37	2,11	---	19:57	5,19	57
9 Me	2:54	2,37	---	8:23	5,13	52	15:18	2,40	---	20:37	4,84	45
10 Je ◐	3:38	2,69	---	9:38	4,81	40	16:09	2,69	---	23:12	4,54	34
11 Ve	4:37	2,98	---	12:11	4,80	31	17:18	2,88	---	--:--	---	---
12 Sa	1:04	4,69	31	6:01	3,07	---	13:27	5,06	34	18:55	2,77	---
13 Di	2:11	5,03	41	7:36	2,77	---	14:27	5,45	49	20:14	2,29	---
14 Lu	3:04	5,45	59	8:43	2,22	---	15:19	5,89	68	21:12	1,70	---
15 Ma	3:49	5,86	78	9:35	1,62	---	16:05	6,29	86	22:01	1,15	---
16 Me	4:30	6,20	95	10:23	1,09	---	16:47	6,61	101	22:47	0,73	---
17 Je ○	5:08	6,43	107	11:09	0,71	---	17:26	6,77	110	23:31	0,51	---
18 Ve	5:44	6,52	112	11:55	0,53	---	18:05	6,74	112	--:--	---	---
19 Sa	0:16	0,51	---	6:18	6,45	111	12:40	0,57	---	18:42	6,51	108
20 Di	1:00	0,72	---	6:50	6,23	103	13:25	0,81	---	19:19	6,13	97
21 Lu	1:44	1,11	---	7:22	5,90	89	14:12	1,21	---	19:57	5,63	81
22 Ma	2:29	1,61	---	7:52	5,50	72	15:01	1,72	---	20:44	5,12	63
23 Me	3:19	2,13	---	8:28	5,10	54	15:57	2,22	---	23:19	4,76	47
24 Je ●	4:18	2,60	---	12:02	4,89	40	17:04	2,62	---	--:--	---	---
25 Ve	0:47	4,72	35	5:28	2,90	---	13:20	4,96	34	18:24	2,77	---
26 Sa	1:54	4,84	35	6:51	2,91	---	14:20	5,11	38	19:44	2,62	---
27 Di	2:45	5,03	43	7:05	2,67	---	14:06	5,29	48	19:45	2,33	---
28 Lu	2:23	5,23	54	8:01	2,35	---	14:41	5,46	59	20:32	2,03	---
29 Ma	2:51	5,43	64	8:46	2,06	---	15:06	5,61	68	21:11	1,80	---
30 Me	3:14	5,61	72	9:23	1,84	---	15:28	5,75	75	21:45	1,65	---
31 Je	3:38	5,77	78	9:57	1,69	---	15:52	5,86	80	22:17	1,56	---

NOVEMBRE 2024

Date	Heure	Haut.	Coef.	Heure	Haut.	Coef.	Heure	Haut.	Coef.	Heure	Haut.	Coef.
1 Ve ●	4:03	5,89	81	10:29	1,59	---	16:18	5,91	82	22:48	1,53	---
2 Sa	4:30	5,95	82	11:01	1,56	---	16:44	5,90	82	23:18	1,58	---
3 Di	4:58	5,93	81	11:34	1,59	---	17:11	5,81	80	23:49	1,69	---
4 Lu	5:26	5,85	78	12:06	1,68	---	17:38	5,66	75	--:--	---	---
5 Ma	0:22	1,87	---	5:57	5,71	72	12:41	1,84	---	18:09	5,45	68
6 Me	0:57	2,08	---	6:32	5,50	64	13:19	2,05	---	18:47	5,18	59
7 Je	1:37	2,34	---	7:21	5,25	54	14:03	2,29	---	19:44	4,89	49
8 Ve	2:24	2,60	---	8:58	5,03	45	14:56	2,51	---	22:05	4,73	42
9 Sa ◐	3:24	2,79	---	10:42	5,04	40	16:03	2,63	---	23:33	4,87	40
10 Di	4:40	2,82	---	11:55	5,24	43	17:25	2,53	---	--:--	---	---
11 Lu	0:39	5,15	48	6:00	2,57	---	12:57	5,54	54	18:38	2,17	---
12 Ma	1:33	5,49	61	7:07	2,13	---	13:51	5,87	69	19:38	1,71	---
13 Me	2:21	5,81	76	8:04	1,65	---	14:40	6,17	83	20:31	1,29	---
14 Je	3:05	6,08	89	8:56	1,23	---	15:25	6,39	94	21:20	0,99	---
15 Ve ○	3:45	6,26	98	9:46	0,94	---	16:08	6,47	101	22:07	0,85	---
16 Sa	4:24	6,33	102	10:34	0,80	---	16:49	6,41	102	22:53	0,87	---
17 Di	5:01	6,27	101	11:21	0,84	---	17:31	6,20	98	23:39	1,06	---
18 Lu	5:39	6,10	94	12:09	1,04	---	18:12	5,88	89	--:--	---	---
19 Ma	0:26	1,36	---	6:16	5,84	83	12:56	1,35	---	18:57	5,51	77
20 Me	1:13	1,72	---	6:56	5,54	71	13:46	1,74	---	19:52	5,14	64
21 Je	2:02	2,11	---	7:50	5,24	57	14:38	2,13	---	21:22	4,86	51
22 Ve	2:55	2,45	---	9:53	5,01	46	15:36	2,46	---	22:49	4,74	42
23 Sa ◑	3:54	2,70	---	11:18	4,94	39	16:40	2,66	---	23:57	4,76	38
24 Di	5:01	2,81	---	12:22	4,96	38	17:48	2,68	---	--:--	---	---
25 Lu	0:51	4,87	39	6:08	2,76	---	13:14	5,05	42	18:51	2,56	---
26 Ma	1:33	5,02	45	7:09	2,59	---	13:54	5,17	49	19:44	2,36	---
27 Me	2:08	5,20	53	7:59	2,38	---	14:28	5,31	57	20:28	2,16	---
28 Je	2:40	5,39	60	8:43	2,17	---	14:59	5,45	64	21:07	1,99	---
29 Ve	3:10	5,56	67	9:22	1,98	---	15:29	5,57	70	21:43	1,85	---
30 Sa	3:41	5,70	72	9:59	1,83	---	15:59	5,65	74	22:18	1,76	---

DÉCEMBRE 2024

Date	Heure	Haut.	Coef.	Heure	Haut.	Coef.	Heure	Haut.	Coef.	Heure	Haut.	Coef.
1 Di ●	4:13	5,80	75	10:35	1,72	---	16:30	5,68	76	22:54	1,73	---
2 Lu	4:45	5,85	77	11:13	1,66	---	17:02	5,66	77	23:29	1,75	---
3 Ma	5:19	5,84	76	11:50	1,65	---	17:36	5,59	75	--:--	---	---
4 Me	0:06	1,82	---	5:57	5,77	74	12:29	1,71	---	18:15	5,46	72
5 Je	0:46	1,93	---	6:41	5,66	69	13:11	1,82	---	19:02	5,30	67
6 Ve	1:29	2,08	---	7:36	5,51	64	13:56	1,96	---	20:07	5,12	61
7 Sa	2:18	2,23	---	8:48	5,38	58	14:48	2,10	---	21:33	5,01	55
8 Di ◐	3:13	2,35	---	10:05	5,33	54	15:46	2,20	---	22:54	5,03	53
9 Lu	4:16	2,39	---	11:17	5,37	53	16:52	2,21	---	--:--	---	---
10 Ma	0:03	5,16	54	5:23	2,30	---	12:24	5,49	56	18:00	2,09	---
11 Me	1:03	5,36	60	6:30	2,10	---	13:25	5,66	64	19:04	1,87	---
12 Je	1:57	5,58	68	7:33	1,83	---	14:20	5,83	72	20:03	1,64	---
13 Ve	2:46	5,78	77	8:32	1,55	---	15:11	5,97	80	20:58	1,43	---
14 Sa	3:32	5,95	84	9:28	1,32	---	16:00	6,04	86	21:50	1,30	---
15 Di ○	4:17	6,04	88	10:20	1,17	---	16:46	6,03	89	22:39	1,26	---
16 Lu	5:00	6,06	89	11:10	1,13	---	17:30	5,93	89	23:26	1,31	---
17 Ma	5:42	6,00	87	11:57	1,19	---	18:12	5,77	85	--:--	---	---
18 Me	0:11	1,44	---	6:21	5,88	82	12:43	1,35	---	18:51	5,56	79
19 Je	0:56	1,63	---	6:57	5,70	75	13:29	1,59	---	19:27	5,33	71
20 Ve	1:42	1,86	---	7:33	5,50	66	14:14	1,88	---	20:04	5,11	62
21 Sa	2:28	2,12	---	8:12	5,28	57	15:01	2,17	---	20:50	4,92	52
22 Di ◑	3:15	2,38	---	9:01	5,06	48	15:50	2,44	---	21:56	4,76	44
23 Lu	4:06	2,59	---	10:13	4,88	41	16:43	2,63	---	23:20	4,70	39
24 Ma	5:02	2,73	---	11:45	4,80	37	17:42	2,72	---	--:--	---	---
25 Me	0:29	4,76	37	6:01	2,77	---	12:55	4,83	38	18:43	2,69	---
26 Je	1:23	4,90	40	7:02	2,69	---	13:50	4,94	43	19:39	2,55	---
27 Ve	2:09	5,09	46	7:58	2,52	---	14:35	5,09	50	20:28	2,36	---
28 Sa	2:49	5,29	54	8:48	2,30	---	15:15	5,25	58	21:13	2,16	---
29 Di	3:27	5,49	62	9:33	2,05	---	15:53	5,41	66	21:55	1,96	---
30 Lu ●	4:05	5,68	69	10:15	1,82	---	16:29	5,55	72	22:35	1,79	---
31 Ma	4:43	5,83	75	10:57	1,61	---	17:06	5,65	78	23:15	1,65	---

Prédictions de marées calculées par le SHOM (autorisation de reproduction n° 55/2011)

Les ports *rattachés*

Corriger les heures et les hauteurs d'eau

Pour obtenir les heures et les hauteurs des marées des ports rattachés, il suffit d'ajouter ou de retrancher les corrections aux heures et hauteurs des ports de référence.

Heure : Pour les PM, il convient d'appliquer :
- soit la correction de VE (ou ME) aux PM dont l'heure (corrigée en heure légale) dans le port de référence est à moins de deux heures de l'heure de la PM moyenne de VE (ou ME) dans ce port ;
- soit la moyenne des corrections (VE ou ME) dans les autres cas. On procèdera de la même manière pour les basses mers (BM).

Hauteur : Les corrections de hauteur dépendant du coefficient, pour les marées s'écartant sensiblement des coefficients 95 et 45 (VE et ME), on interpolera à partir des corrections de hauteurs données pour ceux-ci.

Les marées dépendant étroitement des phases de la lune, on peut aussi considérer qu'on applique :
- une correction de ME pendant les trois jours suivant le premier et le dernier quartier de lune ;
- une correction de VE pendant les trois jours suivant la nouvelle et la pleine lune ;
- une correction moyenne dans les autres cas.

Ports rattachés	**Pleines mers**				**Basses mers**			
	Corrections heures		**Corrections hauteurs**		**Corrections heures**		**Corrections hauteurs**	
	VE	**ME**	**VE**	**ME**	**VE**	**ME**	**VE**	**ME**
Référence Saint-Nazaire	**95**	**45**	**5,90**	**4,70**	**95**	**45**	**0,85**	**2,25**
Le Croisic	+ 00 05	+ 00 05	- 0,45	- 0,40	- 00 05	- 00 05	- 0,15	- 0,20
Le Pouliguen	+ 00 05	+ 00 00	- 0,45	- 0,40	- 00 10	- 00 05	- 0,10	- 0,20
Pornichet	- 00 05	+ 00 00	- 0,35	- 0,30	- 00 10	- 00 10	- 0,05	- 0,05
Nantes (Chantenay)	+ 01 10	+ 00 20	+ 0,65	+ 0,55	+ 02 15	+ 01 35	+ 0,70	+ 0,00
Pornic	- 00 05	+ 00 15	- 0,10	+ 0,00	+ 00 00	+ 00 05	- 0,05	- 0,05
Noirmoutier (L'Herbaudière)	- 00 10	- 00 05	- 0,10	- 0,05	- 00 10	- 00 15	+ 0,10	+ 0,05
Référence Les Sables d'Olonne	**95**	**45**	**5,20**	**4,20**	**95**	**45**	**0,75**	**2,05**
Île d'Yeu (Port Joinville)	- 00 10	- 00 05	- 0,10	- 0,10	- 00 05	+ 00 00	+ 0,05	- 0,05
Saint-Gilles-Croix-de-Vie	+ 00 00	+ 00 00	- 0,10	- 0,05	+ 00 00	+ 00 05	+ 0,00	+ 0,05
Référence La Rochelle	**95**	**45**	**6,10**	**4,95**	**95**	**45**	**1,00**	**2,50**
Île d'Aix	- 00 05	+ 00 10	+ 0,05	+ 0,05	+ 00 00	- 00 05	+ 0,00	+ 0,00
Saint Martin de Ré	+ 00 05	+ 00 00	- 0,10	- 0,10	+ 00 05	+ 00 05	- 0,05	- 0,05
Douhet	- 00 05	+ 00 00	+ 0,00	+ 0,00	- 00 05	- 00 05	+ 0,00	+ 0,00
Saint Denis d'Oléron	- 00 05	+ 00 00	+ 0,00	+ 0,00	- 00 05	- 00 05	+ 0,00	+ 0,00
Rochefort	+ 00 25	+ 00 05	+ 0,60	+ 0,40	+ 01 25	+ 00 50	+ 0,05	- 0,25
La Cayenne	+ 00 15	+ 00 20	- 0,50	- 0,30	+ 00 20	+ 00 25	+ 0,05	- 0,05
La Cotinière	- 00 10	- 00 10	- 0,50	- 0,30	- 00 25	- 00 15	+ 0,35	- 0,15
Royan	+ 00 20	+ 00 10	- 0,70	- 0,50	+ 00 15	+ 00 15	+ 0,20	- 0,30
Pointe de Grave	+ 00 35	+ 00 15	- 0,80	- 0,60	+ 00 20	+ 00 15	+ 0,10	- 0,40
Le Verdon Sur Mer	+ 00 35	+ 00 15	- 0,65	- 0,50	+ 00 20	+ 00 15	+ 0,10	- 0,45
Pauillac(2)	+ 01 25	+ 01 10	- 0,45	- 0,50	+ 02 30	+ 01 55	+ 0,30	- 0,90
Bordeaux(2)	+ 02 50	+ 02 10	- 0,75	- 0,70	+ 04 30	+ 03 50	- 0,95	- 2,05
Cap Ferret	+ 00 30	+ 00 10	- 1,90	- 1,60	+ 00 40	+ 00 30	- 0,40	- 1,10
Arcachon (Eyrac)	+ 00 50	+ 00 20	- 1,75	- 1,55	+ 00 50	+ 00 30	- 0,55	- 1,20
Saint-Jean-de-Luz	- 00 15	- 00 30	- 1,75	- 1,55	- 00 20	- 00 10	- 0,40	- 0,90

Courants de marées

Sud Loire

À nos lecteurs :

Les cartes proposées dans ce chapitre donnent une représentation simplifiée des courants côtiers afin d'apporter aux navigateurs une lecture rapide de la direction et de la force de ceux-ci.

Elles ont été réalisées par la société Actimar à partir de résultats de modélisations hydrodynamiques.

Les valeurs, exprimées en nœuds, sont données pour les marées de VIVES EAUX (coefficient de 95). Il revient à chaque marin d'utiliser ces données avec la prudence habituelle et de tenir compte des facteurs météo (vent contre courant, présence de hauts-fonds...).

Les étales, surtout celles de pleines mers, sont les plus favorables pour négocier les passages délicats.

Photo Jakez

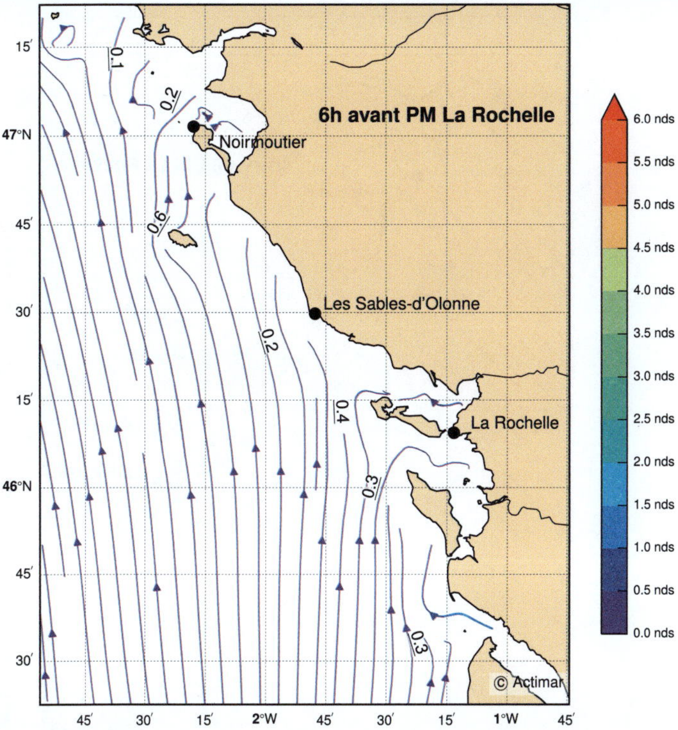

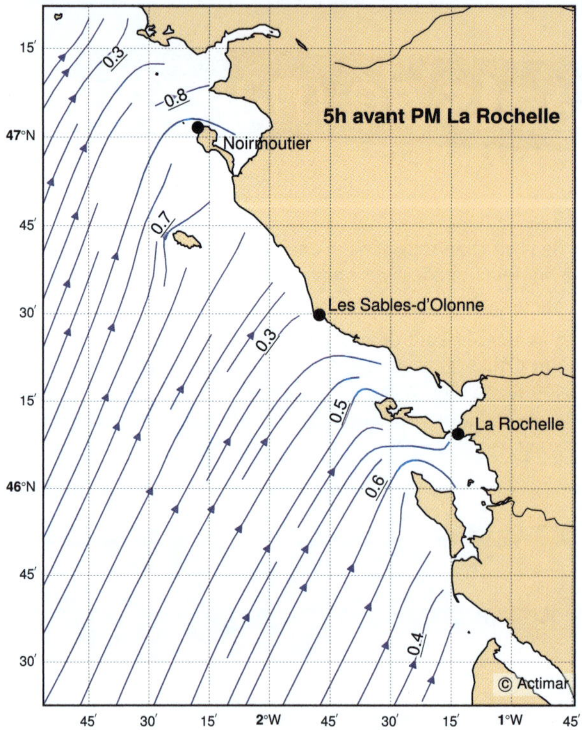
5h avant PM La Rochelle
Noirmoutier
Les Sables-d'Olonne
La Rochelle
0.3
0.8
0.7
0.3
0.5
0.6
0.4
© Actimar
15′
47°N
45′
30′
15′
46°N
45′
30′
45′
30′
15′
2°W
45′
30′
15′
1°W
45′

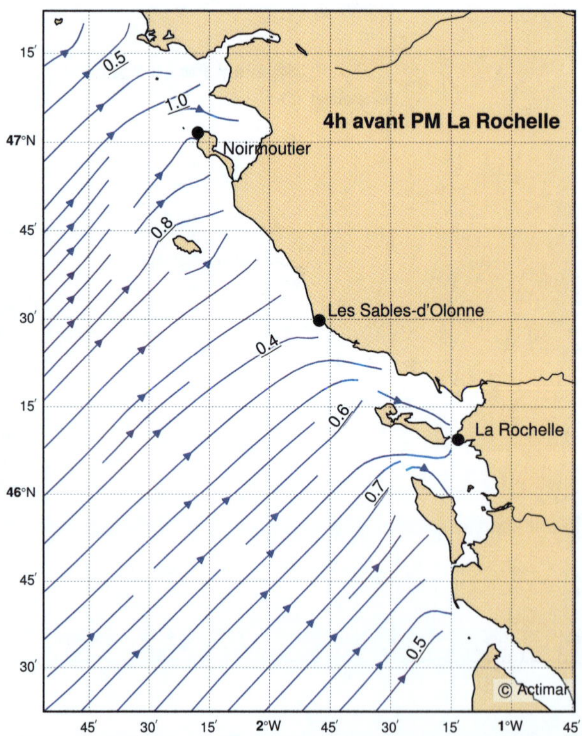
4h avant PM La Rochelle
Noirmoutier
Les Sables-d'Olonne
La Rochelle
0.5
1.0
0.8
0.4
0.6
0.7
0.5
© Actimar
15′
47°N
45′
30′
15′
46°N
45′
30′
45′
30′
15′
2°W
45′
30′
15′
1°W
45′

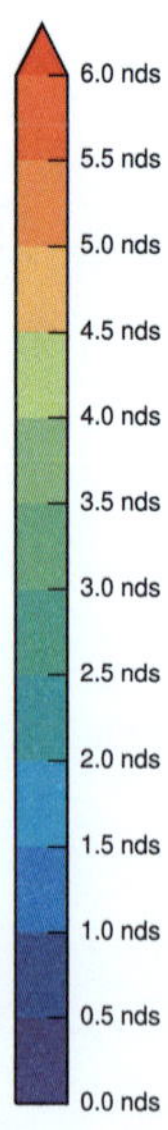
6.0 nds
5.5 nds
5.0 nds
4.5 nds
4.0 nds
3.5 nds
3.0 nds
2.5 nds
2.0 nds
1.5 nds
1.0 nds
0.5 nds
0.0 nds

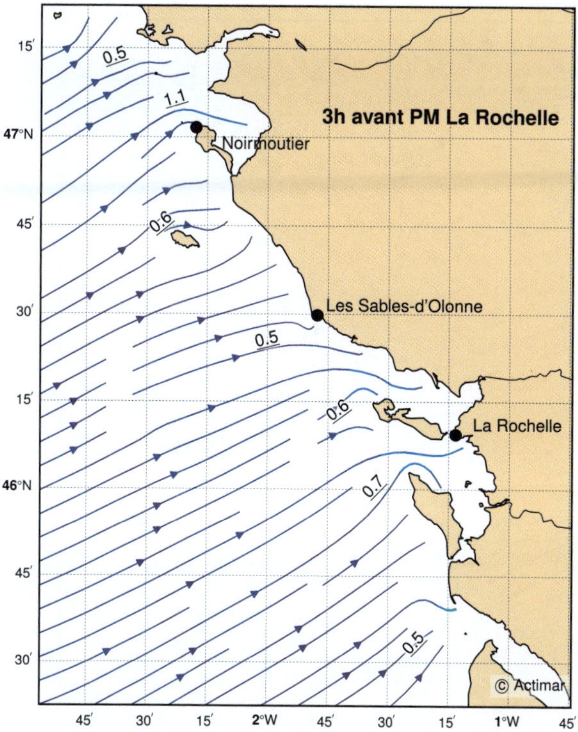
3h avant PM La Rochelle
Noirmoutier
Les Sables-d'Olonne
La Rochelle
0.5
1.1
0.6
0.5
0.6
0.7
0.5
© Actimar
15′
47°N
45′
30′
15′
46°N
45′
30′
45′
30′
15′
2°W
45′
30′
15′
1°W
45′

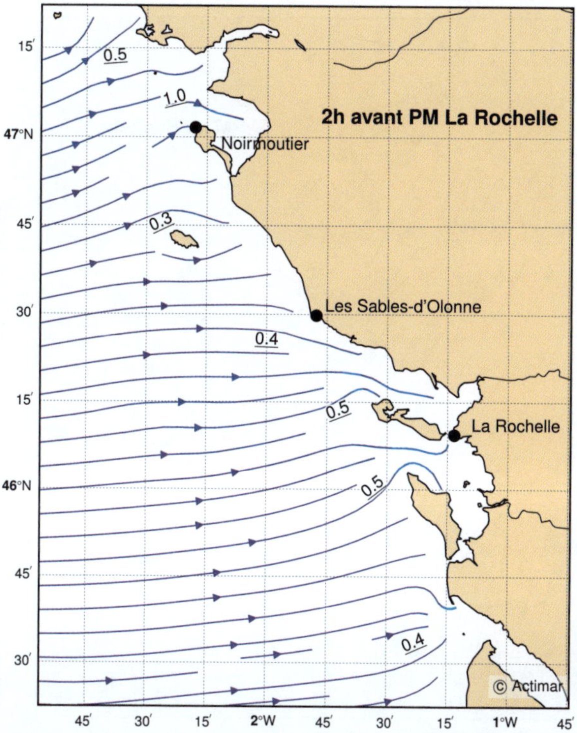
2h avant PM La Rochelle
Noirmoutier
Les Sables-d'Olonne
La Rochelle
0.5
1.0
0.3
0.4
0.5
0.5
0.4
© Actimar
15′
47°N
45′
30′
15′
46°N
45′
30′
45′
30′
15′
2°W
45′
30′
15′
1°W
45′

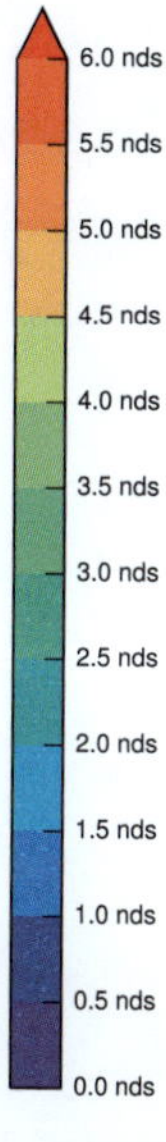
6.0 nds
5.5 nds
5.0 nds
4.5 nds
4.0 nds
3.5 nds
3.0 nds
2.5 nds
2.0 nds
1.5 nds
1.0 nds
0.5 nds
0.0 nds

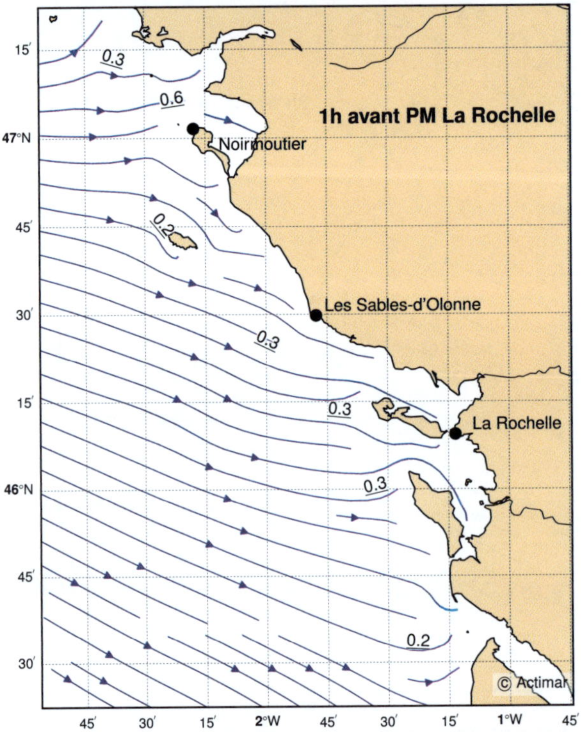
1h avant PM La Rochelle
Noirmoutier
Les Sables-d'Olonne
La Rochelle
0.3
0.6
0.2
0.3
0.3
0.3
0.2
15′
47°N
45′
30′
15′
46°N
45′
30′
45′
30′
15′
2°W
45′
30′
15′
1°W
45′
© Actimar

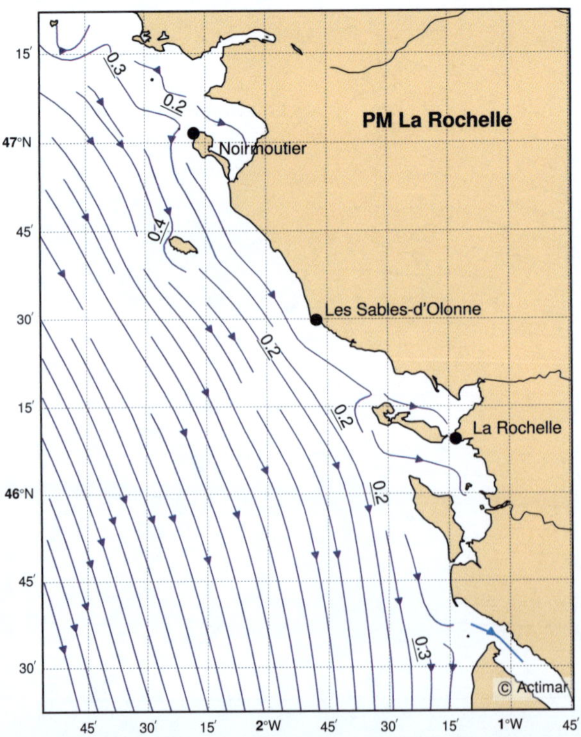
PM La Rochelle
Noirmoutier
Les Sables-d'Olonne
La Rochelle
0.3
0.2
0.4
0.2
0.2
0.2
0.3
15′
47°N
45′
30′
15′
46°N
45′
30′
45′
30′
15′
2°W
45′
30′
15′
1°W
45′
© Actimar

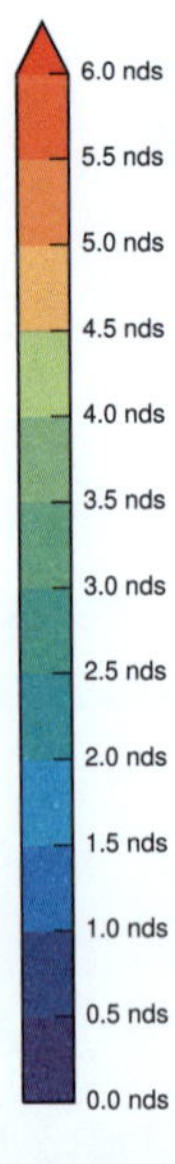
6.0 nds
5.5 nds
5.0 nds
4.5 nds
4.0 nds
3.5 nds
3.0 nds
2.5 nds
2.0 nds
1.5 nds
1.0 nds
0.5 nds
0.0 nds

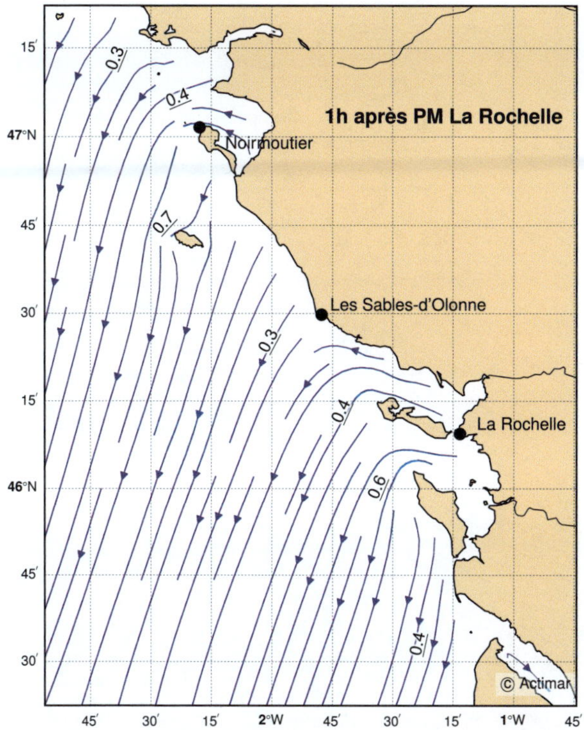
1h après PM La Rochelle
Noirmoutier
Les Sables-d'Olonne
La Rochelle
0.3
0.4
0.7
0.3
0.4
0.6
0.4
© Actimar
15′
47°N
45′
30′
15′
46°N
45′
30′
45′
30′
15′
2°W
45′
30′
15′
1°W
45′

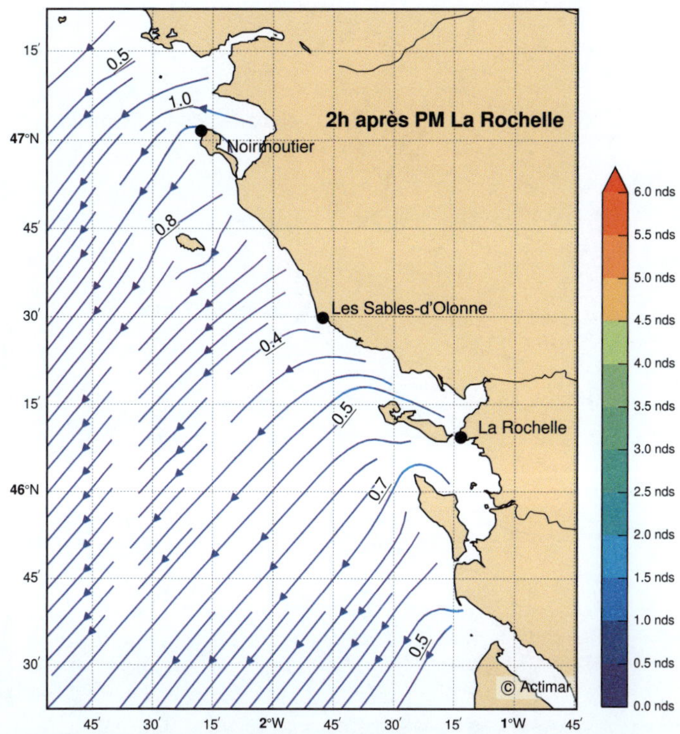
2h après PM La Rochelle
Noirmoutier
Les Sables-d'Olonne
La Rochelle
0.5
1.0
0.8
0.4
0.5
0.7
0.5
© Actimar
15′
47°N
45′
30′
15′
46°N
45′
30′
45′
30′
15′
2°W
45′
30′
15′
1°W
45′
6.0 nds
5.5 nds
5.0 nds
4.5 nds
4.0 nds
3.5 nds
3.0 nds
2.5 nds
2.0 nds
1.5 nds
1.0 nds
0.5 nds
0.0 nds

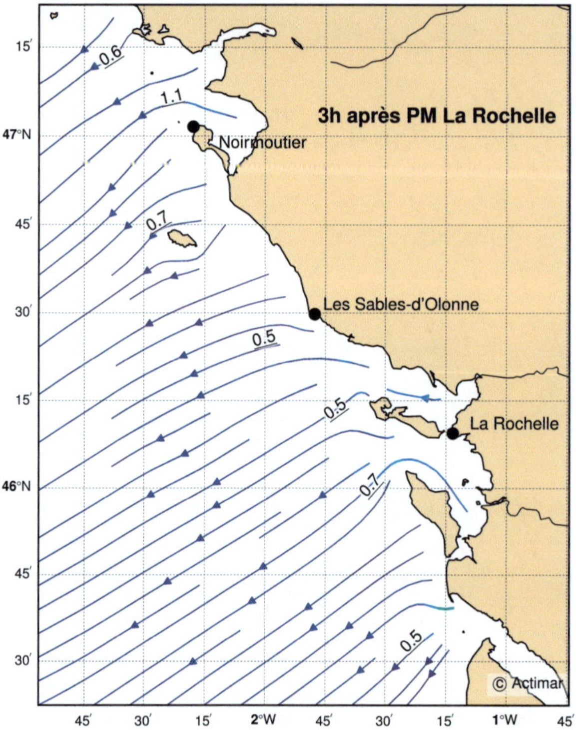
3h après PM La Rochelle
Noirmoutier
Les Sables-d'Olonne
La Rochelle
0.6
1.1
0.7
0.5
0.5
0.7
0.5
15′
47°N
45′
30′
15′
46°N
45′
30′
45′
30′
15′
2°W
45′
30′
15′
1°W
45′
© Actimar

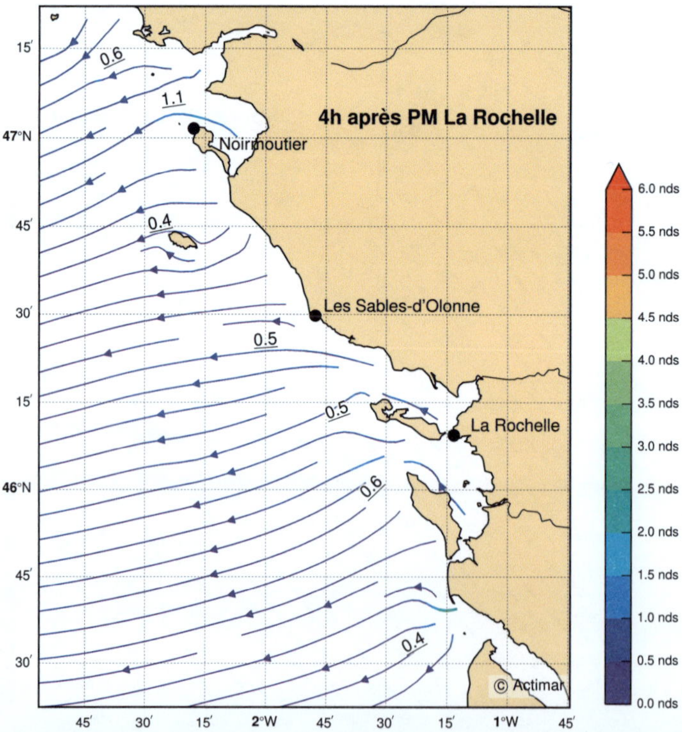
4h après PM La Rochelle
Noirmoutier
Les Sables-d'Olonne
La Rochelle
0.6
1.1
0.4
0.5
0.5
0.6
0.4
15′
47°N
45′
30′
15′
46°N
45′
30′
45′
30′
15′
2°W
45′
30′
15′
1°W
45′
© Actimar
6.0 nds
5.5 nds
5.0 nds
4.5 nds
4.0 nds
3.5 nds
3.0 nds
2.5 nds
2.0 nds
1.5 nds
1.0 nds
0.5 nds
0.0 nds

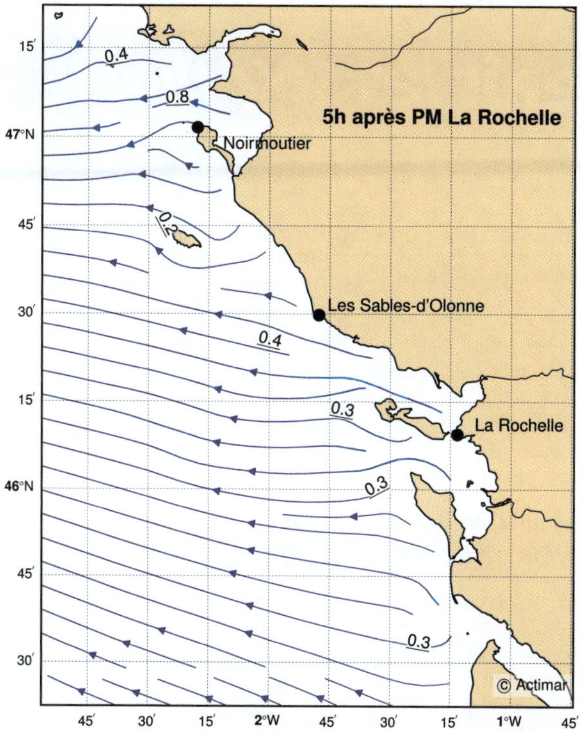
5h après PM La Rochelle
Noirmoutier
Les Sables-d'Olonne
La Rochelle
0.4
0.8
0.2
0.4
0.3
0.3
0.3
15′
47°N
45′
30′
15′
46°N
45′
30′
45′
30′
15′
2°W
45′
30′
15′
1°W
45′
© Actimar

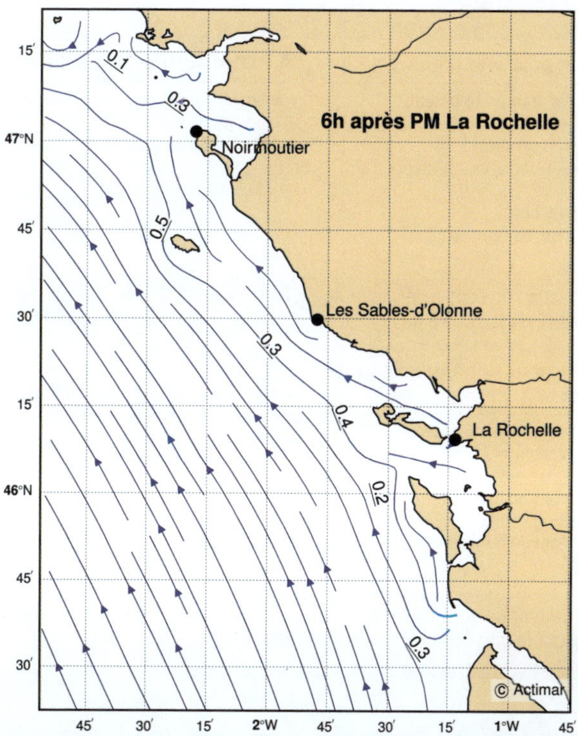
6h après PM La Rochelle
Noirmoutier
Les Sables-d'Olonne
La Rochelle
0.1
0.3
0.5
0.3
0.4
0.2
0.3
15′
47°N
45′
30′
15′
46°N
45′
30′
45′
30′
15′
2°W
45′
30′
15′
1°W
45′
© Actimar

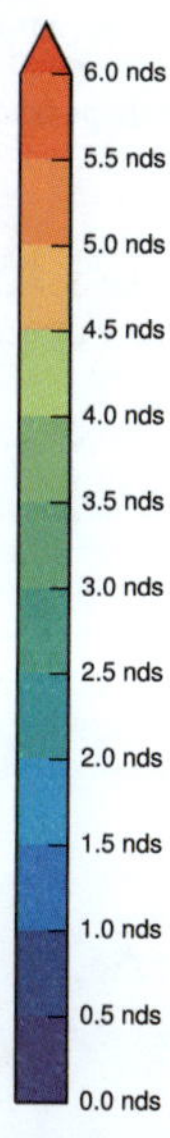
6.0 nds
5.5 nds
5.0 nds
4.5 nds
4.0 nds
3.5 nds
3.0 nds
2.5 nds
2.0 nds
1.5 nds
1.0 nds
0.5 nds
0.0 nds

Prévenir les secours en mer

(Fiche réflexe SNSM)

Par VHF Canal 16
ou par le téléphone portable en composant le 196

Les informations indispensables aux secours :
1 - Ma position ;
2 - La nature du sinistre ;
3 - Le nombre de personnes à bord ;
4 - Le type de mon embarcation ;
5 - Le nom de mon embarcation.

Par VHF Canal 16, utiliser les messages suivants :
Après analyse de la situation, le centre de sauvetage (Cross) mettra en œuvre le moyen de sauvetage le plus proche et le mieux adapté à la situation.

Le message **Mayday** *pour une détresse :*

- **Mayday Mayday Mayday, ici le bateau...** (type et nom de l'embarcation) (x 3 fois)
- **À la position** (position GPS ou azimut/distance d'un point remarquable)
- **Qui se signale** (nature du sinistre)
- **Nombre de personnes à bord**
- **Ici le bateau** (type et nom de l'embarcation)
- **Terminé**

À employer pour les cas suivants :

- Homme à la mer *
- Incendie/explosion *
- Abordage *
- Voie d'eau *
- Navire désemparé et à la dérive *
- Échouement *
- Chavirement *
- Abandon de navire *
- Navire en train de sombrer *

Le message Pan Pan pour une urgence :

- **Pan Pan - Pan Pan - Pan Pan, ici le bateau** (type et nom de l'embarcation) (x 3 fois)
- **Qui se signale** (nature du sinistre)
- **À la position** (position GPS ou azimut/distance d'un point remarquable)
- **Nombre de personnes à bord**
- **Ici le bateau** (type et nom de l'embarcation)
- **Terminé**

À employer pour les cas suivants :

- Avarie de propulsion
- Avarie de barre
- Hélice ou safran engagé
- Dématage
- Demande d'avis médical

Après analyse de la situation, le centre de sauvetage (Cross) proposera : l'assistance des Sauveteurs en Mer ou celle d'une société d'assistance privée. Le requérant a le choix du moyen d'assistance.

Le message Sécurité pour signaler un danger pour la navigation :

- **Sécurité - Sécurité - Sécurité, ici le bateau** (type et nom de l'embarcation) (x 3 fois)
- **Qui se signale** (nature du danger à la navigation)
- **A la position** (position GPS ou azimut/distance d'un point remarquable)
- **Ici le bateau** (type et nom de l'embarcation)
- **Terminé**

À employer pour les cas suivants :

- Les objets à la dérive (type tronc d'arbre, container, coque.)
- Phénomènes météorologiques spontanés (type trombe d'eau).

C'est un message permettant de sensibiliser l'environnement proche du danger, mais aussi de prévenir la terre. Le Cross diffusera le plus largement ces informations.

** Liste des natures de détresse de l'appel sélectif numérique (ASN sous système du SMDSM)*

La VHF

Les bons usages...

Les émetteurs-récepteurs du service mobile maritime dans la gamme des ondes métriques (VHF) sont des éléments importants de sécurité pour la navigation de plaisance et l'organisation des secours en mer. Afin de favoriser leur emploi par les plaisanciers, de nouvelles conditions d'utilisation de la VHF sont entrées en vigueur.

Dans les eaux territoriales maritimes et les eaux intérieures francaises

Utilisation d'une VHF portative d'une puissance maximale de 6 watts sans ASN*

L'obligation d'être titulaire du certificat restreint de radiotéléphoniste (CRR) est supprimée. Aucune qualification spécifique n'est exigée.

Utilisation d'une VHF portative ASN ou d'une VHF fixe avec ou sans ASN de plus de 6 watts

Des connaissances théoriques et pratiques nécessaires pour l'utilisation de la VHF sont désormais intégrées dans le programme de formation ainsi qu'à l'examen du permis de conduire de bateaux de plaisance.

Le titulaire du permis plaisance peut ainsi manœuvrer une VHF, fixe ou portable, dans les eaux nationales maritimes ou intérieures sans avoir à passer un examen supplémentaire.

Les titulaires d'un permis plaisance delivré avant l'entrée en vigueur de cette reforme peuvent utiliser la VHF dans les mêmes conditions. Les personnes non titulaires du permis plaisance restent soumises à l'obligation de posséder un CRR.

Vérifiez que votre VHF est correctement initialisée et connectée au GPS. Dans les eaux intérieures françaises, l'utilisation de l'ASN est interdite.

**ASN : appel sélectif numérique = DSC : digital selective calling*

Dans les eaux internationales

Il est toujours nécessaire d'être titulaire du CRR pour l'utilisation de la VHF dans les eaux internationales.

Les personnes ayant obtenu le CRR avant le 1er octobre 2004 n'ont pas à passer de module complémentaire et peuvent utiliser une VHF ASN. Il leur est cependant fortement conseillé de parfaire leurs connaissances en consultant les informations disponibles sur www.anfr.fr

Texte de référence : Arrêté du 18 mai 2005 relatif aux certificats restreints de radiotéléphoniste du service mobile maritime et du service mobile fluvial et aux droits d'examen concernant ces certificats, modifié par l'arrêté du 22 février 2011.

Pourquoi faire une demande de licence alors que l'on a deja obtenu le CRR ?

Le CRR est un examen validant des connaissances, la licence est un droit à utiliser les frequences. La licence représente l'autorisation d'exploiter les fréquences maritimes. C'est grâce à elle que le bateau est doté d'un identifiant unique (indicatif et/ou MMSI) qui permet aux centres de secours de déterminer précisement, lors d'un appel de détresse, quels sont les moyens à engager. La licence doit etre conservée à bord car elle peut être réclamée par les autorites compétentes, en France et à l'étranger. Pour l'obtenir, il suffit de remplir le formulaire « demande ou modification de licence» disponible sur le site de l'ANFR, accompagné des pièces justificatives demandées.

“ Vous souvenez-vous des temps heureux où l'adjectif "astronomique" s'adressait aux étoiles et non aux prix ?

Qu'est ce que le codage MMSI ?

Le MMSI (Mobile Maritime Service Identity) est une série de neuf chiffres qui constitue le passeport radio d'un navire dans le monde entier. Un MMSI est attribué à un navire et permet d'enregistrer les équipements qui utilisent la technique ASN (VHF et BLU), les balises de détresse ainsi que des émetteurs-recepteurs par satellite (stations Inmarsat B, C et M). À la sortie d'usine, certains équipements comme les balises ne sont dotés que d'un numéro de série. L'ANFR gère l'attribution des MMSI.

Pour en savoir plus : www.anfr.fr (rubrique Radiomaritime)

Synthèse des conditions d'utilisation de la VHF pour les bateaux de plaisance à compter du 1er mars 2011
Source : Direction générale des Infrastructures, des Transports et de la Mer (Novembre 2011).

Demander une licence

Si vous venez d'acquérir un navire avec une radio VHF fixe ou portative ou d'une balise ou si vous souhaitez équiper votre bateau avec des équipements radioélectriques une autorisation administrative est exigée pour les utiliser. Vous utiliserez pour cela la demande de licence et MMSI en y joignant les pièces justificatives demandées. Ces documents sont à transmettre uniquement par voie postale, à l'adresse ci-dessous.

Agence nationale des fréquences
Département licences et certificats, 4 rue Alphonse Matter - BP 8314 - 88108 Saint-Dié-des-Vosges Cedex

Demander un MMSI

Si vous ne possédez pas de licence à votre nom, complétez un formulaire de demande de licence vous permettant d'obtenir un indicatif, le MMSI sollicité et une licence conforme à la réglementation.

Si vous avez déjà une licence, vous pouvez utiliser le module e-administration qui vous permet de déclarer le matériel nécessitant un MMSI.

Pour toute question relative à ce formulaire, veuillez contacter l'ANFR (tél. 03 29 42 20 68).

Modifier ou résilier votre licence

Pour bénéficier des services associés à la licence, vous devez régulièrement actualiser les informations qu'elle comporte :

• soit en utilisant le module e-administration,

• soit en renvoyant par voie postale, à l'adresse indiquée ci-contre, le coupon-réponse qui accompagne votre dernière licence reçue en fin d'année précédente.

Code alpha international

	Terme employé	*Prononciation*
A	**Alpha**	Al pha
B	**Bravo**	Bra vo
C	**Charlie**	Tchar li
D	**Delta**	Del tah
E	**Echo**	Èk o
F	**Foxtrot**	Fox trott
G	**Golf**	Golf
H	**Hotel**	Ho tèll
I	**India**	In di ah
J	**Juliett**	Djou li ètt
K	**Kilo**	Ki lo
L	**Lima**	Li mah
M	**Mike**	Ma ïk
N	**November**	No vem ber
O	**Oscar**	Oss car
P	**Papa**	Pah pah
Q	**Quebec**	Ké bèk
R	**Romeo**	Ro mi o
S	**Sierra**	Si èr ra
T	**Tango**	Tan go
U	**Uniform**	You ni form
V	**Victor**	Vik tor
W	**Whiskey**	Ouiss ki
X	**X-ray**	Èkss rè
Y	**Yankee**	Yang ki
Z	**Zulu**	Zou lou

« Tout ce que vous entassez en dehors de votre cœur est perdu [Jean Giono].

VHF : les conseils des Sauveteurs en Mer

■ Quel que soit le type de navigation pratiquée, **embarquez toujours une VHF**, elle est un élément essentiel de votre sécurité. Elle vous permet d'appeler les secours en cas de besoin, elle vous permet d'écouter ce qui se passe autour de vous et de porter secours ou assistance en cas d'appel d'un autre navire.

■ En embarquant, **demandez au chef de bord de vous montrer le fonctionnement de la radio VHF**. En cas de difficulté, chaque équipier doit être capable d'alerter les secours sur le canal 16 et de s'assurer que la VHF est bien sur « high ».

■ **N'encombrez pas le canal 16** qui est une fréquence de sécurité et sur laquelle vous êtes entendus par tous, changez de canal. Les fréquences 6- 8- 72- et 77 sont destinées aux communications de navire à navire.

■ Après avoir accompli les formalités gratuites auprès de l'ANFR pour **obtenir votre licence d'utilisation et le numéro MMSI** (numéro identité du service mobile maritime), n'oubliez pas de saisir ce numéro sur votre VHF ASN en respectant scrupuleusement le mode d'emploi de votre appareil.

■ Ainsi initialisée, une VHF ASN couplée à un GPS permet de **signaler une alerte automatiquement** en transmettant votre identité, mais aussi votre position facilitant ainsi la mise en oeuvre et l'arrivée des secours.

■ **Adoptez une VHF fixe ou portable en fonction du type de navigation que vous pratiquez**. En fonction de la hauteur des antennes d'émission et de réception et du relief de la côte, les portées peuvent être très différentes. Il est communément constaté que la portée maximum des VHF portables est de l'ordre de 3 à 5 milles et celle des VHF fixes de 20 à 25 milles.

■ En fonction de la durée de votre navigation, **munissez-vous d'un chargeur ou de batteries de rechange**. En général, la durée d'autonomie d'une VHF varie entre 5 et 8 heures.

■ **En cas de détresse, si vous n'avez pas de VHF, utilisez votre téléphone portable** et composez **le 196** (numéro gratuit d'appel d'urgence en mer)**.**

Photo SNSM : Bernard Rubinstein

Zones de baignade : les nouveaux drapeaux

Baignade surveillée sans danger apparent

Baignade surveillée avec danger limité ou marqué

Baignade interdite

Zone de baignade surveillée pendant les horaires d'ouverture du poste de secours

Zone de pratiques aquatiques et nautiques où la baignade n'est pas interdite, mais aux riques et périls des baigneurs comme le surf.

Photo SNSM

La pêche à pied

Les plaisirs de l'estran

Pratiquer la pêche à pied

La pêche à pied est une activité ancestrale ludique, et bien souvent familiale. Cette occupation se définit par l'ensemble des techniques de pêche pratiquées sans l'emploi (ou l'emploi accessoire) d'une embarcation sur le rivage, les rochers ou les îlots. Elle est ouverte à tous mais fait l'objet de réglementations afin de préserver l'environnement marin et prévenir les risques sanitaires sur certains des sites de pêche à pied.

Elle se pratique lors des grandes marées (coefficient minimum de 80) à basse mer dans les zones rocheuses et/ou sableuses dans lesquelles se ramassent les crustacés (crabes, crevettes), les mollusques (coquillages bivalves comme la moule) ou les gastéropodes comme le bigorneau, céphalopodes comme la seiche, des poissons et éventuellement des oursins.

Préparation de la pêche

Renseignez-vous des dangers du lieu de pêche auprès des pêcheurs locaux, de la mairie, des associations, etc.

■ Pour les coquillages filtreurs, assurez-vous du classement de salubrité de la zone de pêche envisagée (A et B : pêche possible ; C et D pêche interdite) auprès des mairies, des offices du tourisme, de la DASS, ou des affaires maritimes. Évitez les zones portuaires et les estuaires douteux.

■ Consultez l'annuaire des marées pour connaître l'heure de la basse mer (emportez une montre). Quittez le lieu de pêche 45 mn après cette heure.

■ Tenez-vous informé des prévisions météo (s'abstenir en cas de brume annoncée ou d'orage) et munissez-vous par précaution d'une boussole ou d'un GPS.

■ N'allez pas à la pêche seul (surtout en cas de pêche dans un endroit inhabituel).

■ Emmenez un téléphone portable (le numéro 196 vous met directement en contact avec les secours maritimes (CROSS). C'est utile en cas de blessure ou de malaise.

■ Informez un membre de votre entourage de l'heure approximative du retour en pensant à prévenir en cas de retard imprévu pour éviter le déclenchement inutile d'une alerte.

■ Prenez un équipement adapté. Proscrire absolument la pêche pieds nus.

Réglementation

■ Prenez connaissance de la réglementation en vigueur : les tailles réglementaires des espèces (voir notre tableau en page 91), les engins de pêche autorisés, les périodes de fermeture de certaines espèces, les limitations journalières de capture, les zones de pêche (mairies, affaires maritimes ou associations). Les amendes pour non respect de la réglementation sont souvent très salées.

■ Munissez-vous d'un outil de mesure

Attention : les règles de la pêche à pied dépendent des directeurs inter-régionaux de la mer (DIRM anciennes affaires maritimes). Ces règles peuvent être différentes d'une région à l'autre.

Les espèces recherchées...

Les mollusques

- **Bivalves fouisseurs**

paloudes, coques, couteaux, praires, amandes...

- **Bivalves non fouisseurs**

huîtres, moules, coquilles Saint-Jacques...

- **Gastéropodes**

Ormeaux, bulots, bigorneaux, patelles.

- **Céphalopodes**

Seiches et calmars.

Les crustacés

La crevette grise, le bouquet, l'étrille, l'araignée de mer, le tourteau, le homard, l'anatife ou pousse-pied (pêche très réglementée).

Autres espèces

Les poissons : sole, la plie, congre, lançon.
Les oursins.

Les couteaux

Le couteau se repère par la présence des 2 trous très proches laissés par ses siphons qui forment souvent une trace en forme de huit. Plusieurs techniques peuvent être utilisées, la plus efficace étant de déposer une pincée de gros sel sur le trou pour faire sortir l'animal et l'attraper fermement entre deux doigts...

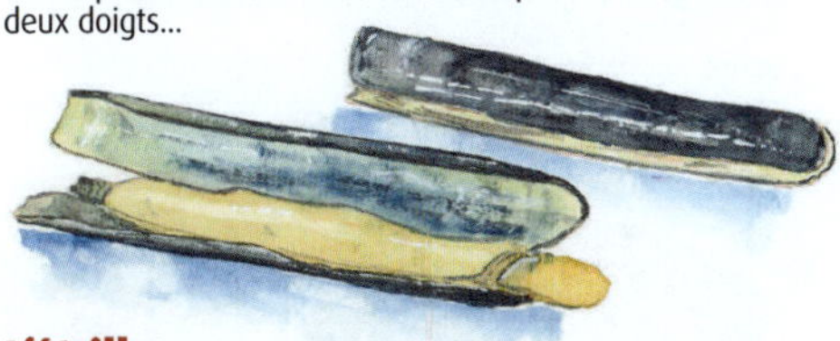

L'étrille

L'étrille est un crustacé extrêmement vivace. Ce crabe est pourvu de quatre pattes natatoires plates; ses deux pinces antérieures, dentelées comme celles du homard, sont d'une mobilité étonnante. C'est un crabe que l'on recherchera, sous les pierres de mars à septembre. Sa chair est fine. À marée basse, il se cache sous les pierres. On peut le débusquer en bougeant les pierres ou en les soulevant, (puis en les replaçant).

La palourde

La palourde est facile à pêcher sur la plupart des estrans sableux. Sa chair est savoureuse. Elle mesure de 3 à 6 cm (capture mini : 3,5 cm). Il en existe plusieurs espèces: palourdes bleues, palourdes d'Europe, palourdes roses ou japonaises. Sur le sable à l'endroit où elle s'est enfouie, La palourde laisse une marque caractéristique faite de deux trous circulaires distants de 2 cm env. selon la taille. Pour la dénicher, il faut creuser avec un râteau ou un couteau à palourde selon la nature du substrat : sable fin, gravier, ou vase.

L'ormeau

Sa pêche est très encadrée.L'espèce est protégée notamment durant sa période de reproduction (printemps-été). Pour une taille mini de 9 cm, les quantités autorisées peuvent varier selon les quartiers maritimes. L'ormeau se prend au niveau zéro des cartes, une marée de 90-100 s'impose donc. C'est une pêche assez physique : se baisser ou se mettre à genou pour voir au creux des failles ou sous des rochers. On se munira d'un croc à longue tige. L'ormeau est un mollusque de la famille des gastéropodes. Il se déplace et se nourrit en rampant et broutant sur son pied ventral. Il possède une coquille rugueuse unique et ovale, forme qui vaut aussi le surnom d'*oreille de mer*.

Les moules

Sur les rochers et dans les failles du large bien brassées par la houle et les courants, les moules sauvages se fixent facilement. On prendra soin de ne prélever que les gros spécimens (4 cm env.) au couteau. Avant de les consommer, de les dessaler un peu et de les gratter soigneusement.

Illustrations
de Jacques Pennors

> “ S'il t'est impossible de vivre seul, c'est que tu es né esclave
> [Fernando Pessoa]

Le bouquet ou crevette rose

C'est bien souvent le *Graal* du pêcheur chevronné conquis par la finesse et la texture incomparable de sa chair délicieuse. La crevette se déplace en suivant le flôt et le jusant, se trouvant ainsi piégée en certains endroits au plus bas de la marée. Le bouquet se traque bien sûr à l'haveneau. La reine des crevettes aime les algues et les mares entourant les gros blocs posés sur le sable. Pour être efficace, il faut manier l'haveneau avec une technique certaine, subtil équilibre entre rapidité et discrétion...

Les praires

Deux coques épaisses, bombées et striées de couleur blanc, marron, voire jaunâtre, permettent d'identifier facilement la praire. L'intérieur de la coquille épaisse est blanc avec, parfois, des taches de couleur brune ou rouille. Animal fouisseur, la praire vit sur des fonds de sable grossier et de graviers relativement propres, à une profondeur de 10 cm environ. On peut la pêcher à la main, mais il est plus facile d'utiliser un râteau ou une griffe. Le secret est de repérer les deux trous identiques laissés sur le sable avant de gratter ou creuser.

Les coquilles Saint-Jacques

La coquille Saint-Jacques est présente sur la côte Atlantique et dans la Manche. À pied, sa pêche fait l'objet d'une réglementation spécifique (consultez les autorités locales pour les périodes d'ouverture). La forme en éventail du coquillage est caractéristique. Il mesure jusqu'à 17 cm diamètre. La coquille inférieure est bombée, l'autre plate. Pendant les grandes marées, on la recherchera dans les substrats de sable, de graviers, dans les herbiers et les flaques au plus bas de l'estran. Lorsqu'elle se trouve au sec, la coquille Saint-Jacques trahit parfois sa présence par un petit claquement de coquille. Les marées qui suivent une tempête sont souvent les plus productives !

Les bulots

Bien présent sur les côtes normandes, le bulot est majoritairement pêché aux casiers. Mais, aux premiers froids et par grande marée, on peut le pêcher à pied en terrain plutôt sableux clairsemé de roches recouvertes de moules. Le bulot s'y cache quelques heures durant la basse mer et il faut un œil exercé pour le débusquer dans le sable, calé sur une roche ou parmi les moules... Le bulot est un mollusque gastéropode. Sa coquille en spirale, d'une couleur allant du brun au vert pâle abrite le pied de l'animal soit la partie comestible. Taille adulte 5 cm env.

Les bigorneaux

L'escargot de mer est un gastéropode discret car de petite taille. Sa *cueillette* est facile et constitue une bonne entrée en matière pour les premières expériences de pêche à pied. On le trouve pratiquement sur toutes les plages, blotti en groupe, sous les grappes d'algues, accroché aux rochers. Seuls les bigorneaux noirs (coquilles arrondies et couleur très sombre) valent d'être ramassés pour la consommation.

Pour une pêche responsable

- Respectez l'environnement : remettez les pierres retournées dans leur position initiale.
- Ne laissez pas de déchets sur l'estran.
- Respectez les autres usagers qu'ils soient professionnels ou amateurs.
- Respectez les installations professionnelles : bouchots, tables à huîtres, casiers, etc.
- Ne prélevez que ce dont vous avez besoin pour votre consommation familiale.
- Adoptez des techniques de pêche douces en évitant de labourer l'estran.

"J'ai l'intention de vivre éternellement, pour l'instant, tout se passe comme prévu..."

L'ormeau

le graal du pêcheur à pied

photo : M-N de Casamajor-Ifremer.

Aux grandes marées, c'est l'objet de toutes les convoitises. Pour le dénicher, il faut avoir développé une solide expérience et un bon sens de l'observation car il occupe un biotope particulier, exigu et souvent peu accessible. Fragile et rare, sa pêche est très encadrée. L'ormeau se mérite mais les efforts déployés pour en garnir son panier sont récompensés par les saveurs de sa chair délicate....

Haliotis tuberculata, l'ormeau, ce coquillage très prisé est tout simplement un escargot aplati (famille des mollusques gastéropode), une forme parfaitement adaptée à son milieu de vie, sous les roches ou dans les failles !

Installé des côtes rocheuses de la Manche et de l'Atlantique jusqu'au Sénégal, mais également en Méditerranée, à partir des niveaux de mi-marée jusqu'à une quinzaine de mètres de profondeur, on le rencontre en présence d'algues dont il se nourrit, principalement les algues rouges. Il utilise pour cela une radula, la partie dure à l'avant que l'on retire avant dégustation, qui consiste en une série de dents avec lesquelles il les broute, parfois en quantité atteignant jusqu'à 20 % de son propre poids en une journée.

Hémophile et fragile

Gastéropode oblige, la vitesse de ses déplacements à l'aide de son large pied, la partie musculeuse que l'on savoure, n'est pas de nature à figurer dans les livres de records. Il est en revanche très adhérent à son support, les pêcheurs peuvent confirmer ! Il est d'ailleurs parfaitement déconseillé de tenter de le décrocher si l'on n'est pas certain qu'il fasse la taille réglementaire ou de pouvoir l'extraire sans l'abîmer, car aussi robuste qu'il paraît, l'ormeau est en réalité fragile et la moindre blessure peut lui être fatale car il est hémophile...

Sa jolie coquille nacrée à l'intérieur est parsemée de trous sur le bord extérieur, dont le nombre grandit avec l'âge. Ils permettent la circulation de l'eau de mer pour la respiration mais également à l'excrétion les déchets et à l'évacuation en période estivale de plusieurs millions d'œufs par la femelle adulte, une fois la taille de 4-5 cm atteinte, à 3 ans environ. Ces derniers seront fécondés dans l'eau par la laitance du mâle. Seuls quelques-uns survivront pour donner naissance à une larve dérivante (pélagique) qui, après différents stades de développement et métamorphoses, finira par tomber sur le fond pour mener une vie dite « benthique ». Selon l'abondance de la nourriture dans le milieu, l'ormeau grandit de plus d'1 cm par an pour atteindre 12 cm, autour de 15 ans.

Gros plan sur les yeux et la bouche de l'ormeau (O. Dugornay-Ifremer)

12 cm à 15 ans, l'ormeau grandit lentement !

Des tentacules sensoriels passant au travers de sa coquille lui servent à appréhender l'environnement extérieur tout est restant à l'abri de sa coquille. Cette dernière est colonisée à l'extérieur par de nombreux organismes que l'on rencontre sur les roches également. Ceci lui confère un camouflage naturel qui le rend peu visible des prédateurs... Parmi eux, figurent les poissons aux mâchoires solides, comme les dorades, les roussettes, les bars, mais également les étoiles de mer, les crustacés, et les poulpes. Aussi, si ces derniers sont présents en grande quantité, il n'est pas rare que les ormeaux en fassent les frais et se raréfient.

Néanmoins, un prédateur important pour l'ormeau est le pêcheur... c'est pourquoi pour le protéger, sa pêche est très encadrée, que ce soit pour la pêche professionnelle en scaphandre autonome, ou la pêche de loisir, à pied exclusivement. En effet, pour celle-ci, les pieds du pêcheur doivent toujours être en contact avec le sol (plongée et apnée interdites) et l'utilisation d'équipement de plongée, hormis une combinaison, est interdite, tout comme celle d'outils, exceptés couteau, croc et crochet.

Jeune ormeau et autres organismes sous un rocher (photo : Julie Duchêne)

Des périodes de pêche à respecter

Pour la pratique de cette pêche de jour uniquement, il faut également respecter une période de fermeture pour préserver la période de reproduction de l'ormeau, qui s'étale du 15 juin au 31 août, voire dès le 1er avril dans l'archipel de Molène (où la pêche n'est aussi autorisée que par coefficient de 95 en période d'ouverture). De même, une taille minimale de capture est instaurée à 9 cm. Le nombre maximal d'ormeaux par jour et par personne est fixé à 20 et il est interdit de les décortiquer sur place, et bien évidemment de les vendre. Toute forme de braconnage est sévèrement punie et les amendes sont, on peut le dire, salées...

Pourquoi une taille minimale de capture de 9 cm ?

Tout simplement parce que l'ormeau devient adulte, et donc en capacité de se reproduire, à partir de la taille d'environ 4-5 cm atteinte, et que plus il est gros, plus il est fécond.

Une femelle pond 500 000 œufs quand elle mesure 7,5 cm. 1 million d'œufs quand elle mesure 10,5 cm. Plus de 5 millions à 11,5 cm...

Pêcher des ormeaux sous-taille, c'est empêcher ou limiter sa reproduction, et donc menacer l'espèce.

Enfin, une règle évidente et valable pour tous les autres organismes marins : veiller à bien replacer les rochers retournés dans leur position initiale, car les espèces qui vivent dessus ou dessous ne sont pas adaptées à vivre la tête à l'envers !

Ce geste simple permet à tout ce petit monde de survivre et à l'habitat des blocs rocheux d'assurer son rôle d'abri, de nourricerie et d'alimentation pour de nombreuses espèces.

Trous du bord de la coquille et tentacules sensoriels (O. Dugornay-Ifremer)

Julie Duchêne
(Ifremer- Brest)

Sources : Girard. A, 1972. La reproduction de l'Ormeau Haliotis tuberculata L., Rev. Trav. Inst. Pêches marit, 36 (2), p. 163-184. Arrêté préfectoral 2013-7456 du 21 octobre 2013 réglementant l'exercice de la pêche maritime de loisir pratiquée à pied en Bretagnepour les coquillages, échinodermes et vers marins

Préparer et cuisiner les ormeaux

Cuisiner les ormeaux requiert un minimum de préparation.

Etape 1 : à l'aide d'une cuillère, détacher les muscles de leurs coquilles

Etape 2 : couper la partie dure de l'ormeau (sa bouche)

Etape 3 : attendrissez vos ormeaux selon la technique de votre choix (voir encadré ci-contre)

Attendrir la chair de l'ormeau

Question aussi délicate que la chair du mollusque...

On peut sans vergogne lui taper dessus avec un maillet (de préférence en bois pour doser les gestes et ne pas tout "exploser"). Avec cette méthode, une petite astuce consiste à placer le muscle de l'ormeau dans un sachet plastique type sac de congélation puis de l'entourer d'un torchon qui amortira les coups (et restera ainsi tout propre !).

Si vous avez le temps, une autre technique plus délicate consiste à placer les ormeaux dans le réfrigérateur pendant environ 48 heures, puis les sortir plusieurs fois par jour pour les masser et attendrir les chairs qui seront ainsi plus onctueuses.

Utiliser cette dernière technique n'empêche pas de donner un ou deux petits coups de maillet avant de les cuisiner (à évaluer aussi en fonction de la taille des ormeaux, les plus gros étant généralement moins tendres).

Une fois les ormeaux préparés, ils sont prêts à cuisiner.

Ormeaux en persillade

Ce qu'il vous faudra :
- 4 ormeaux
- 160g de beurre
- 4 gousses d'ail (ou échalotes selon les goûts !).
- 4 cuillères à soupe de persil plat
- Sel et poivre
- Un rouleau à pâtisserie ou un pressoir

1/ Dans la poêle, déposez le beurre et ajoutez les ormeaux. Faites dorer en les arrosant du beurre fondu pendant 10 à 12 minutes.

2/ Une fois la poêle retirée du feu, ajoutez le persil plat, préalablement ciselé.

Par la suite, agrémentez la préparation des gousses d'ail hachées puis arrosez le tout (toujours avec le beurre et la préparation).

3/Terminez en assaisonnant avec le poivre et le sel puis placez les

ormeaux en persillade dans leurs coquilles. N'hésitez pas à déverser le beurre persillé dedans.

Bon appétit !

Le kayak

Pratiquer en toute liberté

Photo: Artur Antunez Vitales

Le kayak est un moyen fantastique de découverte du littoral. D'usage simple, il répond cependant à quelques règles, gages d'une navigation en toute sécurité.

Que dit la réglementation ?

(D 240-D 245)

Navigation autorisée de jour à moins de 300 mètres d'un abri. (1)

Dans une zone limitée à 300 mètres d'un abri, nous trouvons les modèles de kayak considérés comme engins de plage, c'est-à-dire ceux :

- dont la longueur est inférieure à 3,50 m,
- qui ne sont ni étanches ni auto videurs,
- ou ne satisfont pas aux exigences de stabilité et de flottabilité requises par la réglementation.

Navigation autorisée de jour au-delà de la zone des 300 mètres

Les kayaks qui ne sont pas des engins de plage peuvent s'écarter de plus de 300 m d'un abri :

• s'ils sont étanches (réserves de flottabilité et notamment pour les compartiments dans lesquels une ouverture est pratiquée, bouchons de trappe étanches et reliés à la coque) et auto videurs (évacuation permanente de l'eau reçue). Un kayak ponté équipé d'une jupe assujettie à l'utilisateur est considéré comme auto videur.

• s'ils sont équipés d'une ligne de vie. Indispensable, elle permet de rester en contact avec le kayak en cas de dessalage. Elle permet au kayakiste sauveteur de vider le kayak et de le maintenir pendant le sauvetage.

• s'ils sont équipés d'un dispositif permettant le calage du bassin et des membres inférieurs (sièges, cale-pieds...),

• s'ils sont équipés d'un taquet de remorquage et des anneaux de bosses,

• Un paddle float (flotteur de pagaie), est indispensable. Mais seules des personnes formées et entraînées à son utilisation sont capables de remonter à coup sûr à bord en l'utilisant. Le seul moyen de remonter à bord sans compromettre la stabilité du bateau reste l'entraide, et donc, la navigation en groupe (minimum de 3 personnes) doit être recommandée, ainsi que l'entraînement aux manœuvres de récupération et de remorquage.

Les kayaks effectuant une navigation à moins de 2 milles d'un abri embarquent le matériel d'armement et de sécurité basique ***(2)*** :

- gilet de sauvetage homologué (il doit être porté en permanence !),
- moyen de repérage lumineux étanche et porté sur soi. (lampeflash, lampe torche, bâton luminescent...),
- ligne de vie,

(1) *Dispositions applicables aux stand-up-paddles de moins de 3,50 m*

(2) *Dispositions applicables aux stand-up-paddles de plus de 3,50 m et répondant aux homologations de flottabilité*

- éponge, écope, ou pompe d'assèchement,
- taquet et bout de remorquage.

Les kayaks effectuant une navigation entre 2 et 6 milles d'un abri embarquent, en plus du matériel listé ci-dessus, le matériel d'armement et de sécurité côtier suivant :
- 3 feux rouges automatiques à main,
- un miroir de signalisation,
- un moyen de signalisation sonore,
- un compas magnétique,
- carte marine de la zone de navigation,
- un résumé du Ripam,
- un résumé du système de balisage de la zone fréquentée,
- VHF (5 watts minimum, étanche et flottante).

Important : Seuls peuvent effectuer une navigation au-delà des 2 milles d'un abri, les kayaks immatriculés auprès des affaires maritimes.

Quelques précautions utiles.

Il existe des règles de bon sens avant toute navigation, même la plus simple.

• Prévenir un proche de vos intentions pour cette sortie (horaires de départ et de retour et zone de navigation).

• Embarquer avec vous un moyen de communication étanche (VHF et/ou portable) et un moyen de signalisation (l'utilisation du bâton luminescent semble le plus efficace pour être vu des secours. Veillez à réaliser des mouvements aléatoires pour être repéré).

• Il est important de prévoir de l'eau et de quoi s'alimenter (type barres de céréales ou autres). Vous pratiquez une activité physique !

• Prendre la météo marine. Croiser plusieurs sources d'informations afin de vous faire une idée des conditions du moment.

• Connaître sa zone de navigation (points d'embarquement et de débarquement, les zones de courant, les zones exposées au vent et aux vagues).

• Connaître les horaires de marée et le coefficient.

• Avoir un tenue adaptée à la pratique du kayak, aux conditions météorologiques et à votre programme de navigation.

• Prévoir une pagaie de rechange, en cas de casse.

La navigation en groupe est, dans tous les cas, un gage de sécurité.

Se former et s'informer.

Le kayak de mer est une activité technique et physique dans un milieu naturel. La connaissance de soi, de la technique, de la sécurité et de la mer sont les bases d'une bonne navigation.

Il est recommandé de se former et de s'informer auprès d'autres pratiquants :
- les clubs de kayak du littoral ;
- les magasins spécialisés ;
- les forums ou regroupements de kayakistes ;
- la Fédération Française de Canöe Kayak, CK Mer, Pagayeurs Marins...

Le choix de votre kayak

Il existe trois grandes familles de kayak : les rigides, les démontables, les gonflables.

les kayaks rigides

Le kayak ponté. Ce kayak est utilisé par des kayakistes initiés. Il est important de maîtriser toutes les techniques de base et les gestes de sécurité pour l'utiliser.

Le kayak non ponté. Plus lent, ce kayak est souvent utilisé pour une découverte de l'activité. Par rapport au kayak de mer ponté, il est plus stable et favorise le rembarquement. Ce kayak doit être utilisé par temps clément et à proximité du rivage.

Le kayak démontable

Il s'agit d'une structure de bois ou d'aluminium recouverte d'une peau. Ce kayak est utilisé pour la grande randonnée, il se comporte bien même avec une charge conséquente. Pour des navigations à la journée, sans chargement, la prise au vent est significative. Il est important de maîtriser toutes les techniques de base et les gestes de sécurité avant d'utiliser ce kayak.

Le kayak gonflable

Ce kayak est souvent utilisé pour une découverte de l'activité. La prise au vent est notable, la tenue dans les vagues est mauvaise et la vitesse de déplacement faible. L'utilisation de ce kayak se limite à des zones protégées en bord de côte et sans vent.

Plus d'infos sur www.pagayeursmarins.org

Photo : Guy Lecointre

Le kayak

Conseils pour naviguer en securité

La connaissance des éléments prévisibles (marée, courant, nature du fond et de la côte), et variables (vent, houle, état de la mer), vous permettra d'organiser vos sorties avec un maximum de sécurité. Pour les éléments variables, les bulletins météo permettent d'anticiper les conditions globales de navigation. Sachez qu'un vent soufflant contre le courant lève des vagues et rendra la mer plus agitée (d'autant plus que le courant et/ou le vent sont forts).

Si vous êtes peu aguerri

Naviguez d'abord dans des zones protégées. Choisissez des petits coefficients de marée (de 20 à 70), peu de vent (3 Beaufort max.). Faites en sorte que le vent et le courant vous soient favorables pour le retour. Méfiez-vous des courants et des vents de terre qui vous porteraient vers le large. Naviguez avec peu de houle (0,50 m à 1 m max.). Programmez de petits parcours.

Quelques dangers en navigation

Cravate : Plutôt rare en kayak de mer, la cravate (coincement du kayak par le courant contre un obstacle du type balise, rocher, bateau à l'ancre, etc.) est dangereuse. Se pencher franchement vers l'obstacle pour s'en dégager. Si le courant est violent, sortir du kayak au plus vite. Pour éviter une telle situation, anticiper sa trajectoire et sa dérive.

Baïnes : Sur certaines plages, à marée assez basse, la mer passe par-dessus un banc de sable et se retire en le contournant en créant de forts courants vers le large. Se laisser déporter et trouver un endroit plus propice à l'atterrage.

Haut-fond : Zone de faible profondeur qui engendre des mouvements d'eau plus importants qu'aux alentours. Un mouvement de houle peut être amplifié verticalement au point de créer des déferlantes au-dessus d'un haut-fond alors que la zone proche est plus calme.

Barre : Haut-fond formé à l'embouchure d'une rivière par la rencontre de la mer et de l'eau de la rivière. La houle déferle par-dessus le haut-fond et ce passage devient dangereux, surtout à marée basse.

Shore-break : Déferlement vertical des vagues, à marée haute, sur des plages en forte pente. Le rouleau revient sur lui-même au lieu de glisser progressivement sur la plage, et le mouvement d'eau fait repartir vers le large. Le choc peut être rude, voire très dangereux, pour le kayakiste et le kayak.

Orages : Évitez de naviguer par temps d'orage. En cas d'orage, lorsque la durée entre éclair et tonnerre est inférieure à cinq secondes, débarquer et se disperser (quelques mètres). Aux positions allongée ou assise, mieux vaut préférer la position accroupie, pieds joints et mains ne touchant pas le sol. Tenez-vous loin des arbres isolés ou de tout objet en hauteur. Évitez les endroits découverts.

Photo : Guy Lecointre

Grottes marines : Ces cavités, pour peu qu'elles soient assez grandes, sont souvent belles à visiter en kayak. Le faire par houle très faible pour ne pas se trouver poussé par une vague un peu forte vers le fond de la grotte ou plaqué contre son plafond. Le passage d'un bateau au loin, ou une série de vagues plus fortes, peuvent rendre les conditions dangereuses. Rentrer dans la grotte en marche arrière si besoin. Poster un kayakiste à l'extérieur pour avertir en cas de danger.

Parcs à huîtres, bouchots et mytiliculture: Les nombreux parcs à huîtres et bouchots sont des pièges à marée descendante. Pour ne pas abîmer ces installations de production, ni vos kayaks et ne pas vous blesser, contournez-les largement.

À savoir : Pénétrer dans un parc à huîtres ou à coquillages à basse mer est interdit. Certaines huîtres ou coquillages d'élevage sont semés à même le sol puis récoltés avec des râteaux ou par dragage. Piétiner ces espaces entraîne des dégâts pour ces productions.

Chalands ostréicoles :

Deux heures avant ou après basse mer principalement, la circulation des chalands ostréicoles et mytilicoles peut être intense et très rapide à certains endroits. Nous ne sommes pas très visibles sur l'eau : restez bien en bordure des chenaux.

Trafic : Certains plans d'eau sont particulièrement encombrés l'été (ferries, voiliers, engins de loisirs) : restez le plus possible en bordure des chenaux. Enfin, une règle de politesse : n'oubliez pas de répondre au petit geste de la main levée, qui signifie « est-ce que tout va bien ? » et fait partie intégrante de la solidarité des gens de mer.

À surveiller aussi

Coupures : Le débarquement sur les platiers hérissés d'huîtres coupantes est dangereux. Porter des bottillons à semelles épaisses. Se couper avec un coquillage, s'écorcher légèrement, avoir une ampoule à la main, être irrité par ses chaussures de kayak, en randonnée : les petits bobos sont fréquents.

Faites-y attention tout de suite, car l'eau salée creuse facilement les plaies. Désinfectez, puis isolez (pansement résistant à l'eau ou seconde peau ou tulle gras + sparadrap).

Tendinites : Prévenez-les en buvant souvent, en pratiquant un geste de pagaie doux, en ayant une pagaie légère, peu ou pas croisée, de préférence sans carbone ; le fait de varier la gestuelle permet de solliciter différemment les articulations.

Le dos : Soyez attentif à votre posture lorsque vous soulevez votre kayak. Utilisez le chariot ou les poignées de portage, ou encore déchargez votre kayak avant de le porter.

Accès à l'eau (cales et ports)

Si certaines mises à l'eau sont publiques, d'autres ont des statuts particuliers. Nos départs, arrivées ou pauses sont souvent des lieux utilisés par les professionnels de la mer, et parfois des espaces en gestion privée pour certains ports. Si les règlements sont parfois sans appel, il existe très souvent une tolérance bienveillante si on fait preuve d'un minimum de prévenance. S'il y a une capitainerie, s'adresser au responsable. Si des professionnels s'activent, demander s'il est possible de mettre à l'eau, et comment, sans déranger. Bien sûr, la cale est d'abord une mise à l'eau, il faut se préparer à l'écart, stationner son véhicule en dehors des lieux d'activités, ne pas trop s'étaler lors de nos préparatifs, rester discret et attentif aux gênes que nous pourrions occasionner.

Pour les arrivées dans un port, naviguer en bord de chenal pour ne pas gêner le trafic, le traverser groupés si nécessaire.

Être prudent en bout de jetée ou de quai. Ne pas rester à naviguer inutilement dans le port.

Pour l'arrivée dans des ports importants, il est conseillé d'appeler la capitainerie à la VHF pour demander l'autorisation d'y entrer.

TECHNIQUE DE RECUPERATION

Photos : Guy Lecointre

La sécurité en kayak de mer implique que chacun doit être à même de récupérer un autre kayakiste, de le remorquer ou de le transporter. Entraînez-vous à effectuer ces gestes simples.

Véronique Olivier et Guy Lecointre
*Auteurs de plusieurs guides de kayak de mer édités aux éditions Le Canotier (www.canotier.com/fr). Guy est l'auteur de deux sites collaboratifs : **www.kayakalo.fr** et **www.sauvetage.kayakalo.fr**.*

La pêche, *les poissons*

Bons usages et tailles réglementaires

Pêche en bateau

Les seuls engins autorisés sont les suivants :
• **deux palangres munies chacune de 30 hameçons au maximum ;**
• **2 casiers à crustacés ;**
• **1 foëne ;**
• **une épuisette ou « salabre».**

Sont autorisés la détention et l'usage :

- **de lignes gréées** sous condition que l'ensemble des lignes utilisées en action de pêche soit équipé au maximum de douze hameçons, un leurre étant équivalent à un hameçon ;

- En mer du Nord, Manche ou Atlantique, d'**un filet maillant calé ou d'un filet trémail** d'une longueur maximale de 50 mètres, d'une hauteur maximale de 2 mètres en pêche, sauf dans la partie des eaux salées des estuaires et des embouchures des fleuves et rivières en amont d'une limite fixée par arrêté du ministre chargé des pêches maritimes ;

- Dans le ressort des circonscriptions des préfets des régions Bretagne, Pays de la Loire et Aquitaine, d'**un carrelet par navire et de trois balances** par personne embarquée.

- Par ailleurs, à bord des navires et embarcations de plaisance, il est interdit de détenir et d'utiliser tout vire-casier, vire-filet, treuil, potence mécanisée ou mécanisme d'assistance électrique ou hydraulique permettant de remonter les lignes de pêches ou engins de pêche à bord.

Toutefois, la détention et l'utilisation d'engins électriques de type vire-lignes électriques ou moulinets électriques est autorisée dans la limite de **trois engins électriques par navire**, d'une puissance maximale de 800 watts chacun.

En engin de plage

(Embarcations non immatriculées : kayaks inférieurs à 4 m, pédalos...). Est autorisée **une seule ligne tenue à la main** par personne à bord, dans la limite de 12 hameçons maximum par embarcation.

En kayak

Pour pouvoir pêcher depuis un kayak en mer, le kayak doit être homologué et immatriculé (si ce n'est pas le cas, il sera considéré comme un engin de plage). De plus, afin de pouvoir pêcher dans la bande des 2 milles, il doit être équipé d'un équipement individuel de flottabilité (gilet de sauvetage), d'un moyen de repérage lumineux, d'un dispositif de remorquage et d'une ligne de vie.

À pied

La pêche à pied, qui se pratique sur le rivage de la mer sans le recours à une embarcation ou à un quelconque engin flottant, n'est soumise à aucune formalité administrative particulière, sauf pour l'usage de filet qui nécessite une autorisation délivrée par les Affaires maritimes.

Il faut toutefois se renseigner localement auprès des services intéressés (mairie ou Affaires maritimes) sur les restrictions justifiées au regard des exigences locales, telles que la sécurité des usagers des plages, la protection de la ressource et la santé publique.

Par exemple :
- certaines espèces sont soumises à des interdictions de pêche pendant certaines périodes ou certaines zones ;
- le ramassage des végétaux marins n'est pas libre ;
- les captures doivent respecter les tailles minimales autorisées aussi bien dans le cas des poissons que des crustacés ou des coquillages.

Pêche sous-marine

La souscription d'un contrat d'assurance en responsabilité civile pour la pratique de la pêche sous-marine de loisir est obligatoire.

Il faut avoir au moins 16 ans pour pratiquer la pêche sous-marine et être détenteur d'une attestation d'assurance ou être licencié à la fédération française d'études et de sports sous- marins.

Il est interdit aux pêcheurs sous-marins :

- d'exercer la pêche sous-marine entre le coucher et le lever du soleil ;
- de s'approcher à moins de 150 mètres des navires ou embarcations en pêche ainsi que des engins de pêche signalés par un balisage apparent ;
- de capturer les animaux marins pris dans les engins ou filets placés par d'autres pêcheurs ;
- de faire usage d'un foyer lumineux ;
- d'utiliser, pour la capture des crustacés une foëne ou un appareil spécial pour la pêche sous-marine ;
- de tenir hors de l'eau un appareil spécial pour la pêche sous-marine ;
- il est interdit de chasser en plongée avec bouteilles.

Tout pratiquant doit signaler sa présence au moyen d'une bouée permettant de repérer sa position.

La vente du produit pêché est strictement interdite !

Marquage des produits de la pêche

Le marquage consiste en l'ablation de la partie inférieure de la nageoire caudale.

Il doit être effectué dès la capture sauf pour les spécimens conservés vivants à bord avant d'être relâchés.

Ce marquage ne doit pas empêcher la mesure de la taille du poisson.

On ne peut marquer que des spécimens ayant la taille minimale !

Espèces concernées

Bar, cabillaud, dorade royale, homard, langouste, lieu jaune, lieu noir, maigre, maquereau, pagre, sar commun, sole.

Pêche du bar (42 cm taille mini en Manche et Atlantique) :

Au Nord du 48e parallèle : 2 bars par personne et par jour en Janvier et du 1er Avril au 31 décembre.

Pêcher-relâcher autorisé du 1er Février au 31 Mars.

Au Sud du 48e parallèle : 2 bars par personne et par jour toute l'année.

Thon Rouge : pêche interdite sauf détenteur d'une autorisation annuelle ou d'une bague.

Respecter la taille minimale des poissons de mer, des crustacés et des coquillages

C'est garantir l'avenir des espèces et de notre passion. Les tailles peuvent varier par endroit, elles sont données ici à titre indicatif.

Il peut arriver que les tailles retenues soient différentes d'une région à l'autre; c'est pourquoi il convient de se renseigner auprès des services des Affaires maritimes qui donneront toutes les informations réglementaires utiles en la matière.

Poissons

Bar •	42 cm
Cabillaud •	42 cm
Chinchard	15 cm
Congre	60 cm
Daurade royale •	23 cm
Dorade grise	23 cm
Dorade rose / pageot	35 cm
Plie ou carrelet	27 cm
Lieu noir •	35 cm
Lieu jaune •	30 cm
Sar	25 cm
Sole •	24 cm
Maquereau •	20 cm
Maigre •	45 cm
Merlan	27 cm
Mulet	30 cm

Crustacés

Araignée de mer	12 cm
Bouquet	5 cm
Crevettes (autres que bouquet)	3 cm
Etrille	6,5 cm
Homard (LC)* •	8,7 cm
Langouste rouge (LC)* •	11 cm
Tourteau, au nord du 48e parallèle Nord	14 cm
Tourteau, au sud du 48e parallèle Nord	13 cm

Mollusques et autres

Bulot	3 kg	4,5 cm
Couteau	3 kg	10 cm
Coque	3 kg	2,7 cm
Coquille Saint-Jacques	30 pièces	11 cm
Huître creuse	5 kg	5 cm
Huître plate	5 kg	6 cm
Moule	3 kg	4 cm
Ormeau	20 pièces	9 cm
Oursin, région Bretagne (piquants exclus)	12 pièces	5,5 cm
Palourde	3 kg	4 cm

**LT = longueur totale.*
**LC = longueur céphalothoracique.*

• Espèces soumises à marquage

Étrille

Crabe

Araignée

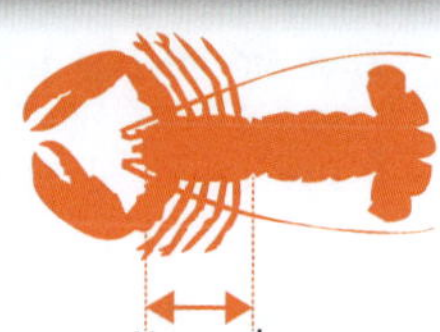
Homard

Poisson

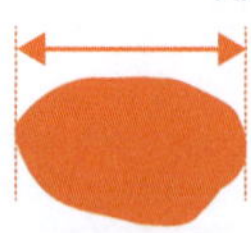
Coquillage

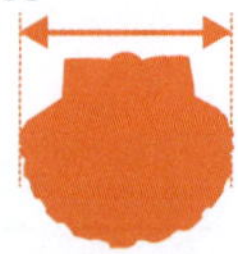
Coquille Saint-Jacques

Attention ! **La réglementation de la pêche est définie par les directions interrégionales de la mer. Celle-ci peut donc varier d'une région à l'autre (certaines espèces sont soumises à des interdictions de pêche à certaines périodes ou dans des zones spécifiques). Renseignez-vous auprès des Affaires maritimes de votre quartier maritime.**

Préparer une sortie

Les vérifications d'usage...

Au-delà de l'armement de sécurité réglementaire, la préparation d'une sortie en mer, en bateau, repose sur quelques précautions de bon sens :

- Le nombre de personnes à bord ne dépasse pas le maximum autorisé.
- L'équipage est briefé sur l'emplacement et le fonctionnement du matériel de sécurité.
- Chaque équipier dispose de son équipement (vêtements adaptés à la météo, médicaments personnels...).
- Les documents du bateau sont présents à bord.
- Le niveau de carburant a été vérifié (une petite réserve de sécurité est conseillée !).
- Les vérifications du moteur sont faites (niveaux d'huile et de liquide de refroidissement, vanne...).
- Les circuits électriques, la VHF, le GPS fonctionnent.
- Vous avez prévu quelques outils et du matériel de rechange à bord.
- Chaque chose est à sa place et sera trouvée rapidement en cas de besoin.

Check-up du matériel de sécurité

- Effectué le :

par :

interventions à prévoir :

- Effectué le :

par :

interventions à prévoir :

- Effectué le :

par :

interventions à prévoir :

Entretien, réparations

- Observation :

Intervention

date :

- Observation :

Intervention

date :

- Observation :

Intervention

date :

Mes notes (pêches, sorties, observations, anecdotes)

- Date :
- Date :
- Date :
- Date :

Le phare de l'Ile d'Yeu

Un amour aurait bien pu le sauver

Ce qui s'est passé au phare de l'Ile d'Yeu en dit long sur la terrible histoire de cette île du Ponant devenue un paisible lieu de villégiature. Le premier phare a été construit en 1830 après le naufrage de la gabare L'Active sur les récifs de Basse-Flore, au Nord de l'île, le 4 janvier 1827.

80 marins péris en mer. Les témoins de l'époque racontaient avoir vu un homme grimpant jusqu'au sommet du mât avant de disparaitre avec le bateau qui sombrait dans les tourbillons formés par le courant et les hauts fonds. Encore un naufrage dans cette zone... La colère monte à l'Ile d'Yeu et la Marine nationale fait pression aussi. C'est enfin décidé et officialisé par décret: pour sécuriser la navigation, un phare sera construit à la pointe nord-ouest de l'ile, sur la butte de la Petite-Foule. C'est un beau phare en pierres de taille, inauguré en 1830. Sans doute a-t-il guidé les marins, mais les naufrages n'ont pas cessé dans cette zone de navigation très fréquentée depuis toujours. Il y a eu les bateaux négriers armés à Nantes et qui descendaient vers le Sud en sortant de l'estuaire de la Loire ; il y a à l'époque les bateaux de pêche qui remplissent leurs filets de sardine dans le golfe de Gascogne ;il y avait et il y a toujours les navires de commerce et les navires de guerre qui croisent dans les parages de Nantes et Saint-Nazaire.

La gabare qui a sombré faisait route vers Saint-Nazaire où pour y embarquer des bonnes-sœurs de la congrégation Saint-Joseph-de-Cluny qui partaient en mission pour le Sénégal où elles avaient créé un hospice à Saint-Louis. Ce ne sont pas seulement les marins qui ont fait pression pour qu'un phare soit construit afin de baliser le Nord de l'Ile d'Yeu, mais aussi l'Eglise... En réponse à l'émoi causé par le naufrage, les pouvoirs publics ont promis un phare. Le voilà construit en trois ans, mais les naufrages ne diminuent pas dans les parages... C'est que le phare a été érigé certes sur une hauteur, mais un peu loin de la côte et son feu à huile minérale n'est pas visible de très loin. Alors en 1857, l'administration des phares et balises construit sur le récif des Chiens-Perrins une balise lumineuse et le phare passe à l'électricité en 1895. C'est déjà mieux... Maintenant, les récifs sont toujours là, les courants de marée aussi et les coups de vent ne cessent pas d'aggraver la dangerosité des parages...

Prisonniers

Des bâtiments d'habitation spacieux ont été construits autour du phare. Il fallait en effet, loger les familles des gardiens. Les pères de famille étaient préférés aux célibataires qu'on envoyait dans les phares en mer. Ils étaient préférés parce que leurs épouses faisaient le ménage et modéraient leur consommation d'alcool. La contrepartie c'était les maternités et pour loger tout le monde, il fallait de l'espace. Cet espace a servi aussi à loger les prisonniers ressortissants des pays ennemis qui se trouvaient en France au moment de la déclaration de guerre le 2 août 1914. Les Allemands, Autrichiens, Hongrois, Bulgares ou Turcs qui se trouvaient sur notre territoire pour affaires, études, tourisme ou autre, ont été arrêtés et déportés à Noirmoutier ou à l'Ile d'Yeu jusqu'à la fin des hostilités... Beaucoup ont été logés ou plutôt entassés dans le Fort de la Pierre-Levée, la Citadelle où le Maréchal Pétain prisonnier finira ses jours et aussi dans les bâtiments du phare lequel, depuis qu'il est électrifié a un peu moins besoin de gardiens. Ces prisonniers ne sont pas morts à la guerre, mais un quart d'entre eux sont morts quand même, de privations et surtout de la grippe espagnole qui a ravagé la population des détenus qui vivaient dans une grande promiscuité.

Très peu ont essayé de s'évader, d'abord parce que leurs tentatives eussent été vaines et ils le savaient. Ensuite, parce qu'en imaginant qu'ils aient réussi à rejoindre leur pays, la vie qui les attendait dans les tranchées état encore pire que celle qu'ils subissaient à l'Ile d'Yeu et sans doute le savaient-ils aussi...

Quand les Allemands ont occupé l'Ile en juillet 40, ils disposaient donc de tous les renseignements fournis par les anciens détenus de l'Yeu. Ils se sont installés dans les logements du phare et ont fait construire des blockhaus par les iliens qui se sont pliés à ces exigences pour éviter de partir au STO en Allemagne. Il y a eu des faits de résistance, mais peu racontés parce que c'est une ile et les gens sont plutôt taiseux, en tout cas pas vantards. De la part des Allemands, il n'y a pas eu de représailles, d'exactions, de pillage. Et puis les occupants sont des ennemis sans aucun doute, mais aussi des hommes. Des hommes éloignés de chez eux, angoissés, malheureux sans aucun doute et qui ont besoin de réconfort. Ces Allemands sont nombreux à l'Ile d'Yeu : 800, pour une population de moins de 4000 habitants. Ainsi se sont noués des liens entre les occupants qui n'ont pas réellement sévi et les occupés contraints de s'incliner. Des idylles aussi sont nées, souvent sincères de chaque côté. Ainsi Jeannine a fréquenté Otto, officier de la Kriegsmarine. Elle le trouve beau, distingué, bien élevé... Un style de gendre idéal s'il n'était pas allemand. Il s'efforce de parler français, s'intéresse aux gens, essaie de les apprivoiser. C'est lui qui a supervisé le démontage de la lentille du phare en 1942 pour la mettre à l'abri des bombardements des alliés qui veulent perturber la circulation des navires de guerre allemands basés à Saint-Nazaire.

En 1943, c'est aussi lui qui fait déposer, sur ordre de son supérieur, une caisse de dynamite au pied du phare pour qu'il n'en reste rien si les Allemands devaient s'enfuir. Ce n'est que l'application d'un ordre qui vient du plus haut niveau c'est-à-dire d'Hitler lui-même. Si l'Allemagne doit perdre la guerre, aucun des pays occupés ne doit rester debout. La question « Paris brûle-t-il ?» vaut pour tous les recoins de France... Jeannine a su que la caisse de dynamite était posée, prête à faire exploser le phare. Fille de marin, fille et petite-fille d'Ogiens, elle ne peut imaginer le monument détruit. Elle supplie Otto d'intervenir pour débarrasser le phare de cette menace.

Otto se laisse infléchir et en parle à son supérieur : "nous sommes des marins. La solidarité entre marins, c'est sacré depuis toujours... "

La réponse est sans appel : "nous sommes des marins sans aucun doute. Les premiers qui ont voulu détruire le phare, ce sont les Anglais, savez-vous... Un phare érigé sur le territoire de leurs alliés. Tant que nous aurons besoin de ce phare pour les bâtiments de la Kriegsmarine qui naviguent dans les parages, il restera debout. Si nous devons quitter l'Ile d'Yeu, il sera dynamité, c'est clair Lieutenant ? Vous fréquentez une Française, n'est-ce pas ? Je n'y vois pas d'inconvénient, à moins qu'elle ne cherche à vous influencer, ce qui n'est pas le cas, bien entendu. Heil Hitler !".

Otto a bien entendu. Il a tendu le bras et a pris congé : "J'ai compris Obersleutnant. Heil Hitler !".

Puis il a tourné les talons en maudissant ce dictateur dont il était encore fervent il y quelques mois...

Front russe

Otto a été muté sur le front russe en janvier 44. Sur proposition de son supérieur ? Sans doute pas... Car le supérieur ne voulait pas que le phare soit dynamité. Sans doute d'accord avec Otto sur le sujet, même s'il lui a rappelé qu'il n'avait pas son mot à dire. Les officiers de la Kriegsmarine étaient des marins, marins avant d'être nazis pour la plupart d'entre eux.

Presque tous les phares français ont été dynamités début août 1944. Le phare des Sept-Iles est tombé le 4 août. Celui du Cap Fréhel le 11 août. Ceux de Kermorvan et d'Eckmühl ont été épargnés. Le phare de l'Ile d'Yeu aurait dû être épargné aussi. Mais une bataille navale a été livrée au large de l'Ile d'Yeu : les navires canadiens qui venaient libérer l'île ont trouvé en face d'eux un destroyer qui transportait les premiers Allemands en fuite. Dès les premiers coups de canon, la mèche a été allumée. C'était le 25 août 1944.Le phare de la Petite-Foule est un des derniers à tomber.

Les Canadiens sont arrivés dans Port-Joinville le 27 août. C'était la liesse à l'Ile d'Yeu.

Jeannine n'a pas participé aux festivités. Pas tant par peur d'être livrée à la vindicte populaire pour sa liaison avec un officier allemand. Elle restait chez elle éplorée : elle avait appris trois jours plus tôt qu'Otto avait été tué sur le front russe.

JY Réguer

PS.- Le Grand Phare de l'Ile d'Yeu a été reconstruit sur les plans de l'architecte Olonnais Maurice Durand et mis en service en 1951.

Le permis *Plaisance*

Conditions, options...

Un titre unique : quatre possibilités

1 - Côtière : navigation limitée à 6 milles d'un abri > QCM + formation pratique

2 - Eaux intérieures : longueur du bateau limitée à 20 mètres > QCM + formation pratique

• La formation théorique en salle en présence du formateur est de 5 heures minimum. Ces connaissances sont vérifiées lors d'un QCM électronique de 30 questions qui varient selon l'option choisie. Cinq erreurs sont admises.

• La formation pratique est commune et peut commencer avant l'obtention de la partie théorique.

• Dès le début de la formation, le candidat se voit attribuer un livret d'apprentissage avec un numéro personnel d'identification.

• Les compétences pratiques sont certifiées par le centre de formation après un apprentissage individuel d'une durée minimum obligatoire de trois heures trente, dont 2 heures à la barre. Le formateur valide chacun des acquis sur le livret d'apprentissage.

Extensions

3 - Hauturière : sans limite de distance > Examen théorique d'1 h 30

4 - Grande plaisance fluviale : sans limite de longueur > Formation pratique de 9 h

Extension hauturière

Les candidats doivent réussir un examen théorique d'1h30 sur la navigation, la marée, la météorologie et la réglementation.

Extension grande plaisance fluviale

Avoir au moins 18 ans pour s'inscrire à cette formation. Les candidats doivent valider une formation pratique d'une durée minimum obligatoire de 9 heures sur un bateau d'au moins 20 mètres de longueur.

Permis délivrés avant le 1er janvier 2008

• **Tous les permis mer et fluviaux** délivrés avant la réforme demeurent valables, sans limite de durée ni démarches à effectuer.

• **La carte mer** n'est plus délivrée depuis le 1er janvier 2008.

• Les titulaires du **permis côtier** peuvent naviguer jusqu'à 6 milles d'un abri.

• Les titulaires du **permis A** peuvent naviguer jusqu'à 5 milles de la côte ou 6 milles d'un abri.

• **Le certificat C** n'est plus délivré depuis le 1er janvier 2008.

• Les titulaires du **certificat S** peuvent désormais conduire des bateaux jusqu'à 20 m de longueur.

À quoi correspondent les anciens titres au 1er janvier 2008 ?

• **Permis mer côtier** : Permis option côtière

• **Certificat S** : Permis option eaux intérieures

• **Permis mer hauturier** : Permis extension hauturière

• **Certificat PP** : Permis extension grande plaisance fluviale

• **Permis A** : Permis option côtière

• **Permis B et C** : Permis extension hauturière

Possibilités d'évolution des anciens titres

• **Permis A/permis mer côtier** + examen d'1h30 > extension hauturière

• **Certificat S + formation pratique** > extension grande plaisance fluviale

• **Carte mer + QCM mer** > option côtière

• **Certificat C + formation pratique** > option eaux intérieures

• **Carte mer + QCM eaux intérieures** > option eaux intérieures

• **Certificat S + QCM mer** > option côtière

Rappel

• La conduite en mer des navires à voile n'exige pas de permis.

• En eaux intérieures, les permis maritimes autorisent la conduite d'un bateau de plaisance sur les lacs et plans d'eau fermés.

Retrouvez des informations complémentaires sur le site www.mer.gouv.fr

Ripam

Réglement international pour prévenir les abordages en mer

Le 20 octobre 1972 a été signé à Londres, au siège de l'Organisation Maritime Internationale (OMI), l'acte final de la Convention sur le Règlement international de 1972 pour prévenir les abordages en mer. Ce règlement est entré en vigueur le 15 juillet 1977. Le réglement ci-après est à jour des amendements adoptés jusqu'à la 28ème Assemblée de l'OMI et jusqu'au dernier amendement entré en vigueur le 1 er Janvier 2016.

NDLR : Dans les textes qui suivent, à aucun moment, il n'est question de priorité à droite.

Avertissement

Depuis le 15 juillet 1977, tous les navires et hydravions français doivent se conformer au présent règlement.

Ce texte est obligatoire, notamment, à bord de tous les navires de plaisance autres que les embarcations légères (consulter le site internet www.mer.gouv.fr/sécurité et voir règlements annexés à l'arrêté du 23 novembre 1987).

Le règlement est divisé en cinq parties comportant 38 règles et complété de quatre annexes :

A - Généralités - Annexe I : Emplacement et caractéristiques techniques des feux et marques

B - Règles de barre et de route - Annexe II: Signaux supplémentaires des navires de pêche pêchant à proximité les uns des autres

C - Feux et marques - Annexe III : Caractéristiques techniques du matériel de signalisation sonore

D - Signaux sonores et lumineux - Annexe IV: Signaux de détresse

E - Exemptions

L'attention des navigateurs est appelée sur les dispositions de l'alinéa e) de la règle 1, et sur le fait qu'ils sont donc susceptibles de rencontrer, notamment sur certains bâtiments militaires, des dispositions de feux s'écartant plus ou moins de celles qui sont décrites.

Partie A > Généralités

Règle 1 - Champ d'application

a) Les présentes règles s'appliquent à tous les navires en haute mer et dans toutes les eaux attenantes accessibles aux navires de mer.

b) Aucune disposition des présentes règles ne saurait entraver l'application des prescriptions spéciales édictées par l'autorité compétente au sujet de la navigation dans les rades, les ports, sur les fleuves, les lacs ou les voies de navigation intérieure attenantes à la haute mer et accessibles aux navires de mer. Toutefois, ces prescriptions spéciales doivent être conformes d'aussi près que possible aux présentes règles.

c) Aucune disposition des présentes règles ne saurait entraver l'application des prescriptions spéciales édictées par le gouvernement d'un État en vue d'augmenter le nombre des feux de position, signaux lumineux, marques ou signaux au sifflet à utiliser par les bâtiments de guerre et les navires en convoi, ou en vue d'augmenter le nombre des feux de position, signaux lumineux ou marques à utiliser par les navires en train de pêcher et constituant une flottille de pêche. Ces feux de position, signaux lumineux, marques ou signaux au sifflet supplémentaires doivent, dans toute la mesure du possible, être tels qu'il soit impossible de les confondre avec tous autres feux, marques ou signaux autorisés par ailleurs dans les présentes règles.

d) L'Organisation peut adopter des dispositifs de séparation du trafic aux fins des présentes règles.

e) Toutes les fois qu'un gouvernement considère qu'un navire de construction spéciale ou affecté à des opérations spéciales ne peut se conformer à toutes les dispositions de l'une quelconque des présentes règles en ce qui concerne le nombre, l'emplacement, la portée ou le secteur de visibilité des feux et marques, ainsi que l'implantation et les caractéristiques des dispositifs de signalisation sonore, ce navire doit se conformer à telles autres dispositions relatives au nombre, à l'emplacement, à la portée ou au secteur de visibilité des feux ou marques, ainsi qu'à l'implantation et aux caractéristiques des dispositifs de signalisation sonore, qui, de l'avis du gouvernement intéressé, permettent dans ces cas de se conformer d'aussi près que possible aux présentes règles.

Règle 2 - Responsabilité

a) Aucune disposition des présentes règles ne saurait exonérer soit un navire, soit son propriétaire, son capitaine ou son équipage des conséquences d'une négligence quelconque quant à l'application des présentes règles ou quant à toute précaution que commandent l'expérience ordinaire du marin ou les circonstances particulières dans lesquelles se trouve le navire.

b) En interprétant et en appliquant les présentes règles, on doit tenir dûment compte de tous les dangers de la navigation et des risques d'abordage, ainsi que de toutes les circonstances particulières, notamment les limites d'utilisation des navires en cause, qui peuvent obliger à s'écarter des présentes règles pour éviter un danger immédiat.

Règle 3 - Définitions générales

Aux fins des présentes règles, sauf dispositions contraires résultant du contexte :

a) Le terme « navire » désigne tout engin ou tout appareil de quelque nature que ce soit, y compris les engins sans tirant d'eau, les navions et les hydravions, utilisé ou susceptible d'être utilisé comme moyen de transport sur l'eau.

b) L'expression « navire à propulsion mécanique » désigne tout navire mû par une machine.

c) L'expression « navire à voile » désigne tout navire marchant à la voile, même s'il possède une machine propulsive, à condition toutefois que celle-ci ne soit pas utilisée.

d) L'expression « navire en train de pêcher » désigne tout navire qui pêche avec des filets, lignes, chaluts ou autres engins de pêche réduisant sa capacité de manœuvre, mais ne s'applique pas aux navires qui pêchent avec des lignes traînantes ou autres engins de pêche ne réduisant pas leur capacité de manœuvre.

e) Le terme « hydravion » désigne tout aéronef conçu pour manœuvrer sur l'eau.

f) L'expression « navire qui n'est pas maître de sa manœuvre » désigne un navire qui, en raison de circonstances exceptionnelles, n'est pas en mesure de manœuvrer conformément aux présentes règles et ne peut donc pas s'écarter de la route d'un autre navire.

g) L'expression « navire à capacité de manœuvre restreinte » désigne tout navire dont la capacité à manœuvrer conformément aux présentes règles est limitée de par la nature de ses travaux, et qui ne peut par conséquent pas s'écarter de la route d'un autre navire.

Les « navires à capacité de manœuvre restreinte » comprennent, sans que cette liste soit limitative :

I) les navires en train de poser ou de relever une bouée, un câble ou un pipe-line sous-marins ou d'en assurer l'entretien ;

II) les navires en train d'effectuer des opérations de dragage, d'hydrographie ou d'océanographie, ou des travaux sous-marins ;

III) les navires en train d'effectuer un ravitaillement ou de transborder des personnes, des provisions ou une cargaison et faisant route ;

IV) les navires en train d'effectuer des opérations de décollage ou d'appontage ou de récupération d'aéronefs ;

V) les navires en train d'effectuer des opérations de déminage ;

VI) les navires en train d'effectuer une opération de remorquage qui permet difficilement au navire remorqueur et à sa remorque de modifier leur route.

h) L'expression « navire handicapé par son tirant d'eau » désigne tout navire à propulsion mécanique qui, en raison de son tirant d'eau et de la profondeur et de la largeur disponibles des eaux navigables, peut difficilement modifier sa route.

i) L'expression « faisant route » s'applique à tout navire qui n'est ni à l'ancre, ni amarré à terre, ni échoué.

j) Les termes « longueur » et « largeur » d'un navire désignent sa longueur hors tout et sa plus grande largeur.

k) Deux navires ne sont considérés comme étant en vue l'un de l'autre que lorsque l'un d'eux peut être observé visuellement par l'autre.

l) L'expression « visibilité réduite » désigne toute situation où la visibilité est diminuée par suite de brume, bruine, neige, forts grains de pluie ou tempêtes de sable, ou pour toutes autres causes analogues.

m) Le terme « navion » désigne un engin multimodal dont le principal mode d'exploitation est le vol à proximité de la surface sous l'effet de surface.

Partie B > Règles de barre et de route

Section I - Conduite des navires dans toutes les conditions de visibilité

Règle 4 - Champ d'application

Les règles de la présente section s'appliquent dans toutes les conditions de visibilité.

Règle 5 - Veille

Tout navire doit en permanence assurer une veille visuelle et auditive appropriée, en utilisant également tous les moyens disponibles qui sont adaptés aux circonstances et conditions existantes, de manière à permettre une pleine appréciation de la situation et du risque d'abordage.

Règle 6 - Vitesse de sécurité

Tout navire doit maintenir en permanence une vitesse de sécurité telle qu'il puisse prendre des mesures appropriées et efficaces pour éviter un abordage et pour s'arrêter sur une distance adaptée aux circonstances et conditions existantes.

Les facteurs suivants doivent notamment être pris en considération pour déterminer la vitesse de sécurité :

a) Pour les navires :

I) la visibilité ;

II) la densité du trafic et notamment les concentrations de navires de pêche ou de tous autres navires ;

III) la capacité de manœuvre du navire et plus particulièrement sa distance d'arrêt et ses qualités de giration dans les conditions existantes ;

IV) de nuit, la présence d'un arrière-plan lumineux tel que celui créé par des feux côtiers ou une diffusion de la lumière des propres feux du navire ;

V) l'état du vent, de la mer et des courants et la proximité de risques pour la navigation ;

VI) le tirant d'eau en fonction de la profondeur d'eau disponible.

b) De plus, pour les navires qui utilisent un radar :

I) les caractéristiques, l'efficacité et les limites d'utilisation de l'équipement radar ;

II) les limitations qui résultent de l'échelle de portée utilisée sur le radar;

III) l'effet de l'état de la mer, des conditions météorologiques et d'autres sources de brouillage sur la détection au radar ;

IV) le fait que les petits bâtiments, les glaces et d'autres objets flottants peuvent ne pas être décelés par le radar à une distance suffisante ;

V) le nombre, la position et le mouvement des navires détectés par le radar ;

VI) le fait qu'il est possible d'apprécier plus exactement la visibilité lorsque le radar est utilisé pour déterminer la distance des navires et des autres objets situés dans les parages.

Règle 7 - Risque d'abordage

a) Tout navire doit utiliser tous les moyens disponibles qui sont adaptés aux circonstances et conditions existantes pour déterminer s'il existe un risque d'abordage. S'il y a doute quant au risque d'abordage, on doit considérer que ce risque existe.

b) S'il y a à bord un équipement radar en état de marche, on doit l'utiliser de façon appropriée en recourant, en particulier, au balayage à longue portée afin de déceler à l'avance un risque d'abordage, ainsi qu'au « plotting » radar ou à toute autre observation systématique équivalente des objets détectés.

c) On doit éviter de tirer des conclusions de renseignements insuffisants, notamment de renseignements radar insuffisants.

d) L'évaluation d'un risque d'abordage doit notamment tenir compte des considérations suivantes :

I) Il y a risque d'abordage si le relèvement au compas d'un navire qui s'approche ne change pas de manière appréciable ;

II) Un tel risque peut parfois exister même si l'on observe une variation appréciable du relèvement, particulièrement lorsque l'on s'approche d'un très grand navire, d'un train de remorque ou d'un navire qui est à courte distance.

Règle 8 - Manœuvre pour éviter les abordages

a) Toute manœuvre entreprise pour éviter un abordage doit être conforme aux règles énoncées dans la présente partie et, si les circonstances le permettent, être exécutée franchement, largement à temps et conformément aux bons usages maritimes.

b) Tout changement de cap ou de vitesse, ou des deux à la fois, visant à éviter un abordage doit, si les circonstances le permettent, être assez important pour être immédiatement perçu par tout navire qui l'observe visuellement ou au radar ; une succession de changements peu importants de cap ou de vitesse, ou des deux à la fois, est à éviter.

c) Si le navire a suffisamment de place, le changement de cap à lui seul peut être la manœuvre la plus efficace pour éviter de se trouver en situation très rapprochée à condition que cette manœuvre soit faite largement à temps, qu'elle soit franche et qu'elle n'aboutisse pas à une autre situation très rapprochée.

d) Les manœuvres effectuées pour éviter l'abordage avec un autre navire doivent être telles qu'elles permettent de passer à une distance suffisante. L'efficacité des manœuvres doit être attentivement contrôlée jusqu'à ce que l'autre navire soit définitivement paré et clair.

e) Si cela est nécessaire pour éviter un abordage ou pour laisser plus de temps pour apprécier la situation, un navire doit réduire sa vitesse ou casser son erre en arrêtant son appareil propulsif ou en battant en arrière au moyen de cet appareil.

f) - I) Un navire qui, en vertu de l'une quelconque des présentes règles, est tenu de ne pas gêner le passage d'un autre navire ou de permettre son libre passage doit, lorsque les circonstances l'exigent, manœuvrer sans tarder afin de laisser suffisamment de place à l'autre navire pour permettre son libre passage;

II) Un navire qui est tenu de ne pas gêner le passage d'un autre navire ou de permettre son libre passage n'est pas dispensé de cette obligation s'il s'approche de l'autre navire de telle sorte qu'il existe un risque d'abordage et il doit, lorsqu'il effectue sa manœuvre, tenir dûment compte des manœuvres qui pourraient être requises en vertu des règles de la présente partie ;

III) Un navire dont le passage ne doit pas être gêné reste pleinement tenu de se conformer aux règles de la présente partie lorsque les deux navires se rapprochent l'un de l'autre de telle sorte qu'il existe un risque d'abordage.

Règle 9 - Chenaux étroits

a) Les navires faisant route dans un chenal étroit ou une voie d'accès doivent, lorsque cela peut se faire sans danger, naviguer aussi près que possible de la limite extérieure droite du chenal ou de la voie d'accès.

b) Les navires de longueur inférieure à 20 mètres et les navires à voile ne doivent pas gêner le passage des navires qui ne peuvent naviguer en toute sécurité qu'à l'intérieur d'un chenal étroit ou d'une voie d'accès.

c) Les navires en train de pêcher ne doivent pas gêner le passage des autres navires naviguant à l'intérieur d'un chenal étroit ou d'une voie d'accès.

d) Un navire ne doit pas traverser un chenal étroit ou une voie d'accès si, ce faisant, il gêne le passage des navires qui ne peuvent naviguer en toute sécurité qu'à l'intérieur de ce chenal ou de cette voie d'accès ; ces derniers navires peuvent utiliser le signal sonore prescrit par la règle 34 d) s'ils doutent des intentions du navire qui traverse le chenal ou la voie d'accès.

e) - I) Dans un chenal étroit ou une voie d'accès lorsqu'un dépassement ne peut s'effectuer que si le navire rattrapé manœuvre pour permettre à l'autre navire de le dépasser en toute sécurité, le navire qui a l'intention de dépasser doit faire connaître son intention en émettant le signal sonore approprié prescrit par la règle 34 c) I). Le navire rattrapé doit, s'il est d'accord, faire entendre le signal approprié prescrit par la règle 34 c) II) et manœuvrer de manière à permettre un dépassement en toute sécurité. S'il est dans le doute, il peut émettre les signaux sonores prescrits par la règle 34 d) ;

II) La présente règle ne saurait dispenser le navire qui rattrape de l'obligation de se conformer aux dispositions de la règle 13.

f) Un navire qui s'approche d'un coude ou d'un endroit situé dans un chenal étroit ou une voie d'accès où d'autres navires peuvent être cachés par la présence d'obstacles doit naviguer dans cette zone avec une prudence et une vigilance particulières et faire entendre le signal approprié prescrit par la règle 34 e).

g) Tout navire doit, si les circonstances le permettent, éviter de mouiller dans un chenal étroit.

Règle 10 - Dispositifs de séparation du trafic

a) La présente règle s'applique aux dispositifs de séparation du trafic adoptés par l'Organisation et ne saurait dispenser aucun navire de ses obligations en vertu de l'une quelconque des autres règles.

b) Les navires qui naviguent à l'intérieur d'un dispositif de séparation du trafic doivent :

I) suivre la voie de circulation (*), appropriée dans la direction générale du trafic pour cette voie ;

II) s'écarter dans toute la mesure du possible de la ligne ou de la zone de séparation du trafic ;

III) en règle générale, s'engager dans une voie de circulation ou en sortir à l'une des extrémités, mais lorsqu'ils s'y engagent ou en sortent latéralement, effectuer cette manœuvre sous un angle aussi réduit que possible par rapport à la direction générale du trafic.

c) Les navires doivent éviter autant que possible de couper les voies de circulation mais, s'ils y sont obligés, ils doivent le faire en suivant un cap qui soit autant que possible perpendiculaire à la direction générale du trafic.

d) - I) les navires ne doivent pas utiliser une zone de navigation côtière lorsqu'ils peuvent en toute sécurité utiliser la voie de circulation appropriée du dispositif adjacent de séparation du trafic. Toutefois, les navires de longueur inférieure à 20 mètres, les navires à voile et les navires en train de pêcher peuvent utiliser la zone de navigation côtière ;

II) nonobstant les dispositions à l'alinéa d) I), les navires peuvent utiliser une zone de navigation côtière lorsqu'ils gagnent ou quittent un port, une installation ou une structure au large, une station de pilotage ou tout autre endroit se trouvant à l'intérieur de la zone de navigation côtière ou pour éviter un danger immédiat.

e) Un navire autre qu'un navire qui coupe un dispositif ou qu'un navire qui s'engage dans une voie de circulation ou qui en sort ne doit normalement pas pénétrer dans une zone de séparation ou franchir une ligne de séparation sauf :

I) en cas d'urgence, pour éviter un danger immédiat ;

II) pour pêcher dans une zone de séparation.

f) Les navires qui naviguent dans des zones proches des extrémités d'un dispositif de séparation du trafic doivent le faire avec une vigilance particulière.

g) Les navires doivent éviter, dans toute la mesure du possible, de mouiller à l'intérieur d'un dispositif de séparation du trafic ou dans les zones proches de ses extrémités.

h) Les navires qui n'utilisent pas un dispositif de séparation du trafic doivent s'en écarter aussi largement que possible.

i) Les navires en train de pêcher ne doivent pas gêner le passage des navires qui suivent une voie de circulation.

j) Les navires de longueur inférieure à 20 mètres ou les navires à voile ne doivent pas gêner le passage des navires à propulsion mécanique qui suivent une voie de circulation.

k) Un navire qui a une capacité de manœuvre restreinte lorsqu'il effectue une opération destinée au maintien de la sécurité de la navigation dans un dispositif de séparation du trafic est dispensé de satisfaire à la présente règle dans la mesure nécessaire pour effectuer l'opération.

l) Un navire qui a une capacité de manœuvre restreinte lorsqu'il effectue une opération en vue de poser, de réparer ou de relever un câble sous-marin à l'intérieur d'un dispositif de séparation du trafic, est dispensé de satisfaire à la présente règle dans la mesure nécessaire pour effectuer l'opération.

Section II - Conduite des navires en vue les uns des autres

Règle 11 - Champ d'application

Les règles de la présente section s'appliquent aux navires qui sont en vue les uns des autres.

Règle 12 - Navires à voile

a) Lorsque deux navires à voile s'approchent l'un de l'autre de manière à faire craindre un abordage, l'un d'eux doit s'écarter de la route de l'autre comme suit :

I) quand les navires reçoivent le vent d'un bord différent, celui qui reçoit le vent de bâbord doit s'écarter de la route de l'autre ;

II) quand les deux navires reçoivent le vent du même bord, celui qui est au vent doit s'écarter de la route de celui qui est sous le vent ;

III) si un navire qui reçoit le vent de bâbord voit un autre navire au vent et ne peut pas déterminer avec certitude si cet autre navire reçoit le vent de bâbord ou de tribord, le premier doit s'écarter de la route de l'autre.

b) Aux fins d'application de la présente règle, le côté d'où vient le vent doit être considéré comme étant celui du bord opposé au bord de brassage de la grand-voile ou, dans le cas d'un navire à phares carrés, le côté opposé au bord de brassage de la plus grande voile aurique (ou triangulaire).

Règle 13 - Navire qui en rattrape un autre

a) Nonobstant toute disposition des règles des sections I et II de la partie B, tout navire qui en rattrape un autre doit s'écarter de la route de ce dernier.

b) Doit se considérer comme en rattrapant un autre, un navire qui s'approche d'un autre navire en venant d'une direction de plus de 22,5 degrés sur l'arrière du travers de ce dernier, c'est-à-dire qui se trouve dans une position telle, par rapport au navire rattrapé, que, de nuit, il pourrait voir seulement le feu arrière de ce navire, sans voir aucun de ses feux de côté.

c) Lorsqu'un navire ne peut déterminer avec certitude s'il en rattrape un autre, il doit se considérer comme un navire qui en rattrape un autre et manœuvrer en conséquence.

d) Aucun changement ultérieur dans le relèvement entre les deux navires ne peut faire considérer le navire qui rattrape l'autre comme croisant la route de ce dernier au sens des présentes règles ni l'affranchir de l'obligation de s'écarter de la route du navire rattrapé jusqu'à ce qu'il soit tout à fait paré et clair.

Règle 14 - Navires qui font des routes directement opposées

a) Lorsque deux navires à propulsion mécanique font des routes directement opposées ou à peu près opposées de telle sorte qu'il existe un risque d'abordage, chacun d'eux doit venir sur tribord pour passer par bâbord l'un de l'autre.

b) On doit considérer qu'une telle situation existe lorsqu'un navire en voit un autre devant lui ou pratiquement devant lui, de sorte que, de nuit, il verrait les feux de mât de l'autre navire, l'un par l'autre ou presque et/ou ses deux feux de côté et que, de jour, il verrait l'autre navire sous un angle correspondant.

c) Lorsqu'un navire ne peut déterminer avec certitude si une telle situation existe, il doit considérer qu'elle existe effectivement et manœuvrer en conséquence.

Règle 15 - Navire dont les routes se croisent

Lorsque deux navires à propulsion mécanique font des routes qui se croisent de telle sorte qu'il existe un risque d'abordage, le navire qui voit l'autre navire sur tribord doit s'écarter de la route de celui-ci et, si les circonstances le permettent, éviter de croiser sa route sur l'avant.

Règle 16 - Manœuvre du navire non privilégié

Tout navire qui est tenu de s'écarter de la route d'un autre navire doit, autant que possible, manœuvrer de bonne heure et franchement de manière à s'écarter largement.

Règle 17 - Manœuvre du navire privilégié

a) - I) Lorsqu'un navire est tenu de s'écarter de la route d'un autre navire, cet autre navire doit maintenir son cap et sa vitesse.

II) Néanmoins, ce dernier peut manœuvrer, afin d'éviter l'abordage par sa seule manœuvre, aussitôt qu'il lui parait évident que le navire qui est dans l'obligation de s'écarter de sa route n'effectue pas la manœuvre appropriée prescrite par les présentes règles.

b) Quand, pour une cause quelconque, le navire qui est tenu de maintenir son cap et sa vitesse se trouve tellement près de l'autre que l'abordage ne peut être évité par la seule manœuvre du navire qui doit laisser la route libre, il doit de son côté faire la manœuvre qui est la meilleure pour aider à éviter l'abordage.

c) Un navire à propulsion mécanique qui manœuvre pour éviter un abordage avec un autre navire à propulsion mécanique dont la route croise la sienne dans les conditions prévues à l'alinéa a) II) de la présente règle ne doit pas, si les circonstances le permettent, abattre sur bâbord lorsque l'autre navire est bâbord à lui.

d) La présente règle ne saurait dispenser le navire qui doit laisser la route libre de l'obligation de s'écarter de la route de l'autre navire.

Règle 18 - Responsabilités réciproques des navires

Sauf dispositions contraires des règles 9, 10 et 13 :

a) Un navire à propulsion mécanique faisant route doit s'écarter de la route :

I) d'un navire qui n'est pas maître de sa manœuvre ;

II) d'un navire à capacité de manœuvre restreinte ;

III) d'un navire en train de pêcher ;

IV) d'un navire à voile.

b) Un navire à voile faisant route doit s'écarter de la route :

I) d'un navire qui n'est pas maître de sa manœuvre ;

II) d'un navire à capacité de manœuvre restreinte ;

III) d'un navire en train de pêcher.

c) Un navire en train de pêcher et faisant route doit, dans la mesure du possible, s'écarter de la route :

I) d'un navire qui n'est pas maître de sa manœuvre ;

II) d'un navire à capacité de manœuvre restreinte.

d) - I) Tout navire autre qu'un navire qui n'est pas maître de sa manœuvre ou qu'un navire à capacité de manœuvre restreinte doit, si les circonstances le permettent, éviter de gêner le libre passage d'un navire handicapé par son tirant d'eau, qui montre les signaux prévus à la règle 28 ;

II) Un navire handicapé par son tirant d'eau doit naviguer avec une prudence particulière, en tenant dûment compte de sa situation spéciale.

e) Un hydravion amerri doit, en règle générale, se tenir largement à l'écart de tous navires et éviter de gêner leur navigation. Toutefois lorsqu'il y a risque d'abordage, cet hydravion doit se conformer aux règles de la présente partie.

f) - I) Un navion doit, lorsqu'il décolle, atterrit ou vole près de la surface, se maintenir à bonne distance de tous les autres navires et éviter de gêner leur navigation ;

II) Un navion exploité à la surface de l'eau doit observer les règles de la présente partie en tant que navire à propulsion mécanique.

Section III - Conduite des navires par visibilité réduite

Règle 19 - Conduite des navires par visibilité réduite

a) La présente règle s'applique aux navires qui ne sont pas en vue les uns des autres et qui naviguent à l'intérieur ou à proximité de zones de visibilité réduite.

b) Tout navire doit naviguer à une vitesse de sécurité adaptée aux circonstances existantes et aux conditions de visibilité réduite. Les navires à propulsion mécanique doivent tenir leurs machines prêtes à manœuvrer immédiatement.

c) Tout navire, lorsqu'il applique les règles de la section I de la présente partie, doit tenir dûment compte des circonstances existantes et des conditions de visibilité réduite.

d) Un navire qui détecte au radar seulement la présence d'un autre navire doit déterminer si une situation très rapprochée est en train de se créer et/ou si un risque d'abordage existe. Dans ce cas, il doit prendre largement à temps les mesures pour éviter cette situation ; toutefois, si ces mesures consistent en un changement de cap, il convient d'éviter, dans la mesure du possible les manœuvres suivantes :

I) un changement de cap sur bâbord dans le cas d'un navire qui se trouve sur l'avant du travers, sauf si ce navire est en train d'être rattrapé :

II) un changement de cap en direction d'un navire qui vient par le travers ou sur l'arrière du travers.

e) Sauf lorsqu'il a été établi qu'il n'existe pas de risque d'abordage, tout navire qui entend, dans une direction qui lui parait être sur l'avant du travers, le signal de brume d'un autre navire, ou qui ne peut éviter une situation très rapprochée avec un autre navire situé sur l'avant du travers, doit réduire sa vitesse au minimum nécessaire pour maintenir son cap. Il doit, si nécessaire, casser son erre et, en toutes circonstances naviguer avec une extrême précaution jusqu'à ce que le risque d'abordage soit passé.

Partie C > Feux et marques

Règle 20 - Champ d'application

a) Les règles de la présente partie doivent être observées par tous les temps.

b) Les règles concernant les feux doivent être observées du coucher au lever du soleil. Pendant cet intervalle, on ne doit montrer aucun autre feu pouvant être confondu avec les feux prescrits par les présentes règles et pouvant gêner la visibilité ou le caractère distinctif de ceux-ci ou pouvant empêcher d'exercer une veille satisfaisante.

c) Les feux prescrits par les présentes règles, lorsqu'ils existent, doivent également être montrés du lever au coucher du soleil par visibilité réduite et peuvent être montrés dans toutes les autres circonstances où cette mesure est jugée nécessaire.

d) Les règles concernant les marques doivent être observées de jour.

e) Les feux et les marques prescrits par les présentes règles doivent être conformes aux dispositions de l'annexe I des présentes règles.

Règle 21 - Définitions

a) L'expression « feu de tête de mât » désigne un feu blanc placé au-dessus de l'axe longitudinal du navire, projetant une lumière ininterrompue sur tout le parcours d'un arc d'horizon de 225 degrés et disposé de manière à projeter cette lumière depuis l'avant jusqu'à 22,5 degrés sur l'arrière du travers de chaque bord.

b) L'expression « feu de côté » désigne un feu vert placé à tribord et un feu rouge placé à bâbord, projetant chacun une lumière ininterrompue sur tout le parcours d'un arc d'horizon de 112,5 degrés et disposés de manière à projeter cette lumière depuis l'avant jusqu'à 22,5 degrés sur l'arrière du travers de leur côté respectif. À bord des navires de longueur inférieure à 20 mètres, les feux de côté peuvent être combinés en un seul fanal placé dans l'axe longitudinal du navire.

c) L'expression « feu de poupe » désigne un feu blanc placé aussi près que possible de la poupe, projetant une lumière ininterrompue sur tout le par-

« On n'apprend pas à boxer par correspondance. Ni à sourire. [Yves la Prairie]

cours d'un arc d'horizon de 135 degrés et disposé de manière à projeter cette lumière sur un secteur de 67,5 degrés de chaque bord à partir de l'arrière.

d) L'expression « feu de remorquage » désigne un feu jaune ayant les mêmes caractéristiques que le feu de poupe défini au paragraphe c) de la présente règle.

e) L'expression « feu visible sur tout l'horizon » désigne un feu projetant une lumière ininterrompue sur un arc d'horizon de 360 degrés.

f) L'expression « feu à éclats » désigne un feu à éclats réguliers dont le rythme est de 120 éclats ou plus par minute.

Règle 22 - Portée lumineuse des feux

Les feux prescrits par les présentes règles doivent avoir l'intensité spécifiée à la section 8 de l'annexe I du présent règlement, de manière à être visibles aux distances minimales suivantes :

a) pour les navires de longueur égale ou supérieure à 50 mètres :

- feu de tête de mât : 6 milles
- feu de côté : 3 milles
- feu de poupe : 3 milles
- feu de remorquage : 3 milles
- feu blanc, rouge, vert ou jaune visible sur tout l'horizon : 3 milles.

b) pour les navires de longueur égale ou supérieure à 12 mètres, mais inférieure à 50 mètres :

- feu de tête de mât : 5 milles ; si la longueur du navire est inférieure à 20 mètres : 3 milles
- feu de côté : 2 milles
- feu de poupe : 2 milles
- feu de remorquage : 2 milles
- feu blanc, rouge, vert ou jaune visible sur tout l'horizon : 2 milles.

c) pour les navires de longueur inférieure à 12 mètres :

- feu de tête de mât : 2 milles
- feu de côté : 1 mille
- feu de poupe : 2 milles
- feu de remorquage : 2 milles
- feu blanc, rouge, vert ou jaune visible sur tout l'horizon : 2 milles.

d) pour les navires ou objets remorqués qui sont partiellement submergés et difficiles à apercevoir :

- feu blanc visible sur tout l'horizon : 3 milles.

Règle 23 - Navires à propulsion mécanique faisant route

a) Un navire à propulsion mécanique faisant route doit montrer :

I) un feu de tête de mât à l'avant ;

II) un second feu de tête de mât à l'arrière du premier et plus haut que celui-ci ; toutefois, les navires de longueur inférieure à 50 mètres ne sont pas tenus de montrer ce feu, mais peuvent le faire ;

III) des feux de côté ;

IV) un feu de poupe.

b) Un aéroglisseur exploité sans tirant d'eau doit, outre les feux prescrits au paragraphe a) de la présente règle, montrer un feu jaune à éclats visible sur tout l'horizon.

c) Lorsqu'il décolle, atterrit ou vole près de la surface, un navion doit montrer outre les feux prescrits au paragraphe a) de la présente règle, un feu rouge à éclats de forte intensité, visible sur tout l'horizon.

d) - I) Un navire à propulsion mécanique de longueur inférieure à 12 mètres peut, au lieu des feux prescrits au paragraphe a) de la présente règle, montrer un feu blanc visible sur tout l'horizon et des feux de côté ;

II) Un navire à propulsion mécanique de longueur inférieure à 7 mètres et dont la vitesse maximale ne dépasse pas 7 nœuds peut, au lieu des feux prescrits au paragraphe a) de la présente règle, montrer un feu blanc visible sur tout l'horizon ; il doit, si possible, montrer en outre des feux de côté ;

III) Le feu de tête de mât ou le feu blanc visible sur tout l'horizon à bord d'un navire à propulsion mécanique de longueur inférieure à 12 mètres peut ne pas se trouver dans l'axe longitudinal du navire s'il n'est pas possible de l'installer sur cet axe à condition que les feux de côté soient combinés en un seul fanal qui soit disposé dans l'axe longitudinal du navire ou situé aussi près que possible de l'axe longitudinal sur lequel se trouve le feu de tête de mât ou le feu blanc visible sur tout l'horizon.

Règle 24 - Remorquage et poussage

a) Un navire à propulsion mécanique en train de remorquer doit montrer :

I) au lieu du feu prescrit par la règle 23 a) I) ou par la règle 23 a) II), deux feux de tête de mât superposés. Lorsque la longueur du train de remorque mesurée de l'arrière du navire remorquant à l'extrémité arrière du train de remorque dépasse 200 mètres, il doit montrer trois de ces feux superposés ;

II) des feux de côté ;

III) un feu de poupe ;

IV) un feu de remorquage placé à la verticale au-dessus du feu de poupe ;

V) à l'endroit le plus visible, lorsque la longueur du train de remorque dépasse 200 mètres, une marque biconique.

b) Un navire en train de pousser et un navire poussé en avant reliés par un raccordement rigide de manière à former une unité composite doivent être considérés comme un navire à propulsion mécanique et montrer les feux prescrits par la règle 23.

c) Un navire à propulsion mécanique en train de pousser en avant ou de remorquer à couple doit, sauf s'il s'agit d'une unité composite, montrer :

I) au lieu du feu prescrit par la règle 23 a) I) ou par la règle 23 a) II), deux feux de tête de mât superposés ;

II) des feux de côté ;

III) un feu de poupe.

d) Un navire à propulsion mécanique auquel les dispositions des paragraphes a) ou c) de la présente règle s'appliquent, doit également se conformer aux dispositions de la règle 23 a) II).

e) Un navire ou objet remorqué autre que ceux mentionnés au paragraphe g) de la présente règle doit montrer :

I) des feux de côté ;

II) un feu de poupe ;

III) à l'endroit le plus visible, lorsque la longueur du train de remorque dépasse 200 mètres, une marque biconique.

f) Étant entendu que les feux d'un nombre quelconque de navires remorqués à couple ou poussés en groupe doivent correspondre à ceux d'un seul navire :

I) Un navire poussé en avant, ne faisant pas partie d'une unité composite, doit montrer à son extrémité avant des feux de côté ;

II) Un navire remorqué à couple doit montrer un feu de poupe et, à son extrémité avant, des feux de côté.

g) Un navire ou objet remorqué qui est partiellement submergé et difficile à apercevoir, ou un ensemble de ces navires ou objets remorqués, doit montrer :

I) lorsque sa largeur est inférieure à 25 mètres, un feu blanc visible sur tout l'horizon à l'extrémité avant ou à proximité de celle-ci et un autre à l'extrémité arrière ou à proximité de celle-ci, exception faite des dracones, qui ne sont pas tenues de montrer un feu à leur extrémité avant ou à proximité de celle-ci ;

II) lorsque sa largeur est égale ou supérieure à 25 mètres, deux feux blancs supplémentaires visibles sur tout l'horizon aux extrémités de sa largeur ou à proximité de celles-ci ;

III) lorsque sa longueur est supérieure à 100 mètres, des feux blancs visibles sur tout l'horizon supplémentaire, entre les feux prescrits aux alinéas I) et II) de telle sorte que la distance entre les feux ne soit pas supérieure à 100 mètres ;

IV) une marque biconique à l'extrémité arrière ou près de l'extrémité arrière du dernier navire ou objet remorqué et, lorsque la longueur du train de remorque est supérieure à 200 mètres, une marque biconique supplémentaire à l'endroit le plus visible et le plus à l'avant possible.

h) Si, pour une raison suffisante, le navire ou l'objet remorqué est dans l'impossibilité de montrer les feux ou les marques prescrits aux paragraphes e) ou g) de la présente règle, toutes les mesures possibles sont prises pour éclairer le navire ou l'objet remorqué ou tout au moins pour indiquer la présence d'un tel navire ou objet.

i) Si, pour une raison suffisante, un navire qui n'effectue pas ordinairement des opérations de remorquage est dans l'impossibilité de montrer les feux prescrits aux paragraphes a) ou c) de la présente règle, ce navire n'est pas tenu de montrer ces feux lorsqu'il procède au remorquage d'un autre navire en détresse ou ayant besoin d'une assistance pour d'autres raisons. Toutes les mesures possibles doivent être prises pour indiquer de la manière autorisée par la règle 36, notamment en éclairant le câble de remorquage, le rapport entre le navire remorqueur et le navire remorqué.

Règle 25 - Navires à voile faisant route et navires à l'aviron

a) Un navire à voile qui fait route doit montrer :

I) des feux de côté ;

II) un feu de poupe.

b) À bord d'un navire à voile de longueur inférieure à 20 mètres, les feux prescrits au paragraphe a) de la présente règle peuvent être réunis en un seul fanal placé au sommet ou à la partie supérieure du mât, à l'endroit le plus visible.

c) En plus des feux prescrits au paragraphe a) de la présente règle, un navire à voile faisant route peut montrer, au sommet ou à la partie supérieure du mât, à l'endroit où ils sont le plus apparents, des feux superposés visibles sur tout l'horizon, le feu supérieur étant rouge et le feu inférieur vert. Toutefois, ces feux ne doivent pas être montrés en même temps que le fanal autorisé par le paragraphe b) de la présente règle.

d) - I) Un navire à voile de longueur inférieure à 7 mètres doit, si possible, montrer les feux prescrits aux paragraphes a) ou b) de la présente règle mais, s'il ne le fait pas, il doit être prêt à montrer immédiatement, pour prévenir un abordage, une lampe électrique ou un fanal allumé à feu blanc.

II) Un navire à l'aviron peut montrer les feux prescrits par la présente règle pour les navires à voile mais, s'il ne le fait pas, il doit être prêt à montrer immédiatement, pour prévenir un abordage, une lampe électrique ou un fanal allumé à feu blanc.

e) Un navire qui fait route simultanément à la voile et au moyen d'un appareil propulsif doit montrer à l'avant, à l'endroit le plus visible, une marque de forme conique, la pointe en bas.

Règle 26 - Navires de pêche

a) Un navire en train de pêcher ne doit, lorsqu'il fait route ou lorsqu'il est au mouillage, montrer que les feux et marques prescrits par la présente règle.

b) Un navire en train de chaluter, c'est-à-dire de tirer dans l'eau un chalut ou autre engin de pêche, doit montrer :

I) deux feux superposés visibles sur tout l'horizon, le feu supérieur étant vert et le feu inférieur blanc, ou une marque formée de deux cônes superposés réunis par la pointe ;

II) un feu de tête de mât disposé à une hauteur supérieure à celle du feu vert visible sur tout l'horizon et à l'arrière de celui-ci. Les navires de longueur inférieure à 50 mètres ne sont pas tenus de montrer ce feu, mais peuvent le faire ;

III) lorsqu'il a de l'erre, outre les feux prescrits au présent paragraphe, des feux de côté et un feu de poupe.

c) Un navire en train de pêcher, autre qu'un navire en train de chaluter, doit montrer :

I) deux feux superposés visibles sur tout l'horizon, le feu supérieur étant rouge et le feu inférieur blanc, ou une marque formée de deux cônes superposés réunis par la pointe ;

II) si son engin de pêche est déployé sur une distance horizontale supérieure à 150 mètres à partir du navire, un feu blanc visible sur tout l'horizon ou un cône, la pointe en haut, dans l'alignement de l'engin ;

III) lorsqu'il a de l'erre, outre les feux prescrits au présent paragraphe, des feux de côté et un feu de poupe.

d) Règle 26- d: d) Un navire en train de pêcher à proximité d'autres navires en train de pêcher peut montrer les signaux supplémentaires décrits à l'Annexe II (2.2.) du présent Règlement.

e) Un navire qui n'est pas en train de pêcher ne doit pas montrer les feux ou marques prescrits par la présente règle, mais seulement ceux qui sont prescrits pour un navire de sa longueur.

Règle 27 - Navires qui ne sont pas maîtres de leur manœuvre et navires à capacité de manœuvre restreinte

a) Un navire qui n'est pas maître de sa manœuvre doit montrer :

I) à l'endroit le plus visible deux feux rouges superposés visibles sur tout l'horizon ;

II) à l'endroit le plus visible, deux boules ou marques analogues superposées ;

III) lorsqu'il a de l'erre, outre les feux prescrits au présent paragraphe, des feux de côté et un feu de poupe.

b) Un navire à capacité de manœuvre restreinte, autre qu'un navire effectuant des opérations de déminage, doit montrer :

I) à l'endroit le plus visible, trois feux superposés visibles sur tout l'horizon, les feux supérieur et inférieur étant rouges et le feu du milieu blanc ;

II) à l'endroit le plus visible, trois marques superposées, les marques supérieure et inférieure étant des boules, celle du milieu un bicône ;

III) lorsqu'il a de l'erre, outre les feux prescrits à l'alinéa I) un feu ou des feux de tête de mât, des feux de côté et un feu de poupe ;

IV) lorsqu'il est au mouillage, outre les feux ou marques prescrits aux alinéas I) et II), les feux ou marques prescrits par la règle 30.

c) Un navire à propulsion mécanique en train d'effectuer une opération de remorquage qui permet difficilement au navire remorqueur et à sa remorque de modifier leur route doit, outre les feux ou marques prescrits par la règle 24 a), montrer les feux ou marques prescrits aux paragraphes b) I) et b) II) de la présente règle.

d) Un navire à capacité de manœuvre restreinte en train de draguer ou d'effectuer des opérations sous-marines doit montrer les feux et marques prescrits aux alinéas I), II) et III) du paragraphe b) de la présente règle et, lorsqu'il existe une obstruction, doit montrer en outre :

I) deux feux rouges visibles sur tout l'horizon ou deux boules superposées pour indiquer le côté où se trouve l'obstruction ;

II) deux feux verts visibles sur tout l'horizon ou deux bicônes superposés pour indiquer le côté sur lequel un autre navire peut passer ;

III) lorsqu'il est au mouillage, au lieu des feux ou de la marque prescrits par la règle 30, les feux ou marques prescrits dans le présent paragraphe.

e) Un navire participant à des opérations de plongée qui ne peut, en raison de ses dimensions, montrer tous les feux et marques prescrits au paragraphe d) de la présente règle, doit montrer :

I) à l'endroit le plus visible, trois feux superposés, visibles sur tout l'horizon, les feux supérieur et inférieur étant rouges et le feu du milieu blanc ;

II) une reproduction rigide, d'au moins un mètre de hauteur, du pavillon « A » du Code international de signaux. Il doit prendre des mesures pour que cette reproduction soit visible sur tout l'horizon.

f) Un navire effectuant des opérations de déminage doit montrer, outre les feux prescrits pour les navires à propulsion mécanique par la règle 23 ou les feux ou la marque prescrits pour les navires au mouillage par la règle 30, selon le cas, trois feux verts visibles sur tout l'horizon ou trois boules. Il doit montrer un de ces feux ou marques à proximité de la tête du mât de misaine et un de ces feux ou marques à chaque extrémité de la vergue de misaine. Ces feux ou marques indiquent qu'il est dangereux pour un autre navire de s'approcher à moins de 1 000 mètres du navire qui effectue le déminage.

g) Les navires de longueur inférieure à 12 mètres, à l'exception des navires participant à des opérations de plongée, ne sont pas tenus de montrer les feux et marques prescrits par la présente règle.

h) Les signaux prescrits par la présente règle ne sont pas des signaux de navires en détresse et demandant assistance. Les signaux de cette dernière catégorie font l'objet de l'annexe IV du présent règlement.

Règle 28 - Navires handicapés par leur tirant d'eau

Un navire handicapé par son tirant d'eau peut, outre les feux prescrits pour les navires à propulsion mécanique par la règle 23, montrer à l'endroit le plus visible trois feux rouges superposés visibles sur tout l'horizon ou une marque cylindrique.

Règle 29 - Bateaux-pilotes

a) Un bateau-pilote en service de pilotage doit montrer :

I) à la tête du mât ou à proximité de celle-ci, deux feux superposés visibles sur tout l'horizon, le feu supérieur étant blanc et le feu inférieur rouge ;

II) de plus, lorsqu'il fait route, des feux de côté et un feu de poupe ;

III) au mouillage, outre les feux prescrits à l'alinéa I), le feu, les feux ou la marque prescrits par la règle 30 pour les navires au mouillage.

b) Un bateau-pilote qui n'est pas en service de pilotage doit montrer les feux ou marques prescrits pour un navire de sa longueur.

Règle 30 - Navires au mouillage et navires échoués

a) Un navire au mouillage doit montrer à l'endroit le plus visible :

I) à l'avant, un feu blanc visible sur tout l'horizon ou une boule ;

II) à l'arrière ou près de l'arrière, plus bas que le feu prescrit à l'alinéa I), un feu blanc visible sur tout l'horizon.

b) Un navire au mouillage de longueur inférieure à 50 mètres peut montrer, à l'endroit le plus visible, un feu blanc visible sur tout l'horizon, au lieu des feux prescrits au paragraphe a) de la présente règle.

c) En outre, un navire au mouillage peut utiliser ses feux de travail disponibles ou des feux équivalents pour illuminer ses ponts. Cette disposition est obligatoire pour les navires de longueur égale ou supérieure à 100 mètres.

d) Un navire échoué doit montrer les feux prescrits aux paragraphes a) ou b) de la présente règle et, de plus, à l'endroit le plus visible :

I) deux feux rouges superposés visibles sur tout l'horizon ;

II) trois boules superposées.

e) Les navires de longueur inférieure à 7 mètres lorsqu'ils sont au mouillage, ne sont pas tenus de montrer les feux ou la marque prescrits aux paragraphes a) et b) de la présente règle, sauf s'ils sont au mouillage dans un chenal étroit, une voie d'accès ou un ancrage, à proximité de ces lieux, ou sur les routes habituellement fréquentées par d'autres navires.

f) Les navires de longueur inférieure à 12 mètres, lorsqu'ils sont échoués, ne sont pas tenus de montrer les feux ou marques prescrits aux alinéas I) et II) du paragraphe d) de la présente règle.

Règle 31 - Hydravions

Un hydravion ou un navion qui est dans l'impossibilité de montrer les feux et marques présentant les caractéristiques et situés aux emplacements prescrits par les règles de la présente partie, doit montrer des feux et marques se rapprochant le plus possible de ceux prescrits par ces règles.

Partie D > Signaux sonores et lumineux

Règle 32 - Définitions

a) Le terme « sifflet » désigne tout appareil de signalisation sonore capable d'émettre les sons prescrits et conforme aux spécifications de l'annexe III du présent règlement.

b) L'expression « son bref » désigne un son d'une durée d'environ une seconde.

c) L'expression « son prolongé » désigne un son d'une durée de quatre à six secondes.

Règle 33 - Matériel de signalisation sonore

a) Les navires de longueur égale ou supérieure à 12 mètres doivent être pourvus d'un sifflet, les navires de longueur égale ou supérieure à 20 mètres doivent être pourvus d'une cloche en sus du sifflet et les navires de longueur égale ou supérieure à 100 mètres doivent être en outre pourvus d'un gong dont le son et le timbre ne doivent pas pouvoir être confondus avec ceux de la cloche. Le sifflet, la cloche et le gong doivent satisfaire aux spécifications de l'annexe III du présent règlement. La cloche ou le gong, ou les deux, peuvent être remplacés par un autre matériel ayant respectivement les mêmes caractéristiques sonores, à condition qu'il soit toujours possible d'actionner manuellement les signaux prescrits.

b) Les navires de longueur inférieure à 12 mètres ne sont pas tenus d'avoir à leur bord les appareils de signalisation sonore prescrits au paragraphe a) de la présente règle, mais ils doivent, en l'absence de tels appareils, être munis d'un autre moyen d'émettre un signal sonore efficace.

Règle 34 - Signaux de manœuvre et signaux d'avertissement

a) Lorsque des navires sont en vue les uns des autres, un navire à propulsion mécanique faisant route doit, lorsqu'il effectue des manœuvres autorisées ou prescrites par les présentes règles, indiquer ces manœuvres par les signaux suivants, émis au sifflet :

- un son bref pour dire : « Je viens sur tribord » ;

- deux sons brefs pour dire : « Je viens sur bâbord » ;

- trois sons brefs pour dire : « Je bats en arrière ».

b) Tous les navires peuvent compléter les signaux au sifflet prescrits au paragraphe a) de la présente règle par des signaux lumineux répétés, selon les besoins, pendant toute la durée de la manœuvre :

I) Ces signaux lumineux ont la signification suivante :

- un éclat pour dire : « Je viens sur tribord » ;

- deux éclats pour dire : « Je viens sur bâbord » ;

- trois éclats pour dire : « Je bats en arrière » ;

II) Chaque éclat doit durer une seconde environ, l'intervalle entre les éclats doit être d'une seconde environ et l'intervalle entre les signaux successifs doit être de dix secondes au moins ;

III) Le feu utilisé pour ce signal doit, s'il existe, être un feu blanc visible sur tout l'horizon à une distance de cinq milles au moins et doit être conforme aux dispositions de l'annexe I du présent règlement.

c) Lorsqu'ils sont en vue l'un de l'autre dans un chenal étroit ou une voie d'accès :

I) Un navire qui entend en rattraper un autre doit, conformément aux dispositions de la règle 9 e) I), indiquer son intention en émettant au sifflet les signaux suivants :

- deux sons prolongés suivis d'un son bref pour dire : « Je compte vous rattraper sur tribord » ;

- deux sons prolongés suivis de deux sons brefs pour dire : « Je compte vous rattraper sur bâbord » ;

II) Le navire qui est sur le point d'être rattrapé doit, en manœuvrant conformément aux dispositions de la règle 9 e) I), indiquer son accord en émettant au sifflet le signal suivant :

- un son prolongé, un son bref, un son prolongé et un son bref, émis dans cet ordre.

d) Lorsque deux navires en vue l'un de l'autre s'approchent l'un de l'autre et que, pour une raison quelconque, l'un d'eux ne comprend pas les intentions ou les manœuvres de l'autre, ou se demande si l'autre navire prend les mesures suffisantes pour éviter l'abordage, le navire qui a des doutes les exprime immédiatement en émettant au sifflet une série rapide d'au moins cinq sons brefs. Ce signal peut être complété par un signal lumineux d'au moins cinq éclats brefs et rapides.

e) Un navire s'approchant d'un coude ou d'une partie d'un chenal ou d'une voie d'accès où d'autres navires peuvent être cachés par un obstacle doit faire entendre un son prolongé. Tout navire venant dans sa direction qui entend le signal de l'autre côté du coude ou derrière l'obstacle doit répondre à ce signal en faisant entendre un son prolongé.

f) Lorsque des sifflets sont installés à bord d'un navire à une distance de plus de 100 mètres les uns des autres, on ne doit utiliser qu'un seul sifflet pour émettre des signaux de manœuvre et des signaux avertisseurs.

Règle 35 - Signaux sonores par visibilité réduite

Tant de jour que de nuit, à l'intérieur ou à proximité d'une zone où la visibilité est réduite, les signaux prescrits par la présente règle doivent être utilisés comme suit :

a) Un navire à propulsion mécanique ayant de l'erre doit faire entendre un son prolongé à des intervalles ne dépassant pas deux minutes.

b) Un navire à propulsion mécanique faisant route, mais stoppé et n'ayant pas d'erre, doit faire entendre, à des intervalles ne dépassant pas deux minutes, deux sons prolongés séparés par un intervalle de deux secondes environ.

c) Un navire qui n'est pas maître de sa manœuvre, un navire à capacité de manœuvre restreinte, un navire handicapé par son tirant d'eau, un navire à voile, un navire en train de pêcher et un navire qui en remorque ou en pousse un autre doivent émettre, au lieu des signaux prescrits aux paragraphes a) ou b) de la présente règle, trois sons consécutifs, à savoir un son prolongé suivi de deux sons brefs, à des intervalles ne dépassant pas deux minutes.

d) Un navire en train de pêcher, lorsqu'il est au mouillage, et un navire à capacité de manœuvre restreinte qui procède à ses travaux au mouillage doivent émettre, au lieu des signaux prescrits au paragraphe g) de la présente règle, le signal prescrit au paragraphe c) de la présente règle.

e) Un navire remorqué ou, s'il en est remorqué plus d'un, le dernier navire du convoi doit, s'il a un équipage à bord, faire entendre, à des intervalles ne dépassant pas deux minutes, quatre sons consécutifs, à savoir un son prolongé suivi de trois sons brefs. Lorsque cela est possible, ce signal doit être émis immédiatement après le signal du navire remorqueur.

f) Un navire en train de pousser et un navire poussé en avant reliés par un raccordement rigide de manière à former une unité composite doivent être considérés comme un navire à propulsion mécanique et doivent faire entendre les signaux prescrits aux paragraphes a) ou b) de la présente règle.

g) Un navire au mouillage doit sonner la cloche rapidement pendant cinq secondes environ, à des intervalles ne dépassant pas une minute. À bord d'un navire de longueur égale ou supérieure à 100 mètres, on doit sonner la cloche sur la partie avant du navire et, immédiatement après, sonner rapidement le gong pendant cinq secondes environ sur la partie arrière. Un navire au mouillage peut en outre faire entendre trois sons consécutifs, à savoir un son bref suivi d'un son prolongé et d'un son bref, pour signaler sa position et la possibilité d'un abordage à un navire qui s'approche.

h) Un navire échoué doit sonner la cloche et, en cas de besoin, faire entendre le gong, ainsi qu'il est prescrit au paragraphe g) de la présente règle. De plus, il doit faire entendre trois coups de cloche séparés et distincts immédiatement avant et après avoir fait entendre la sonnerie rapide de la cloche. De plus, un navire échoué peut émettre au sifflet un signal approprié.

i) Un navire de longueur égale ou supérieure à 12 mètres mais inférieure à 20 mètres n'est pas tenu de faire entendre les coups de cloche mentionnés aux paragraphes g) et h) de la présente règle. Toutefois lorsqu'il ne le fait pas, il doit faire entendre un autre signal sonore efficace à des intervalles ne dépassant pas deux minutes.

j) Un navire de longueur inférieure à 12 mètres n'est pas tenu de faire entendre les signaux mentionnés ci-dessus, mais lorsqu'il ne le fait pas, il doit faire entendre un autre signal sonore efficace à des intervalles ne dépassant pas deux minutes.

k) Un bateau-pilote en service de pilotage peut, outre les signaux prescrits aux paragraphes a), b) ou g) de la présente règle, faire entendre un signal d'identification consistant en quatre sons brefs.

Règle 36 - Signaux destinés à appeler l'attention

Tout navire peut, s'il juge nécessaire d'appeler l'attention d'un autre navire, émettre des signaux lumineux ou sonores ne pouvant être confondus avec tout autre signal autorisé par l'une quelconque des présentes règles, ou bien orienter le faisceau de son projecteur en direction du danger qui menace un navire de façon telle que ce faisceau ne puisse gêner d'autres navires.

Tout feu destiné à attirer l'attention d'un autre navire ne doit pas pouvoir être confondu avec une aide à la navigation. Aux fins de la présente règle, l'emploi de feux intermittents ou tournants à haute intensité, tels que les phares gyroscopiques, doit être évité.

Règle 37 - Signaux de détresse

Un navire qui est en détresse et demande assistance doit utiliser ou montrer les signaux décrits a l'annexe IV du présent règlement.

Partie E > Exemptions

Règle 38 - Exemptions

Tout navire (ou catégorie de navires) qui satisfait aux prescriptions des règles internationales de 1960 pour prévenir les abordages en mer et dont la quille est posée, ou qui se trouve à un stade de construction équivalent, avant l'entrée en vigueur du présent règlement, peut bénéficier des exemptions suivantes qui s'appliquent audit règlement :

a) Installation des feux dont la portée lumineuse est prescrite par la règle 22 : quatre ans à compter de la date d'entrée en vigueur du présent règlement.

b) Installation des feux dont les couleurs sont prescrites à la section 7 de l'annexe I du présent règlement : quatre ans à compter de la date d'entrée en vigueur du présent règlement.

c) Changement de l'emplacement des feux résultant du passage des mesures britanniques au système métrique et de l'arrondissement des chiffres des mesures : exemption permanente.

d) - I) Changement de l'emplacement des feux de tête de mât à bord des navires de longueur inférieure à 150 mètres, résultant des prescriptions de la section 3a) de l'annexe I du présent règlement : exemption permanente ;

II) Changement de l'emplacement des feux de tête de mât à bord des navires de longueur égale ou supérieure à 150 mètres, résultant des prescriptions de la section 3 a) de l'annexe I du présent règlement : neuf ans à compter de la date d'entrée en vigueur du présent règlement.

e) Changement de l'emplacement des feux de tête de mât résultant des prescriptions de la section 2b) de l'annexe I du présent règlement : neuf ans à compter de la date d'entrée en vigueur du présent règlement.

f) Changement de l'emplacement des feux de côté résultant des prescriptions des sections 2 g) et 3 b) de l'annexe I du présent règlement : neuf ans à compter de la date d'entrée en vigueur du présent règlement.

g) Spécifications du matériel de signalisation sonore prescrites par l'annexe III du présent règlement : neuf ans à compter de la date d'entrée en vigueur du présent règlement.

h) Changement de l'emplacement des feux visibles sur tout l'horizon résultant des prescriptions de la section 9 b) de l'annexe I du présent règlement : exemption permanente.

Partie F > vérification du respect des dispositions de la convention

Règle 39 - Définitions

a) Audit désigne un processus systématique, indépendant et dûment étayé qui vise à obtenir des preuves d'audit et à les analyser objectivement pour déterminer la mesure dans laquelle les critères d'audit sont remplis.

b) Programme d'audit désigne le Prgramme d'audit des États Membres de l'OMI que l'Organisation a établi et qui tient compte des directives élaborées par l'Organisation(2).

c) Code d'application désigne le Code d'application des instruments de l'OMI (Code III), que l'Organisa-tion a adopté par la résolution A.1070(28).

d) Norme d'audit désigne le Code d'application.

Règle 40 - Application

Les Gouvernements contractants utilisent les dispositions du Code d'application lorsqu'ils s'acquittent des devoirs et responsabilités qui leur incombent en vertu de la présente Convention.

Règle 41 - Vérification de la conformité

a) Toute Partie contractante fait l'objet d'audits périodiques qu'effectue l'Organisation conformément à la norme d'audit en vue de vérifier qu'elle respecte et applique les dispositions de la présente Convention.

b) Le Secrétaire général de l'Organisation est responsable de l'administration du Programme d'audit confor-mément aux directives élaborées par l'Organisation(2).

c) Il incombe à toute Partie contractante de faciliter la conduite de l'audit et la mise en oeuvre d'un programme d'action visant à donner suite aux conclusions, en se fondant sur les directives adoptées par l'Organisation(2).

d) L'audit de chaque Partie contractante doit :

i) suivre un calendrier global établi par le Secrétaire général de l'Organisation qui tienne compte des direc-tives élaborées par l'Organisation(2) ; et

ii) être effectué à des intervalles réguliers, compte tenu des directives élaborées par l'Organisation(2).

Se reporter au Document-cadre et aux Procédures pour le Programme d'audit des États Membres de l'OMI, que l'Organisation a adoptés par la résolution A.1067(28).

Annexe I Emplacement et caractéristiques techniques des feux et marques

1. Définition

L'expression « hauteur au-dessus du plat-bord » désigne la hauteur au-dessus du pont continu le plus élevé. Cette hauteur doit être mesurée à partir de l'endroit situé sous le feu à la verticale de celui-ci.

2. Emplacement et espacement des feux sur le plan vertical

a) À bord des navires à propulsion mécanique de longueur égale ou supérieure à 20 mètres, les feux de tête de mât doivent être disposés comme suit :

I) Le feu de tête de mât avant ou, le cas échéant, le feu unique, doit se trouver à une hauteur de 6 mètres au moins au-dessus du plat-bord et, si la largeur du navire dépasse 6 mètres, à une hauteur au-dessus du plat-bord au moins égale à cette largeur, sans qu'il soit toutefois nécessaire que cette hauteur dépasse 12 mètres ;

II) Lorsqu'il existe deux feux de tête de mât, le feu arrière doit se trouver au moins 4,5 mètres plus haut que le feu avant.

b) La distance verticale entre les feux de tête de mât des navires à propulsion mécanique doit être telle que le feu arrière puisse toujours être vu distinctement au-dessus du feu avant, à une distance de 1 000 mètres de l'avant du navire au niveau de la mer, dans toutes les conditions normales d'assiette.

c) Le feu de tête de mât d'un navire à propulsion mécanique de longueur égale ou supérieure à 12 mètres, mais inférieure à 20 mètres, doit se trouver à une hauteur de 2,5 mètres au moins au-dessus du plat-bord.

d) Un navire à propulsion mécanique de longueur inférieure à 12 mètres peut avoir son feu le plus élevé à une hauteur inférieure à 2,5 mètres au-dessus du plat-bord. Toutefois, lorsqu'il porte un feu de tête de mât en plus des feux de côté et du feu de poupe, ou bien le feu visible sur tout l'horizon prescrit à la règle 23 c) I) en plus des feux de côté, ce feu de tête de mât ou ce feu visible sur tout l'horizon doit se trouver à 1 mètre au moins au-dessus des feux de côté.

e) L'un des deux ou trois feux de tête de mât prescrits pour un navire à propulsion mécanique qui remorque ou pousse un autre navire doit se trouver au même emplacement que le feu de tête de mât avant ou arrière, étant entendu que, si le feu inférieur de tête de mât arrière se trouve sur le mât arrière, il doit se trouver au moins à 4,5 mètres plus haut que le feu de tête de mât avant.

f) - I) Le feu ou les feux de tête de mât prescrits par la règle 23 a) doivent être placés au-dessus et à bonne distance des autres feux et obstructions, à l'exception de ceux qui sont décrits à l'alinéa II) ;

II) Lorsqu'il n'est pas possible de placer au-dessous des feux de tête de mât les feux visibles sur tout l'horizon prescrits par la règle 27 b) I) ou par la règle 28, ces feux peuvent être placés au-dessus du feu ou des feux de tête de mât arrière ou, sur un plan vertical, entre le feu ou les feux de tête de mât avant et le feu ou les feux de tête de mât arrière à condition que, dans ce dernier cas, il soit satisfait aux prescriptions du paragraphe c) de la section 3 de la présente annexe.

g) Les feux de côté d'un navire à propulsion mécanique doivent se trouver à une hauteur au-dessus du plat-bord ne dépassant pas les trois quarts de la hauteur du feu de tête de mât avant. Ils ne doivent pas être placés trop bas pour ne pas se confondre avec les lumières de pont.

h) Lorsqu'ils sont réunis en un fanal combiné et portés par un navire à propulsion mécanique de longueur inférieure à 20 mètres, les feux de côté doivent se trouver à 1 mètre au moins au-dessous du feu de tête de mât.

i) Lorsque les règles prescrivent deux ou trois feux superposés, ceux-ci doivent être espacés de la manière suivante :

I) À bord d'un navire de longueur égale ou supérieure à 20 mètres, ces feux doivent être espacés de 2 mètres au moins ; le feu inférieur doit se trouver à une hauteur de 4 mètres au moins au-dessus du plat-bord, sauf si le navire est tenu de porter un feu de remorquage ;

II) À bord d'un navire de longueur inférieure à 20 mètres, les feux doivent être espacés de 1 mètre au moins. Le feu inférieur doit se trouver à une hauteur de 2 mètres au moins au-dessus du plat-bord, sauf si le navire est tenu de porter un feu de remorquage ;

III) Lorsque trois feux sont portés, ils doivent être placés à intervalles réguliers.

j) Le feu le plus bas des deux feux visibles sur tout l'horizon prescrits pour les navires en train de pêcher doit se trouver à une hauteur au-dessus des feux de côté au moins égale à deux fois la distance qui sépare les deux feux verticaux.

k) Lorsque le navire porte deux feux de mouillage, le feu de mouillage avant prescrit par la règle 30 a) I) doit se trouver 4,5 mètres au moins plus haut que le feu arrière. À bord d'un navire de longueur égale ou supérieure à 50 mètres, le feu de mouillage avant doit se trouver à une hauteur de 6 mètres au moins au-dessus du plat-bord.

3. Emplacement et espacement des feux sur le plan horizontal

a) Lorsque deux feux de tête de mât sont prescrits pour un navire à propulsion mécanique, la distance horizontale qui les sépare doit être au moins égale à la moitié de la longueur du navire sans toutefois qu'il soit nécessaire que cette distance dépasse 100 mètres. Le feu avant ne doit pas être situé, par rapport à l'avant du navire, à une distance supérieure au quart de la longueur du navire.

b) À bord d'un navire à propulsion mécanique de longueur égale ou supérieure à 20 mètres, les feux de côté ne doivent pas se trouver sur l'avant des feux de tête de mât avant. Ils doivent se trouver sur le côté du navire ou à proximité de celui-ci.

c) Lorsque les feux prescrits par la règle 27 b) I) ou par la règle 28 sont placés, sur un plan vertical, entre le feu ou les feux de tête de mât avant et le feu ou les feux de tête de mât arrière, ces feux visibles sur tout l'horizon doivent se trouver à une distance horizontale de 2 mètres au moins de l'axe longitudinal du navire dans le sens transversal.

d) Lorsqu'un seul feu de mât est prescrit pour un navire à propulsion mécanique, ce feu doit se trouver en avant de la demi-longueur du navire, si ce n'est qu'un navire de longueur inférieure à 20 mètres n'a pas à placer ce feu en avant de la demi-longueur du navire mais doit le placer aussi à l'avant qu'il est possible dans la pratique.

4. Détails concernant l'emplacement des feux de direction pour les navires de pêche, les dragues et les navires effectuant des travaux sous-marins

a) Le feu de direction de l'engin déployé d'un navire en train de pêcher, prescrit par la règle 26 c) II), doit être situé à une distance horizontale de 2 mètres au moins et de 6 mètres au plus des deux feux rouge et blanc visibles sur tout l'horizon. Ce feu doit être placé à une hauteur qui ne soit ni supérieure à celle du feu blanc visible sur tout l'horizon prescrit par la règle 26 c) I), ni inférieure à celle des feux de côté.

b) La distance horizontale entre les feux et marques indiquant à bord d'un navire en train de draguer ou d'effectuer des travaux sous-marins le côté obstrué et/ou le côté sur lequel on peut passer sans danger, tels que prescrits à la règle 27 d) I) et II) et les feux et les marques prescrits à la règle 27 b) I) et II), doit être aussi grande que possible et, en tout cas, d'au moins 2 mètres. Le plus élevé de ces feux ou marques ne doit en aucun cas être placé plus haut que le feu inférieur ou la marque inférieure faisant partie de la série des trois feux ou marques prescrits par la règle 27 b) I) et II).

5. Écrans des feux de côté

Les feux de côté des navires de longueur égale ou supérieure à 20 mètres doivent être munis du côté du navire d'écrans peints en noir avec une peinture mate et être conformes aux prescriptions de la section 9 de la présente annexe. À bord des navires de longueur inférieure à 20 mètres, les feux de côté, s'ils sont nécessaires pour satisfaire aux prescriptions de la section 9 de la présente annexe doivent être munis, du côté du navire, d'écrans de couleur noire mate. Dans le cas d'un fanal combiné qui utilise un filament vertical unique et une cloison très étroite entre le secteur vert et le secteur rouge, il n'est pas nécessaire de prévoir d'écrans extérieurs.

6. Marques

a) Les marques doivent être noires et avoir les dimensions suivantes :

I) Une boule doit avoir au moins 0,6 mètre de diamètre ;

II) Un cône doit avoir un diamètre de base de 0,6 mètre au moins et une hauteur égale à son diamètre ;

III) Une marque cylindrique doit avoir un diamètre de 0,6 mètre au moins et une hauteur double de son diamètre ;

IV) Un bicône se compose de deux cônes définis à l'alinéa II) ci-dessus ayant une base commune.

b) La distance verticale entre les marques doit être d'au moins 1,5 mètre.

c) À bord d'un navire de longueur inférieure à 20 mètres, les marques peuvent avoir des dimensions inférieures, mais en rapport avec les dimensions du navire et la distance qui les sépare peut être réduite en conséquence.

7. Couleur des feux

La chromaticité de tous les feux de navigation doit être conforme aux normes suivantes, qui se situent dans les limites indiquées par le diagramme de chromaticité de la Commission internationale de l'éclairage (CIE).

Les limites de la zone des différentes couleurs sont données par les coordonnées des sommets des angles, qui sont les suivantes :

I) Blanc

x : 0,525 - 0,525 - 0,452 - 0,310 - 0,310 - 0,443

y : 0,382 - 0,440 - 0,440 - 0,348 - 0,283 - 0,382

II) Vert

x : 0,028 - 0,009 - 0,300 - 0,203

y : 0,385 - 0,723 - 0,511 - 0,356

III) Rouge

x : 0,680 - 0,660 - 0,735 - 0,721

y : 0,320 - 0,320 - 0,265 - 0,259

IV) Jaune

x : 0,612 - 0,618 - 0,575 - 0,575

y : 0,382 - 0,382 - 0,425 - 0,406

8. Intensité des feux

a) L'intensité des feux doit être calculée à l'aide de la formule :

I = 3,43 x 106 x T x D2 x K-D

où I = Intensité lumineuse en candelas dans les conditions de service

T = Seuil d'éclairement 2 x 10-7 lux

D = Distance de visibilité (portée lumineuse) du feu en milles marins

K = Coefficient de transmission atmosphérique. Pour les feux prescrits, K est égal à 0,8 ce qui correspond à une visibilité météorologique d'environ 13 milles marins.

b) Le tableau suivant présentequelques valeurs obtenues à l'aide de cette formule :

Distance de visibilité (portée lumineuse) du feu exprimée en milles	Intensité lumineuse du feu exprimée en candelas pour K = 0,8
D	I
1	00,9
2	04,3
3	12,0
4	27,0
5	52,0
6	94,0

Note : L'intensité lumineuse maximale des feux de navigation devrait être limitée de manière à éviter des reflets gênants. Cette limitation de l'intensité lumineuse ne doit pas être obtenue au moyen d'une commande variable.

9. Secteurs horizontaux de visibilité

a) - I) Les feux de côté doivent, une fois installés à bord, avoir vers l'avant les intensités minimales requises. Les intensités doivent diminuer jusqu'à devenir pratiquement nulles entre 1 et 3 degrés en dehors des secteurs prescrits ;

II) Pour les feux de poupe et les feux de tête de mât ainsi que pour les feux de côté à la limite du secteur de visibilité située à 22,5 degrés sur l'arrière du travers, les intensités minimales requises doivent être maintenues sur l'arc d'horizon des secteurs prescrits par la règle 21, jusqu'à 5 degrés à l'intérieur de ces secteurs. À partir de 5 degrés à l'intérieur des secteurs prescrits, l'intensité peut diminuer à concurrence de 50 % jusqu'aux limites de secteurs prescrites ; puis elle doit diminuer constamment jusqu'à devenir

Photo Daniel Kérebel

pratiquement nulle à 5 degrés au plus en dehors des secteurs prescrits.

b) À l'exception des feux de mouillage prescrits à la règle 30 qu'il n'est pas nécessaire de placer trop au-dessus du plat-bord, les feux visibles sur tout l'horizon doivent être placés de manière à ne pas être cachés par des mâts, des mâts de hune ou toutes autres structures sur des secteurs angulaires supérieurs à 6 degrés ;

10. Secteurs verticaux de visibilité

a) Les secteurs verticaux de visibilité des feux électriques une fois installés, à l'exception des feux installés à bord des navires à voile faisant route, doivent être de nature à maintenir :

I) au moins l'intensité minimale requise de 5 degrés au-dessus du plan horizontal à 5 degrés au-dessous de ce plan ;

II) au moins 60 % de l'intensité minimale requise de 7,5 degrés au-dessus du plan horizontal à 7,5 degrés au-dessous de ce plan.

b) Dans le cas des navires à voile faisant route, les secteurs verticaux de visibilité des feux électriques une fois installés doivent être de nature à maintenir :

I) au moins l'intensité minimale requise de 5 degrés au-dessus du plan horizontal à 5 degrés au-dessous de ce plan ;

II) au moins 50 % de l'intensité minimale requise de 25 degrés au-dessus du plan horizontal à 25 degrés au-dessous de ce plan.

c) Pour les feux autres qu'électriques, ces spécifications doivent être observées d'aussi près que possible.

11. Intensité des feux non électriques

Les feux non électriques doivent avoir autant que possible les intensités minimales spécifiées au tableau de la section 8 de la présente annexe.

12. Feux de manœuvre

Nonobstant les dispositions de la section 2 f) de la présente annexe, le feu de manœuvre décrit à la règle 34 b) doit être situé dans le même plan axial que le feu ou les feux de tête de mât et, lorsque cela est possible, à une distance verticale de 2 mètres au moins au-dessus du feu de tête de mât avant, à condition d'être porté à une distance verticale d'au moins 2 mètres au-dessus ou au-dessous du feu de tête de mât arrière. S'il n'y a qu'un seul feu de tête de mât, le feu de manœuvre, s'il existe, doit être installé à l'endroit le plus visible, à une distance verticale d'au moins deux mètres du feu de tête de mât.

13. Engins à grande vitesse (*)

a) Le feu de tête de mât des engins à grande vitesse peut être placé à une hauteur qui, par rapport à la largeur de l'engin, est inférieure à celle qui est prescrite au paragraphe 2 a) I) de la présente annexe, à condition que l'angle à la base du triangle isocèle formé par le feu de tête de mât et les feux de côté, vus de face, ne soit pas inférieur à 27 degrés.

b) À bord des engins à grande vitesse d'une longueur égale ou supérieure à 50 mètres, la distance verticale requise entre le feu du mât avant et celui du mât principal, que le paragraphe 2 a) II) de la présente fixe à 4,50 mètres, peut être modifiée à condition que sa valeur ne soit pas inférieure à celle qui est déterminée en appliquant la formule suivante :

$$\frac{y = (a + 17y)\ C + 2}{1000}$$

Dans cette formule :

- *y* est la hauteur, exprimée en mètres, du feu du mât principal au-dessus du feu du mât avant ,

- *a* est la hauteur, exprimée en mètres, du feu du mât avant au-dessus de la surface de l'eau, en cours d'exploitation ;

- *y* est l'assiette en cours d'exploitation, exprimée en degrés ;

- *C* est la distance horizontale qui sépare les feux de tête de mât exprimée en mètres.

(*) Se reporter au recueil international de règles de sécurité applicables aux engins à grande vitesse de 1994 et au recueil international de règles de sécurité applicables aux engins à grande vitesse, 2000.

14. Agrément

La construction des feux et des marques et l'installation des feux à bord doivent être jugées satisfaisantes par l'autorité compétente de l'État dont le navire est autorisé à battre pavillon.

Annexe II Signaux supplémentaires des navires de pêche pêchant à proximité les uns des autres

1. Généralités

Les feux mentionnés dans la présente annexe doivent, s'ils sont montrés en application des dispositions de la règle 26 d), être placés à l'endroit le plus visible, à 0,9 mètre au moins les uns des autres et plus bas que les feux prescrits par la règle 26 b) I) et c) I).

Ils doivent être visibles sur tout l'horizon à une distance d'un mille au moins, mais cette distance doit être inférieure à la portée des feux prescrits par les présentes règles pour les navires de pêche.

2. *Signaux pour chalutiers*

a) Les navires d'une longueur égale ou supérieure à 20 mètres qui sont en train de chaluter au moyen d'un chalut ou de tout autre appareil immergé doivent montrer :

I) lorsqu'ils jettent leurs filets : deux feux blancs superposés ;

II) lorsqu'ils halent leurs filets : un feu blanc placé à la verticale au-dessus d'un feu rouge ;

III) lorsque leurs filets sont retenus par un obstacle : deux feux rouges superposés.

b) Tous les navires d'une longueur égale ou supérieure à 20 mètres qui sont en train de chaluter à deux doivent montrer :

I) de nuit, un projecteur dirigé vers l'avant et en direction de l'autre navire faisant partie de l'équipe de chalutage à deux ;

II) lorsqu'ils jettent ou halent leurs filets ou lorsque leurs filets demeurent retenus par un obstacle, les feux prescrits par la section 2 a) ci-dessus.

c) Un navire d'une longueur inférieure à 20 mètres qui est en train de chaluter au moyen d'un chalut ou de tout autre appareil immergé, ou en train de chaluter à deux, peut montrer les feux prescrits au paragraphe a) ou b) de la présente section, selon le cas.

3. *Signaux pour navires pêchant à la grande seine*

Les navires en train de pêcher à la grande seine peuvent montrer deux feux jaunes superposés. Ceux-ci doivent s'allumer alternativement toutes les secondes, avec des durées de lumière et d'obscurité égales. Ils ne peuvent être montrés que lorsque le navire est gêné par ses apparaux de pêche.

Annexe III Caractéristiques techniques du matériel de signalisation sonore

1. *Sifflets*

a) Fréquence et portée sonore

La fréquence fondamentale du signal doit être comprise entre 70 et 700 Hz.

La portée sonore du signal d'un sifflet est déterminée par ces fréquences, qui peuvent comprendre la fréquence fondamentale, et/ou une ou plusieurs fréquences plus élevées, situées entre 180 et 700 Hz (± 1 %) pour un navire de longueur égale ou supérieure à 20 mètres, ou situés entre 180 et 2 100 Hz (±1 %) pour un navire de longueur inférieur à 20 mètres, et fournissant les niveaux de pression acoustique spécifiés ci-dessous.

b) Limites des fréquences fondamentales

Afin de garantir une grande variété dans les caractéristiques des sifflets, la fréquence fondamentale d'un sifflet doit être comprise entre les limites suivantes

I) entre 70 et 200 Hz à bord d'un navire de longueur égale ou supérieure à 200 mètres ;

II) entre 130 et 350 Hz à bord d'un navire de longueur égale ou supérieure à 75 mètres, mais inférieure à 200 mètres ;

III) entre 250 et 700 Hz à bord d'un navire de longueur inférieure à 75 mètres.

c) Intensité du signal et portée sonore

Un sifflet installé à bord d'un navire doit assurer dans la direction de son intensité maximale, à une distance de 1 mètre et dans au moins une bande d'un tiers d'octave située dans la gamme des fréquences 180 à 700 Hz (±1 %), pour un navire de longueur égale ou supérieure à 20 mètres, ou 180-2 100 Hz (±1 %) pour un navire de longueur inférieure à 20 mètres, un niveau de pression acoustique au moins égal à la valeur appropriée du tableau ci-après :

Longueur du navire en mètres	Niveau de pression acoustique à 1 m en décibels, référence de 2 x 10^{-5} N/m^2 (bandes d'un tiers d'octave)	Portée sonore en milles
200 et +	143	1,5
75 et + mais <200	138	1,0
20 et + mais <75	130	0,5
< 20	120*	0,5
	115**	0,5
	111***	0,5

Lors que les fréquences mesurées sont comprises entre 180 et 450 Hz

***Lors que les fréquences mesurées sont comprises entre 450 et 800 Hz*

****Lorsque les fréquences mesurées sont comprises entre 800 et 2100 Hz*

La portée sonore a été indiquée dans ce tableau à titre d'information. Elle correspond approximativement à la distance à laquelle un sifflet peut être entendu sur son axe avant avec une probabilité de 90 % en air calme, à bord d'un navire où le niveau du bruit de fond aux postes d'écoute est moyen (soit 68 dB dans la bande d'octave centrée sur la fréquence 250 Hz et à 63 dB dans la bande d'octave centrée sur 500 Hz).

Dans la pratique, la distance à laquelle un sifflet peut être entendu est très variable et dépend beaucoup des conditions météorologiques. Les valeurs indiquées peuvent être considérées comme caractéristiques mais, en cas de vent violent ou lorsque le niveau du bruit aux postes d'écoute est élevé, la portée sonore peut être très réduite.

d) Caractéristiques directionnelles

Dans toutes directions du plan horizontal comprises dans un secteur de ±45 degrés par rapport à l'axe, le niveau de pression acoustique d'un sifflet directionnel ne doit pas être inférieur de plus de 4 dB au niveau de pression acoustique prescrit sur l'axe. Dans toute autre direction du plan horizontal, le niveau de pression acoustique ne doit pas être inférieur de plus de 10 dB au niveau de la pression acoustique prescrit sur l'axe, de manière que la portée dans toute direction soit égale à la moitié au moins de la portée sur l'axe. Le niveau de pression acoustique doit être mesuré dans la bande d'un tiers d'octave qui produit la portée sonore.

e) Emplacements des sifflets

Lorsqu'un sifflet directionnel est utilisé comme sifflet unique à bord d'un navire, il doit être installé de manière à produire son intensité maximale vers l'avant du navire. Les sifflets doivent être placés aussi haut que possible à bord du navire pour réduire l'intercep-

Photo Jakez

tion, par des obstacles, des sons émis et pour réduire le plus possible les risques de troubles de l'ouïe chez les membres de l'équipage. Le niveau de pression acoustique du propre signal du navire ne doit pas dépasser 110 dB (A) aux postes d'écoute et ne devrait pas, autant que possible, dépasser 100 dB (A).

f) Installation de plusieurs sifflets

Si des sifflets sont installés à plus de 100 mètres les uns des autres, ils doivent être montés de manière à ne pas être actionnés simultanément.

g) Ensemble de sifflets

Si, en raison de la présence d'obstacles, le champ acoustique d'un seul sifflet ou de l'un des sifflets mentionnés au paragraphe f) ci-dessus risque de présenter une zone où le niveau acoustique du signal est sensiblement réduit, il est recommandé d'utiliser un ensemble de sifflets installés de manière à éviter cette réduction du niveau acoustique. Aux fins des règles, un ensemble de sifflets est considéré comme un sifflet unique. Les sifflets d'un tel ensemble ne doivent pas être situés à plus de 100 mètres les uns des autres et doivent être montés de manière à pouvoir être actionnés simultanément. Leurs fréquences doivent différer les unes des autres d'au moins 10 Hz.

2. Cloche ou gong

a) Intensité du signal

Une cloche, un gong ou tout autre dispositif ayant des caractéristiques acoustiques semblables doivent assurer un niveau de pression acoustique d'au moins 110 dB à une distance de un mètre de ce matériel.

b) Construction

Les cloches et les gongs doivent être construits en un matériau résistant à la corrosion et conçus de manière à émettre un son clair. Le diamètre de l'ouverture de la cloche ne doit pas être inférieur à 300 millimètres pour les navires de longueur égale ou supérieure à 20 mètres. Lorsque cela est possible, il est recommandé d'installer un battant de cloche à commande mécanique, de manière à garantir une force d'impact constante, mais il doit être possible de l'actionner à la main. La masse du battant ne doit pas être inférieure à 3 % de celle de la cloche.

3. Agrément

La construction et le fonctionnement du matériel de signalisation sonore ainsi que son installation à bord du navire doivent être jugés satisfaisants par l'autorité compétente de l'État dont le navire est autorisé à battre pavillon.

Annexe IV Signaux de détresse

1. Les signaux suivants, utilisés ou montrés ensemble ou séparément, traduisent la détresse et le besoin de secours :

a) coup de canon ou autres signaux explosifs tirés à des intervalles d'une minute environ ;

b) son continu produit par un appareil quelconque pour signaux de brume ;

c) fusées ou bombes projetant des étoiles rouges lancées une à une à de courts intervalles ;

d) signal émis par radiotélégraphie ou par tout autre système de signalisation, se composant du groupe : ···−−−··· (S.O.S.) du code Morse ;

e) signal radiotéléphonique consistant dans le mot « *Mayday* » ;

f) signal de détresse N.C. du Code international de signaux ;

g) signal consistant en un pavillon carré ayant, au-dessus ou en dessous, une boule ou un objet analogue ;

h) flammes sur le navire (telles qu'on peut en produire en brûlant un baril de goudron, un baril d'huiles, etc.) ;

i) fusée à parachute ou feu à main produisant une lumière rouge ;

j) signal fumigène produisant une fumée de couleur orange ;

k) mouvements lents et répétés de haut en bas des bras étendus de chaque côté ;

l) alerte de détresse émise par appel sélectif numérique (ASN) sur :

i) la voie 70 en ondes métriques ou

ii) les fréquences 2187,5 kHz, 8414,5 kHz, 4207,5 kHz, 6312 kHz, 12577 kHz ou 16804,5 lHz en ondes hectométriqes/décamétriques ;

m) alerte de détresse dans le sens navire-côtière émise par la station terrienne Inmarsat ou d'un autre prestataire de services mobiles par satellite du navire ;

n) signaux transmis par les radiobalises de localisation des sinistres ;

o) signaux approuvés transmis par des systèmes de radiocommunication.

2. Est interdit l'usage de l'un quelconque des signaux ci-dessus, sauf dans le but d'indiquer un cas de détresse ou un besoin de secours, ainsi que l'usage d'autres signaux susceptibles d'être confondus avec l'un des signaux ci-dessus.

3. Il convient de prêter attention aux chapitres pertinents du Code international de signaux, au Manuel international de recherche et de sauvetage aéronautiques et maritimes (volume III) et aux signaux suivants :

a) morceau de toile de couleur orange soit avec un carré et un cercle de couleur noire soit avec un autre symbole approprié (pour repérage aérien) ;

b) colorant.

Remarque du SHOM

Bien que les fusées projetant des étoiles ne soient plus réglementaires en raison d'amendements à la Convention internationale sur la sauvegarde de la vie humaine en mer (SOLAS), elles figurent toujours dans la liste ci-dessus (section 1, § c) qui n'a pas encore été modifiée par l'OMI.

Il convient de noter cependant que les amendements à la Convention SOLAS ont déjà été pris en compte dans la réglementation française sur la sécurité des navires.

Les règles d'or du plaisancier

1 - Renseignez-vous toujours sur la météo avant de prendre la mer.

2 - Avertissez vos proches de votre destination, de votre heure prévue d'arrivée, de votre arrivée à bon port et de vos éventuels changements de projets.

3 - Vérifiez l'état de votre matériel de sécurité, son emplacement sur le bateau ainsi que vos connaissances pratiques pour l'utiliser.

4 - Portez votre brassière tout le long de votre sortie en mer, y compris en annexe.

5 - Équipez-vous d'une VHF pour être en mesure de prévenir les secours en cas de problème et assurez-vous de son bon fonctionnement avant de quitter le port.

6 - Vérifiez que vous avez assez d'essence. Connaissez précisément la consommation de votre moteur et ne stockez pas d'essence plus que nécessaire.

7 - Respectez toujours les limitations de vitesse.

8 - Soyez au moins deux personnes à bord à savoir naviguer.

9 - En cas de problème, ne quittez votre navire qu'en dernier recours.

10 - En cas d'accident, déclenchez rapidement les secours, même en cas de doute.

Pour en savoir plus

Vous souhaitez naviguer, faire immatriculer votre bateau, passer le permis plaisance, vous renseigner sur la réglementation spécifique de la pêche dans votre département ou votre quartier maritime... Le GUFIP et les services accueillent des plaisanciers dans chaque département côtier sont là pour vous renseigner.

Pour en savoir plus :

Guichet Unique de la Fiscalité de la Plaisance (GUFIP)

www.demarches-plaisance.gouv.fr.
gufip-suivi@mer.gouv.fr - **Tél. : 02 99 19 60 46**

Loire-Atlantique

DDTM 44

St Nazaire (Réseau Ouest)

9 boulevard de Verdun
CS 40 424
44 616 SAINT-NAZAIRE CEDEX
Tél. : 02 40 11 77 50
ddtm-dml@loire-atlantique.gouv.fr

Plaisance (immatriculation, permis) :

Tél. : 02.40.11.77.76 ou 02.40.11.77.77 ou 02.40.11.77.75
(Accueil téléphonique uniquement le matin)
ddtm-dml-pegm-plaisance@loire-atlantique.gouv.fr

Activités nautiques, pêches, gestion du domaine public maritime :

Tél. : 02.40.11.77.50
ddtm-dml@loire-atlantique.gouv.fr

Vendée

DDTM 85 (siège) - 02 51 44 32 32

19 rue Montesquieu - BP 60827 -
85021 La Roche sur Yon Cedex - Fax : 02 51 05 57 63
ddtm@vendee.gouv.fr

Délégation à la mer et au littoral

02 51 20 42 10 - Fax : 02 51 20 42 11
1 quai Dingler - CS 20366 - 85109 Les Sables d'Olonne
ddtm-dml@vendee.gouv.fr

Service territorial de l'Ile d'Yeu

3, Rue de la Galiote - Port Joinville - 85350 L'Ile d'Yeu
02 51 59 42 60

Affaires maritimes de Noirmoutier

7 avenue de la Victoire - 85330 Noirmoutier en l'Ile
02 51 39 94 03

Station maritime de Saint-Gilles-Croix-de-Vie

Boulevard de l'Egalité - 85800 Saint-Gilles-Croix-de-Vie
02 51 55 10 58

Organismes officiels

www.developpement-durable.gouv.fr
www.gouvernement.fr/secretariat-general-de-la-mer-sgmer
www.mer.gouv.fr
www.bretagne-peches.org